共和制の理念

イマヌエル・カントと一八世紀末プロイセンの「理論と実践」論争

網谷壮介

法政大学出版局

共和制の理念——イマヌエル・カントと一八世紀末プロイセンの「理論と実践」論争◉目次

凡　例

◉〔　〕は筆者による補足である。

◉イマヌエル・カントの著作の参照・引用は、以下の著作略記とともに、アカデミー版全集の版・ページ数を文中に表記する。例えば、『永遠平和のために』全集八巻三四〇頁なら（ZF 8:340）。翻訳はすべて拙訳によるが、岩波書店版『カント全集』も参考にした。

G:『人倫の形而上学の基礎づけ』（*Grundlegung zur Metaphysik der Sitten*, 1785）

KrV:『純粋理性批判』（*Kritik der reinen Vernunft*, 1. Aufl. 1781、2. Aufl. 1787）。特に第一版との異同がない場合は第二版から引用する。

KU:『判断力批判』（*Kritik der Urteilskraft*, 1790）

RL:『人倫の形而上学・第一部・法論の形而上学的定礎』（*Die Metaphysik der Sitten. Erster Teil. Metaphysische Anfangsgründe der Rechtslehre*, 1797）。『法論』の前に付された『人倫の形而上学』全体の序論「人倫の形而上学への序論」もRLとして表記する。

SF:『諸学部の争い』（*Der Streit der Fakultäten*, 1798）

TP:「理論では正しいかもしれないが実践の役には立たない、という俗言について」（*Über den Gemeinspruch: Das mag in der Theorie richtig sein, taugt aber nicht für die Praxis*, 1793）

TL:『人倫の形而上学・第二部・徳論の形而上学的定礎』（*Die Metaphysik der Sitten. Zweiter Teil. Metaphysische Anfangsgründe der Tugendlehre*, 1797）

WA:「啓蒙とは何か」（*Beantwortung der Frage: Was ist Aufklärung?*, 1784）

ZF:『永遠平和のために』（*Zum ewigen Frieden: ein philosophischer Entwurf*, 1795）

◉Jean-Jacques Rousseau, *Du contrat social*（1762）についてもCSの略記とともに編・章の番号を文中に示す。翻訳は桑原武夫・前川貞次郎訳『社会契約論』岩波書店、一九五四年を参照したが、適宜断りなく訳語を改めた。

謝辞

本書は東京大学大学院総合文化研究科国際社会科学専攻に提出された博士学位請求論文（学位取得・平成二七年一月一二日）を短縮の上、修正したものである。審査していただいた主査・森政稔先生、齋藤純一先生、斉藤渉先生、松原隆一郎先生、山本芳久先生には、今後の研究生活の中で絶えず参照されるべき重要な指摘を多数賜った。とりわけ修士課程からの指導教官である森先生は、私の自由な研究を後押ししてくださっただけでなく、修士課程に入ったときには的外れで浅薄な理解が目に余った私を、七年間も忍耐強く指導していただいた。先生の研究は、現代の課題がその表面に亀裂を見せる思想史の地層、断層を的確に指摘し、理解するべき問題の深度を照らし出すだけでなく、読むたびに新たな発見があり、より広大な地平を見晴らすことのできるような翼を与えてくれる刺激的なものである。到底真似しようと思って真似のできるものではない。しかし、大文字の政治や政治学をクリティカルに眼差すそのスタイルの幾ばくかだけでも受け継ぐことができるよう、これからも精進を重ねていきたい。また、本書が多少なりともカント政治思想の歴史的な研究になっているとすれば、それはひとえに田中秀夫先生のおかげである。先生には京都大学経済学部でご指導いただき、共和主義思想史やポーコックについて手ほどきしていただいた。当時の私は現代の理論への関心が強く、先生の研究の意義を理解できていたかさえ怪しい。しかし、出来の悪い生徒であった私を、先生は寛容な精神で見守ってくださった。

博士課程での研究が順調に進められたのは、東京大学とハレ大学の協定プログラムである日独共同大学院（ＩＧＫ）のおかげである。長年ＩＧＫを牽引してこられた石田勇治先生、ＩＧＫへの参加を勧めていただき研究上の助言を度々いただいた山脇直司先生、拙いドイツ語で発表する私にアドバイスをくださった諸先生方にも感謝申し上げる。また、大学院のゼミや研究会、社会思想史学会、政治思想史学会、カント研究会などで数々の重要な指摘をくださり、私を励ましてくださった方々も沢山いた。特に大学院で公私共にお世話になった李東宣、犬飼渉、大井赤亥、小野寺研太、上村剛、桑田学、斎藤拓也、坂井晃介、鈴木陽、中川北斗、松村一志の諸氏には心からお礼を言いたい。彼らは私の論考にコメントを寄せてくれただけでなく、様々なところで議論を交わしてくれた。彼らがいなければ私は研究をこれほど楽しく続けることはできなかっただろう。

本書は法政大学出版局からの出版助成を受けている。匿名の査読審査員の先生には、有益なご批判を賜った。博士号取得後のキャリア形成がますます困難になる中、厳しい出版不況にもかかわらずこうした研究書を出版させていただけることは、望外の喜びである。記して感謝申し上げる。最後になるが、本書は父幹雄、母俊子、祖母照子、祖父浜崎幸雄に捧げられる。これまで育ててくれた両親、祖父母に感謝したい。彼らはろくに孝行もせずに、自由に生きる私をいつも温かく見守ってくれている。きっとこれまでに書いた文章は彼らにとっては専門的すぎるが、いつか彼らにも読んでもらえる本を書きたい。

共和制の理念——イマヌエル・カントと一八世紀末プロイセンの「理論と実践」論争

序論

非政治的な哲学者カント

イギリスの歴史家ピーター・ラズレットがある論文集の序で政治哲学の死を宣告してから、すでに六〇年が経った。「当座、政治哲学は死んでいる」[1]。この言葉は直接的には、論理実証主義や日常言語学派の影響を受け、政治哲学の課題を規範の探求から政治言語の分析へと収斂させつつあったイギリスの状況に向けて発せられたものである[2]。しかしその宣告は、ある意味で大西洋を隔てた地にも妥当した。アメリカでは、政治学の分野に遅ればせながら登場した科学主義（行動主義 behaviorism）が、価値と事実の峻別をモットーに掲げ、かつて政治哲学として重要性をもって受け止められていたものを非科学的なものとして棄却していたのである[3]。冥府をさまよっ

（1）P. Laslett, "Introduction," vii.
（2）松元雅和『応用政治哲学』第二章、特に五七—九頁。

ていた政治哲学が息を吹き返したのは、ジョン・ロールズの『正義論』(一九七一)以降のことだと一般的には言われている。ロールズは新鮮な仕方でイマヌエル・カントの道徳哲学を利用し、規範理論と呼ばれている学問領域を切り開いた。ロールズ以降、自由や平等、正義、権利、民主主義といった概念がどのような規範性をもつのか、それらがどのような社会制度を含意するのかといったことが、分析哲学の手法を用いて研究され、今や政治哲学の主流を占めるようになっている。当座、政治哲学は息を吹き返している。

だが、これは妙に生気を欠いた復活ではなかったか。確かに、政治に関わる諸価値についての規範的な論証は精緻化された。どのような社会のあり方が正義に適っているのかという問題に対して哲学的に回答を与え、政治が目指すべき理念を提示するという仕事は極めて重要である。理念を見失った政治は往々にして迷走し、社会を荒廃させかねない。しかし、規範的な政治理論が研究分野として隆盛する一方、現実の世界がそうした政治理論の提示する規範からいかに程遠い状況であり続けているかということもまた看過できない。グローバル資本主義と新自由主義の結託によって生み出される国内外での格差の拡大、ポピュリズムの世界的な流行とともに噴出するレイシズムや移民排斥、立憲主義を破壊しかねない決断主義、政治的無関心の広がりによって侵食される自由と民主主義——。かつてアリストテレスが政治学を棟梁的な学問として位置づけたとき、それは政治学が共同体全体の善悪について判断することができ、そこに実践的に関わりうる状態として思慮(phronēsis)の最高の地位を占めると考えたからであったが[4]、今や死から復活したとされる政治哲学にとっては、こうした実践性こそが鬼門である。政治理論は現実とどのように関係していけばよいのか、政治理論がいやしくもあるべき政治・社会の理念を提示することを旨とするのであれば、その理念はどのように現実化されうるのか。こうした深刻な問題が生じているように思われる。

最近、ニーチェ研究者レイモンド・ゴイスは、規範理論が政治理論としての資格を満たしていないのではないか、それは政治的な理論ではないのではないかと批判的に問いかけた。ゴイスはロールズの流れを汲む規範理論を現代政治理論における「カント主義」と呼び、その倫理学第一の立場を論難している。その立場は、「まず倫理学の仕事を完成させ、どのように行為すべきかに関する理想理論を獲得し、第二段階として、理想理論を政治的な行為者の行為に適用することができる」というものである。[5] ゴイスによれば、規範理論はせいぜい応用倫理にすぎず、政治理論ではありえない。あるべき政治理論は、現実の歴史的・社会的コンテクストに根ざしたものでなくてはならず、権力やイデオロギーを批判的に考察しなければならないが、応用倫理としての理想理論は現実とのコンタクトを欠いている。「ロールズの理想的な要求をどのように実現したらよいのか」という問題への洞察の欠如、これは致命的だというのである。[6]

　ゴイスはロールズ以降の規範理論と同時に、非政治的な哲学者の代表としてカントを名指してもいる。それによれば、カントは道徳的理念の構築のみに没頭し、現実を顧みることなどなかったかのようである。こうしたカント像はゴイスだけのものではなく、すでに伝統的なものだ。ヘーゲルがカントの道徳哲学を抽象的で空虚だと批判したことは有名だが、ヘーゲルを俟つまでもなく、すでにカントの同時代人は彼のア・プリオリな原理からなる理論は実践には不十分・不適切であると非難していた。[7] あるいは、確かにハインリヒ・ハイネは、フランス

（3）森政稔『〈政治的なもの〉の遍歴と帰結』第一章・第七章。もちろんアメリカに渡ったドイツ亡命知識人（アーレント、シュトラウス、フェーゲリン）や、その影響下にあったシェルドン・ウォリンのような人々は、行動主義的政治学とは距離を置き、独特な政治哲学を展開していた。
（4）アリストテレス『ニコマコス倫理学（上）』二三一頁。
（5）R. Geuss, *Philosophy and Real Politics*, 8.
（6）R. Geuss, *Philosophy and Real Politics*, 94. 同様の批判として、盛山和夫「政治理論の応答性とその危機」。

で王の首を切り落としたロベスピエールに対応するのは、ドイツではカント哲学だと述べたが、それは精神的な意味においてである。[8] マルクスとエンゲルスも『ドイツ・イデオロギー』の中で、一八世紀末のドイツの状態が『実践理性批判』に現れていると語ったが、その含意はまったく否定的だ。「カントはまったくどんな結果も生じない場合でさえ、単なる「善意志」の下で安らぎ、この善意志の実現を、善意志と個人の欲求と性向のあいだの調和を、彼岸に置いた。このカントの善意志はドイツ市民の無力、消沈、悲惨と完全に一致している〔…〕」[9]。

本書の目的は、こうして長年にわたってカントに帰せられ続けてきた非政治的な哲学者、理想主義的で現実には無関心な哲学者というイメージを覆すことにある。カントは確かに善意志を讃える。「運命から見放されたり、無慈悲な自然が与えたものがつましかったりしたために、この意志にはまったくその意図を貫く能力が欠けており、その非常な努力にもかかわらず何も達成されず、ただ善意志だけが残っているとしても〔…〕、それでも善意志は宝石のようにただそれ自体で光り輝くだろう。それ自体にまったき価値があるのである」（G 4:394）。しかし、カントは急いでこう付け加えるのを忘れなかった。善意志は「もちろん単なる願望のようなものとしてあるのではなく、できるかぎりあらゆる手段を動員するものとしてある」（G 4:394）。

本書で示されるのは、カントにとって、共和制の理念を政治の規範として哲学的に構想することだけでなく、その理念を実現すること、理念にしたがって現実を変革することもまた同様に重要な意味をもっていたということである。確かに、カント自身は自らの仕事の意義を前者のうちに最も見出しただろう。しかしその理念は、祈りにも似た願望にとどまるのではなく、その実現のためにあたうかぎりの手段を動員することを当然要求するものである。自らの妥当性・実践性を弁証する政治理論は、現実の変わらなさに挫けたり、現実に阿ったりする必要はない。必要があるのは、理論の首尾一貫性を保ちながら、しかし現実を変革する用意があるのだと証だてることである。我々が以下で試みるのは、カントが一八世紀末のプロイセンの現実を共和制の理念にしたがって変革する意図をもっていたということを明らかにし、その政治的な思考様式を——非政治的だと論難されている——現代の規範理論の前に一種の範例として提示することである。

方法と視座

カントの著作には共和制の理念にしたがって現実を変革しようとする意図があるということを示すためには、現代とは異なった歴史的世界、つまりカントがそこに生きて言説を発表することで応答しようとした、一八世紀末のプロイセンに目をやらなければならない。方法論的な手がかりを与えてくれるのは、政治思想史家のクェンティン・スキナーである。[10] スキナーによれば、テクストは単に命題の集合体としてしか理解できないものではなく、同時に、作者が何らかの意図をもって遂行しようとした言語行為としても捉えられる。実際、何らかの言明

(7) 本書で分析されるゲンツ、レーベルクのカント批判は、次に再録されている。D. Henrich (hg.), *Kant, Gentz, Rehberg.*
(8) H. Heine, *Zur Geschichte der Religion und Philosophie in Deutschland*, 82.
(9) K. Marx und F. Engels, *Die deutsche Ideologie*, 177.
(10) 彼の方法論文は長年に渡る論争への応答も含めて、Q. Skinner, *Visions of Politics*. Vol. 1. に収録されている。その理解については次に多くを負っている。関口正司「コンテクストを閉じるということ」、同「クェンティン・スキナーの政治思想史論をふりかえる」。

の意味を理解しようとすれば、その字義通りの把握以上のものが要求される。というのも、ある言明の意味はそれが発せられた状況に応じて異なりうるからである。例えば、いかに単なる事実確認文に見えようとも、ある状況においてはそれが皮肉として機能したり、権威の礼賛（ないし否定）として機能することもありえる。つまり、字義的な把握にとどまらず、そのテクストが書かれ発表されることで何を遂行しようと意図されていたのかと問うてみなければ、テクストを歴史的に理解したことにはならない。そのためには、テクストの内部に留まるのではなく、その外部をも視野に収める必要がある。外部とはこの場合、テクストが属している歴史的・言語的なコンテクストを指す。テクスト内部での解釈を、その外部であるコンテクストの理解とすりあわせていくことで、テクストの意図や言語行為としての意味が明らかになると期待される。

カントに関して言えば、その政治的著作が属していたコンテクストとは、フランス革命後のプロイセンの政治社会とその言説空間である。より具体的には、政治・法改革が停滞していたプロイセン君主制の状況、そして革命を機縁として哲学理論と政治実践の関係をめぐる論争が引き起こされていた啓蒙雑誌『ベルリン月報』である。「理論では正しいかもしれないが実践の役には立たない、という俗言について」（一七九三、以下「俗言」）や『永遠平和のために』（一七九五）は、こうしたプロイセンの政治的・言語的コンテクストに応答し、そこに介入しようとする言語行為として捉えることができる。

ただし我々の研究は、カントの言説すべてをスキナー的に取り扱うわけではない。例えば、我々は「俗言」や『永遠平和のために』の政治的意図を確定するための枠組みとして、『人倫の形而上学・第一部・法論の形而上学的定礎』（一七九五、以下『法論』）を参照する。『法論』において、カントはあくまで哲学者であることを貫き、あるべき法と国家の規範を理性からア・プリオリに演繹している。『法論』は政治的な言語行為というよりもむしろ、純理論的な著作として特徴づけるほうが適切だろう。しかし『法論』は同時に、同時代的とはいえない過去に属するコンテクスト、より長期的なコンテクストを参照し、理論的な刷新を企図してもいる。一八世紀にはよくあることだが、カントは一般に先人の名を挙げることなくその議論を参照あるいは批判することが多い。カントは『法論』でホッブズ以来の近代自然法学を（暗黙裡に）参照しながら、いくつかの点でそこからの離脱を図っている。それゆえ、我々もまた『法論』を解釈する場合には、こうしたより長期的なコンテクスト、いわゆる学説史を参照するのが有益だろう。カントとそれらを比較対照することで、カントが何を問題にし、どこに理論的な新しさを見ていたのかがより一層理解可能になると思われるからである。このように、スキナー的な意味での短期的なコンテクストの把握のみならず、『法論』研究の際にはより長期的な視野に立ち、過去の学説との比較を行うことになるだろう。

カントの著作の政治的意図の把握に関して、もう少し留保しておく必要がある。言語行為としてのテクストの意図を暫定的にであれ同定できたとしても、その行為自体がどの時点で理解可能になるのかはなお問われうる。スキナーは「コミュニケーション行為の遂行が成功する場合、その意図は仮説上、公的に識別可能であるに違いない」と述べる[11]。しかし、政治思想史家ジョン・ポーコックが主張するように、行為者としての作者が予め意識していた行為の結果と実際の結果は当然異なりうるのであり、歴史家はその結果が誰にとってどの時点で明らかとなるのかをも問わなければならない。これを問うことは、「終わりのない時間的コンテクストのなかで遂行される行為が、終わりのない結果の連鎖を生み出すという事実に直面することである」[12]。原理上、過去の（例えばアリストテレスの）テクストの言語行為はいまだ完了していないと考えることさえできる（アリストテレスの著

（11） Q. Skinner, “Interpretation and the Understanding of Speech Acts,” 120.
（12） J. G. A. Pocock, *Virtue, Commerce, and History*, 6.

作は現代の著述家にも影響を与えている)。つまりテクストは、作者の予想を超えてオープンエンドに生成され続けるコンテクストにおいて、作者が考えていたように成功するとは決してかぎらないコミュニケーション的行為だとみなさなければならないというのだ。

この点に関して我々は、カントのテクストがその発表以後生み出し続けている様々なコンテクストを完全に解明することを当初から断念している。我々は、たかだかカントが目前に捉えていたであろうコンテクストに対して、いかに彼が革新的な語彙を調達し、あるいはそのコンテクストに介入するような言語行為を実践できたかということを明らかにしようとするにすぎない。ただし、(次節で述べるように)先行研究に対しては、それをカント解釈の歴史・伝統の一部として不十分ながらも視野におさめていないわけではない。それは上述したように、カントの著作物の周りに生成し続け、今や伝統とさえとなった「非政治的な哲学者カント」という解釈である。

この伝統を前提にしている以上、我々がカントの意図としてなにがしかを明らかにしようと接近する諸テクストは、端的に言って、失敗し挫折したコミュニケーション的行為とみなさざるをえないだろう。カントは成功することを期待して政治的な内容・意図をもつテクストを発表したが(コミュニケーションは一般に成功を期待してなされるだろう)、にもかかわらずその意図は汲み取られず、意図されたコミュニケーションは挫折を余儀なくされた。このことを我々はすでに知ってしまっている。カントが批判哲学として提示したものは、同時代において一つの革新として受け取られたし、現代でも近世哲学の刷新・完成として通説的には語られている。同様に、『永遠平和のために』や『法論』といった法・政治に関するテクストもまた、こうした批判哲学の革新的な語彙を用いて書かれている。しかしこれらのテクストは、その哲学的に革新的な言語のせいで、むしろ政治的なものとしては読まれてこなかったと言える。ポーコックに倣って言えば、批判哲学の言語は、それを聴取する相手に批判哲学の規則にそって応答するよう強いる権力をカントに与えたが、しかしその権力はカントにとって十全に制御できるようなものではなかった。[13] 批判哲学の語彙を用いて書かれた政治的なテクストは、カントを読む者らにとって、ほとんど政治的に重要なものとして、あるいはそもそも政治的なものとして扱われてこなかったのである。

我々が介入しようとするのは、こうした解釈の伝統である。この伝統は、カントを用いて政治哲学を再生したロールズ以降の政治理論にも、あるいはゴイスのようなその批判者にも共有されているだけに一層問題である。カントの政治的なテクストに含まれている理念的な構想を、現実化されることが真剣に望まれた構想として受け止め、そしてカント自身がそれを現実化するために示している様々な戦略を読み解くこと、これが本書の目指す方向である。

以上のように方法論的に折衷した仕方ではあれ、思想史的なアプローチによってカントのテクストに接近し、その意図が明らかにされるとき、それは共和制の理念的構想を現実化しようとする試み、戦略として理解できるだろう。カントの戦略は現実の政治・社会的情況において模索された言説戦略である。それは彼の手もとにすでに存在した言説の貯蔵庫から取り出され、鋳直されている。我々がこれから遂行するのは、こうした形で彼の戦略を読み解いていく政治思想史的なカント研究である。

確かに例えばカントの『法論』は極めて精緻な理論体系をもち、現代でもそれ自体として十分に検討に値するかもしれない。しかし本書の関心はむしろ、実践可能性に関して政治的ではないとされる現代の規範的な政治理

(13)「言語は私に権力を与えるが、その権力は私が十全に制御したり他者が共有するのを妨げたりできるものではない。言語化された権力の行為を遂行することによって、私は共有された権力の政治体のなかに参入する」。J. G. A. Pocock, "Verbalizing a Political Act," 39.

論に向けられている。「その政治理論は政治的ではない」という奇妙な指摘が妥当する現代の地平を意識し、そこからおよそ政治的な思想家とはみなされてこなかったカントのテクストに再び出会うとき、我々はそれを政治的な範例の一つとして受け取るのである。(14) 我々の立場は、歴史的文脈を見なければカントは理解できないというものでもなければ、カントのテクストに純粋に内在した研究が現代の政治理論に刺激を与えることを否定するものでもなく、むしろもっと慎ましやかなものである。政治思想史研究の一環として歴史的文脈からカントの著作を照らしてみることで、現代の政治理論が自らに向けられた非政治的だという非難によりよく応答し、現実の政治に関する判断や批判的介入、変革がいかにして可能なのかを再考するための、手がかりや示唆を提供することが目指される。

課題と構成

本書で究明される事柄は、大きく二つの位相において捉えることができる。第一にカントが構築した法と国家の規範的理論、第二にこの理論を実践する政治の構想である。これまでカントの政治思想研究といえば、規範的な法・国家の理論がいかに構築されているのかという第一のレベルに定位した、カントに内在的な研究が主流であった。それに対して我々の研究は、もちろん第一のレベルにおいても従来の研究に対していくつかの重大な修正を施すが、それ以上に第二のレベルを探求する点で新味があると考える。

第一のレベルについて、カントが正義にかなった法的秩序をどのように構想していたか、彼の規範的な法と国家の理念はどのようなものであったかについて、先行研究の蓄積はすでに厚い。とりわけ一九八〇年代にヴォルフガング・ケアスティングとラインハルト・ブラントによって始められた仕事は重要である。[15] それ以前には、晩年にカントが著した法哲学上の主著である『法論』は、一方ではショーペンハウアーのように老衰の産物とみなして切り捨てられるか、[16] 他方で歴史的文脈に過度に依存させて解釈されてきた。例えば、『法論』の抵抗権の否定が当時の絶対主義体制を擁護するものであるとか、[17] その所有権（正確には物権）の正当化の議論が、英仏には存在しつつあったがドイツにはいまだ存在していなかった近代市民社会の所有秩序を先取りしたものであるとか、[18] 反対にそれを反映させることに失敗した封建的所有の理論にすぎないと解釈された。[19] こうした研究状況を知って

（14）ここで範例（Examplar）は、厳密にカント的な意味で用いられている。それは一般的規則に対する具体的事例という意味での実例（Beispiel）とは異なって、一般的なものがア・プリオリに与えられていない中で、むしろそれを通じて一般的なものが判定可能になるようなものである（KU 5:232）。また、我々が本書で示す範例を模倣しさえすれば、非政治的だと呼ばれる規範理論が政治的になるかどうかも分からない。「範例を模倣する者は、それをうまく表現するかぎりでは確かに巧みさを示すが、この範例を自ら判断することができてはじめて、趣味を示すのである」（KU 5:232）。

（15）R. Brandt, „Das Erlaubnisgesetz." W. Kersting, *Wohlgeordnete Freiheit*.（舟場保之・寺田俊郎監訳『自由の秩序』）

（16）「私にはカントの法論全体が、互いに引き付け合う誤謬が奇妙な仕方で編み合わされたものとして、彼の老衰からのみ〔…〕説明可能だと思える」。A. Schopenhauer, *Die Welt als Wille und Vorstellung*, 483.

（17）本邦の次の二つの研究は特にこの傾向が強い。片木清『カントにおける倫理・法・国家の問題』、小牧治『国家の近代化と哲学』。

（18）R. Saage, *Eigentum, Staat und Gesellschaft bei Immanuel Kant*. M. Riedel, „Herrschaft und Gesellschaft." 知念英行『カントの社会思想』。

か知らずか、ロールズは『法論』のタイトルに言及することはあってもそれに踏み込んだ考察を行っているようには思えないし、ハンナ・アーレントは『法論』よりもむしろ美学論を含む『判断力批判』にカントの政治理論のエッセンスを求めた[20]。

老衰説にせよ社会史的なカント解釈にせよ、『法論』解釈の要点がカントのテクスト外部に求められてきたのに対して、ケアスティングやブラントは『法論』が批判哲学的な方法による法哲学・政治哲学上の卓越した業績であると主張した。とりわけケアスティングは『法論』を稠密に読解し、この著作がそれ以前の『人倫の形而上学の基礎づけ』（一七八五）や『実践理性批判』（一七八八）などで示された人間の自律や人格性（尊厳）の思考を前提として、近代の自由民主主義の規範的基礎を築いたということを明確に提示した。

カントによれば、理性的存在者である人間は、生得的な権利として、他者の強制に服従しないという自由の権利をもっている。『法論』はこの生得的自由権を出発点にして法の普遍的原理を導出し、人間が獲得できる外的な対象についての権利（私法）を正当化し、最終的に、これらの権利が確実に保障されうる国家体制（国法）・国際関係（国際法・世界市民法）の規範的なあり方を弁証する。ただ人間の理性——経験に依存することなくむしろ経験を超越して思考し続ける能力——のみに基づいて、国家の理念が構想されるのだ。ア・プリオリに演繹された理念的な国家は、それゆえに普遍妥当性をもった規範的地位を獲得する。カントはこうした〈理念の国家 Staat in der Idee〉を純粋共和制と呼ぶ。そこでは、市民は自らが同意した法律にしか服従せず、いかなる恣意によっても法律の執行が歪められることはない。純粋共和制、すなわち理念としての共和制においてはじめて、万人の統合された意志による立法の下で、万人の自由の両立が可能になる。

ケアスティングらが遂行したテクスト内在的な読解は、『法論』の哲学的なインパクトを正当に受け止め、カントの規範的な法と国家の理論へと哲学的にアプローチする先鞭をつけた[21]。確かにこうした読解は正当であり、豊かな成果をもたらしたが、しかし一方でカントの政治的著作はいまだその政治的意図の核心において読解されてはいない。後続の現代リベラリズムの側からの解釈[22]も、人民主権論に注目した解釈[23]も、概して、規範的な理念を実現するためにカントが論じていたはずの政治への視座を欠いているのだ。実際、規範的・理念的な政治体制を構想することだけがカントの関心であったわけではない。いかにして〈現象の国家〉を〈理念の国家〉へと近づけていくことができるのか――この課題をカントは終始手放さなかった。

第二のレベル、政治について言えば、カントはそれを「上からの改革」として理解していた。一八世紀末のプロイセンに生きたカントにとって、政治は君主とそれに仕える国家官僚によって担われるものだった。これら統治者に課された義務は、法論の構想を実行し、現実の国家を理念的な国家へと改革していくことである。カントによれば、政治とは「執行する法論」にほかならない(ZF 8:370)。

こうした構想については、すでに先行研究も十分に指摘してきた。これらの研究が重要であるのは、カントに

---

(19) Z. Batscha, „Einleitung,“ 17. 村上淳一『ドイツ市民法史』二四―二七頁。

(20) 彼女はショーペンハウアーの見解を踏襲している。H. Arendt, *Lectures on Kant's Political Philosophy*, 7f.

(21) 近年ではケアスティングの研究が英米圏でも受容され、『法論』のコメンタリーも複数出版されている。S. Byrd and J. Hruschka, *Kant's Doctrine of Right: A Commentary* (folgend: *A Commentary*). L. Denis (ed.), *Kant's Metaphysics of Morals. A Critical Guide*. A. Ripstein, *Force and Freedom*. M. Timmons (ed.), *Kant's Metaphysics of Morals. Interpretative Essays*. 邦語の『法論』研究としては、三島淑臣『理性法思想の成立』の他、石田京子、樽井正義、菅沢龍文らの論考がある。

(22) 例えば、P. Guyer, *Kant on Freedom, Law, and Happiness*. T. Pogge, "Kant's Theory of Justice." Ders, "Is Kant's Rechtslehre a 'Comprehensive Liberalism'?"

(23) 例えばI. Maus, *Zur Aufklärung der Demokratietheorie*.(浜田義文・牧野英二監訳『啓蒙の民主制理論』)U. Thiele, *Repräsentation und Autonomieprinzip*. 木原淳『境界と自由』。

おいて政治が理念と現実の接する点に位置していることを明らかにするからである。しかしそれゆえにこそ、先行研究の欠点も見えてこざるをえない。すなわち、カントが理念の実現されるべき現実として言説を発表し続けた、同時代プロイセンの政治的コンテクストがほとんど顧慮されていないのである。例えば、クラウディア・ランガーは法の原理にしたがって改革がなされることにカントにとっての政治の本質があることを正しく指摘し、カントの議論が一九世紀初めのプロイセンの改革派官僚のそれと一致することを示した。[24] また、『永遠平和のために』の政治概念に着目した研究もある。[25] 近年では、アーレントのカント論の影響の下、政治における判断力に着目する研究も目立っている。[26] しかしこれらは、カントが対峙していたはずの同時代のコンテクスト、とりわけ当時支配的だった政治概念がどのようなものだったのかということをまったくと言っていいほど調査しておらず、カントの政治概念の意義と射程が明らかではない。カントは自らの規範的な政治の構想を示すことによって、何とどのように対決しているのか。先行研究はこの問いをなおざりにしてきた。

一七九三年、すでに三批判書を上梓していたカントは、雑誌『ベルリン月報』に最初の本格的な政治論考「理論では正しいかもしれないが実践の役には立たない、という俗言について」を発表する。当時のプロイセンは、啓蒙君主として知られたフリードリヒ二世（大王）が没し、強権的なフリードリヒ・ヴィルヘルム二世の治下にあった。さらに、隣国フランスでは大革命が進行中であった。かなり大雑把に言えばこのような歴史の経過において、九三年以降五年間に集中するカントの政治的著作が読まれる必要がある。

カントの「俗言」が発表されたとき、フランス革命の直後にはプロイセンにも存在していた革命への共感は、王党派の虐殺や国王の処刑といった革命の進行を前に、ほとんど霧散しかかっていた。[27] 一七九〇年代の知識人は、ジャコバン派に与した少数を除けば、[28] 自由主義者として評価されるのであれ、保守主義者として評価されるのであれ、狭義には非実践的であり、プロイセンで革命がなされることを期待してもいなかったし、それを望んでも

いなかったと言われている。(29)

こうしたなか「俗言」が発表されるのだが、この特徴的なタイトルをもつ論文には、それが書かれるべき機縁が存在した。それはフランス革命の「人間と市民の権利宣言」の衝撃を受けて、『ベルリン月報』を媒体として行われた論争である。一方で、哲学的・抽象的に思考された人間の権利の理論を現実の国家の土台に据えてよいのか、万人が平等かつ自由であるなどという空想的な理論が政治実践の場に移されれば混乱が生じるのではないかといった、異議や嘲弄が繰り出された。他方で、それでも人間は自然において平等かつ自由であることに揺るぎはなく、国家はそれを自らの基礎とすべきだとして、理論の擁護にまわる者も存在した。カントの「俗言」論文には、こうした理論と実践をめぐる論争が先駆けている。

カントはこの論文において、それまでの『人倫の形而上学の基礎づけ』や『実践理性批判』で探究してきた道徳の領域から法と国家の領域に批判哲学の対象を移すことになった。それはこの論争のなかで、理性からア・プリオリに演繹された規範的な法と国家の理論に優位を与え、理論家を侮蔑する実践志向の人々を一蹴するためである。『ベルリン月報』上で、フランス革命の人権宣言を契機としてなされた「理論と実践」論争は、カン

---

(24) C. Langer, *Reform nach Prinzipien*, bes., 87ff., 124ff.

(25) V. Gerhardt, *Immanuel Kants Entwurf „Zum ewigen Frieden“*. B. Ludwig, „Politik als „ausübende Rechtslehre“.“

(26) E. Ellis, *Kant's Politics*. 金慧『カントの政治哲学』。斎藤拓也「カントにおける「統治」の問題」。

(27) R. Vierhaus, „»Sie und nicht wir«.“

(28) W. Grab, „Zur Geschichte der deutschen Jakobiner.“ 浜本隆志『ドイツ・ジャコバン派』。

(29) F. C. Beiser, *Enlightenment, Revolution and Romanticism*.（杉田孝夫訳『啓蒙・革命・ロマン主義』）K. Epstein, *The Genesis of German Conservatism*. F. Valjavec, *Die Entstehung der politischen Strömungen in Deutschland*.

トの「俗言」論文の直接のコンテクストをなし、さらには『永遠平和のために』から『法論』、『諸学部の争い』(一七九八)にいたるカントの実践的関心を規定する暗黙のコンテクストをなしている。こうした文脈は、カントを自由主義者としてかあるいは保守主義者としてか、ともかくも革命ではなく改革を志向した思想家として同時代の思想潮流のなかにマッピングしてきた、それ自体では誤りではない思想史研究によっても、遺憾ながら見落とされてきたと言わざるをえない。(30) 近年、スキナーの方法論を用いてなされたライダー・マリクスによる政治思想史的カント研究も、『ベルリン月報』上の論争を考慮しておらずコンテクストの把握が不十分である。(31)

対して我々は、フランス革命後の、政治・法改革の立ち遅れが目立つプロイセンにおいて生じた「理論と実践」論争を背景として、カントの政治的著作を捉えていく。実際、「俗言」論文以後も、カントの著作には「理論では正しいが……」という俗言を論駁する意識が顕著である。『永遠平和のために』でカントが政治を「執行する法論」として概念化するとき、そこには理性からア・プリオリに演繹された法論は執行・実践されなければならないという含意がある。こうした概念化はそれ自体で、法の理論など政治実践において役に立たないという、例の俗言に反駁するものである。法の理論の実践こそ政治の役割だというのだから。

しかもカントは、執行する法論の内実を「共和主義的統治」として具体化している。政治＝執行する法論＝共和主義的統治という系列は、カントの政治思想を理解する鍵であるが、これまでの研究はそれを(立憲君主制下の)自由主義的な統治原理(個人の権利保障)としてしか理解してこなかった。しかし、共和主義的統治はそれ以上のものである。第一に、共和主義的統治は統治原理として、万人の同意可能性に配慮した統治こそが正義に適った統治であることを告げる。第二に、それは体制変革の原理でさえある。理性から演繹された法論は、市民が立法権をもつ共和制の設立を統治者の果たすべき義務としている。したがって、法論を執行する義務を負う統治者は、やがては人民に立法権を移譲することで共和制を実現しなければならない。こうした共和主義的統治の含意はいまだ十分に研究されていない。

規範的な法・国家の理論と、この理論を実践する「執行する法論」としての政治、あるいは「共和主義的統治」。だが、現実の統治者はこうした規範的主張をすぐに受け入れるほど十分に道徳的だったのか。規範が提示されれば、すぐさま上から改革がなされると想定できたのか。こうした問いをカントに対して発した先行研究は、残念ながら今のところ存在しない。カントは実際には、進歩的な理念を簡単には受け付けない硬直したプロイセンの現実を前にして、オプティミスティックに理念だけを語っていたわけではない。むしろカントは、共和制の理念を実現しようとする政治を、何らかの仕方で可能にする方途を模索している。端的に言えば、カントはそれを市民の公共的な言論実践に求めた。市民の公共的言論は、決して道徳的ではありえない統治者に、それでも共和主義的に統治するよう働きかけるもの、すなわち統治を共和主義化するものとして構想されている。しかも、先行研究がカントの構想する市民の公共的言論の理論のなかに、理性的コミュニケーションのあり方しか見てこなかったのに対して、カント自身はもっと現実的に、当時の公共圏で言説が取りえたパフォーマティブな作動を捉えている。市民の言論は、理性的コミュニケーションの規範的影響力を行使するだけでなく、統治者に対する圧力としても機能しうることをカントは見逃さなかった。

以上のような見通しの下、カントの著作の内在的・哲学的な分析に加え、歴史的なコンテクストにそれを位置

(30) 自由主義者とみなしているのは F. C. Beiser, *Enlightenment, Revolution and Romanticism*, chap. 2. また K. Epstein, *The Genesis of German Conservatism* による保守主義の分類（現状維持的保守・改革保守・反動）に依拠し、カントを改革保守として位置づけるものとして Z. Batscha, „Bürgerliche Republik und bürgerliche Revolution bei Immanuel Kant.“

(31) マリクスは本書でも取り上げる『ベルリン月報』上の論文のいくつかを検討しているが、そこに論争が生じていることを認識できていない。R. Maliks, *Kant's Politics in Context*, chap. 2.

づけていくとき、我々は理念と現実を架橋しようとした思想家として一貫したカント像を提示することができるだろう。第一章では、本書全体が取り組むコンテクストとして、一七九三年の「俗言」論文を導きに、同時代プロイセンの言説空間を開示する。とりわけ『ベルリン月報』上で交わされた「理論と実践」論争を参照し、これをカント政治思想の全体のコンテクストとして設定する。その上で、第二章から第四章ではカントの法と国家の規範的理論を検討する。それが体系だって示されるのは、「理論と実践」論争から数年後の『法論』である。第二章で『法論』における生得的自由権と法の概念の基礎づけについて見た後、第三章ではカントが社会契約論の伝統に対して為した革新を理解するために、私法の議論を検討しよう。次に第四章では、カントにおける共和制の諸構想を詳細に見ていく。『永遠平和のために』以降、『法論』や『諸学部の争い』などでは、共和制や共和主義といった概念が様々な形で用いられている。カントの共和主義に着目した研究は近年増加しつつあるが、残念なことにこれらの概念のあいだの差異や関係を包括的に説明する仕事は残されたままである。

第五章では、以上から明らかになった規範的な法と国家の理論を踏まえ、カントがいかなる政治を構想していたのかが検討される。そこでは、政治＝執行する法論＝共和主義的統治という概念系列の意味を、ドイツ自然法学あるいは伝統的な統治の学における政治概念と対照させて理解することが試みられる。カントは人民の幸福を目的とした統治が必然的にパターナリズムに陥ると主張し、それに代えて自由の拡大と保障、さらに法論が提示する理念としての共和制の実現を政治の役割として規定した。こうした政治概念の転換は、自然法論や統治の学についての理論的文脈のみならず、「俗言」出版のあとに引き続いてなされていた理論と実践をめぐる論争に介入しようとするものでもあった。最後に第六章では、カントにおける市民の公的な言論実践の理論を見る。市民の公共的な言論は、決して道徳的ではありえない統治者に、それでも共和主義的に統治するよう働きかけるものとして構想されている。当時、言論の自由をめぐる議論は激しくなされていたにもかかわらず、これまでのカント研究はほとんどそうした議論に関心をもってこなかった。我々は同時代の言論の自由論と比較することで、カントの議論を統治の共和主義化を要求する行為遂行的なものとして特徴づけるだろう。

以下の章は既に発表した研究をもとにしている。ただしいずれも大幅な修正を加えた。

第一章　口頭報告「理論と実践――ドイツ後期啓蒙における一争点（カントを中心に）」、第四〇回社会思想史学会（関西大学）、セッション「一八・九世紀ドイツの社会経済思想」（世話人、原田哲史氏・大塚雄太氏）、二〇一五年一一月七日。

第二章「カントの権利論」田上孝一編『権利の哲学入門』社会評論社、二〇一七年、一〇三―一七頁。

第四章「カントの共和制の諸構想と代表の概念」『社会思想史研究』第四〇号、二〇一六年、六〇―七九頁。

第五章「政治・道徳・怜悧――カントと執行する法論」『政治思想研究』第一四号、二〇一四年、三五六―八四頁。また「カントと許容法則の挑戦――どうでもよいこと・例外・暫定性」『法と哲学』第一号、二〇一五年、一三三―六五頁。

第六章　口頭報告「カントの共和主義と市民――抗議としての言論の自由について」、第二二回政治思想学会（武蔵野大学）、二〇一五年五月二四日。

第一章　理論と実践——プロイセンの論争

カントが政治や法について主だった議論を開始したのは、いわゆる批判期以降のことである。『純粋理性批判』（一七八一）、『実践理性批判』（八八）、『判断力批判』（九〇）からなる三批判書を出版した後、カントは雑誌『ベルリン月報』に、政治的な内容を含む論考を発表しはじめる。一七八三年にヨハン・エーリッヒ・ビースターとフリードリッヒ・ゲディケによって創刊されたこの雑誌は、大学で教育を受けた学識者だけでなく、幅広い公衆を読者層にもち、一八世紀後半のベルリン啓蒙をリードした。[1] 寄稿者には、モーゼス・メンデルスゾーンやユストゥス・メーザー、クリスティアン・ガルヴェ、ヴィルヘルム・フォン・フンボルトといった哲学者・思想家だけでなく、政治家や法学者、医者、神学者ら当時の一般知識人階級を構成する人びとも含まれている。カントは創刊号に自然科学の論考「月の火山について」を、続けて八四年に「世界市民的見地における普遍史の理念」、「啓蒙とは何か」を寄稿し、以後九六年に雑誌が終刊するまで、合わせて一五本もの論考を発表した。カントが本格的に政治と法について論じることになった最初の論文、「理論では正しいかもしれないが実践の役には立たない、

（1）以下『ベルリン月報』についてN. Hinske, „Einleiting.“ Ders, „Kants Beziehungen zu den Schaltstellen der Berliner Aufklärung.“

という俗言について」(以下「俗言」)は、九三年九月号に掲載されている。

確かに、三批判書に政治に関する記述がまったく含まれていないとは言えないし、批判哲学の営み自体がある種の政治的な要素を孕んでいると言うこともできる。実際、『純粋理性批判』第一版(一七八一)の序文によれば、

我々の時代は真に批判の時代であり、一切が批判に服さなければならない。宗教はその神聖性によって、また立法はその大権によって、一般に批判を免れようとする。しかしそうなれば、それらが疑いをもたれるのも当然であり、偽りなき尊敬を要求することはできなくなるだろう。偽りなき尊敬は、理性が、その自由で公的な吟味に耐え抜いたものにのみ与えるものだ。(KrV 4:9)

しかし、カントが本格的に政治と法について論じたのは、あるいはその大権に臆することなく立法に批判を加えることになったのは、「俗言」論文においてだった。この論文以後一八〇四年に没するまで、『永遠平和のために』や『人倫の形而上学・法論』、『諸学部の争い』(一七九八)などにおいて、カントは晩年の仕事として集中的・精力的に法と政治の問題に取り組んだのである。

注意しておくべきは、これらのテクストが発表された時代は、「批判の時代」からは潮目が大きく変わってしまっていたということである。批判の時代あるいは「啓蒙の時代」(WA 8:40)は、フリードリヒ二世(大王)の時代だった。大王はもともと学問に強いシンパシーを抱いており、ヴォルテールやラ・メトリらフランスの啓蒙思想家をサンスーシ宮殿へ招いた他、一八世紀初頭のドイツを代表する哲学者クリスティアン・ヴォルフとも懇意にしていた(2)。カントは八四年の「啓蒙とは何か」のなかで、啓蒙された君主だけが「自由に議論せよ、しかし服従せよ」と述べることができると胸を張った(WA 8:41)。しかし「俗言」が書かれた九三年には、自由な批判

と啓蒙の時代はほとんど過ぎ去っていた。八六年に大王が亡くなると、その後には大王よりも明白に反動的で、宗教や神秘主義に傾倒していたフリードリヒ・ヴィルヘルム二世が即位した。彼の統治の右腕を担った文化・宗教大臣ヨハン・クリストフ・フォン・ヴェルナーは薔薇十字団の会員であり、政治と宗教の結びつきを強めようとした。啓蒙に敵意を抱いていたヴェルナーは宗教勅令（八八）と検閲勅令（九一）を出し、批判と啓蒙の自由は制限された。(3)

対外的な要因もこうした反動的な政治に作用した。すなわち、フランス革命とその一連の経緯である。フリードリヒ・ヴィルヘルム二世の治世にあって、プロイセンは隣国で起きた革命に向き合わなければならなかった。カントは革命の五年前、啓蒙された君主の下では改革が促進され、やがては「統治の原則」さえ変革されて「機械以上である人間をその尊厳に適った仕方で扱う」ようになるだろうと期待していた(4)（WA 8:41f.）。しかし、隣国の革命を当初は歓迎し、そして事態の進行とともにそれを恐怖するようになっていった九〇年代のプロイセンにおいては、そのようなことは——少なくともフリードリヒ大王に期待できたようには——期待できるはずがなかった。カントが精力的に政治と法について論じ始めたのは、こうした時代だったということを忘れないようにしなければならない。

変転する時代のなかで書かれたカントの政治的著作には、これまで必ずしも肯定的な評価が与えられてきたとは言えない。例えば、フレデリック・バイザーは一八世紀後半のドイツの思想潮流を自由主義・ロマン主義・保

（2）W・ディルタイ「フリードリヒ大王とドイツ啓蒙主義」。
（3）ただし近年ではヴェルナーを反啓蒙として捉える見方は修正されつつある。M. Sauter, *Visions of the Enlightenment*, chap. 1–2.
（4）これをフリードリヒ大王礼賛としてのみ捉えることはできない。斉藤渉「「フリードリヒの世紀」と自由（前編）」四—五頁、拙稿「歴史と自然」一三—一四頁を参照のこと。

守主義に分類し、カントを自由主義者としてラベリングしつつ、その政治思想について次のような評価を下した。フリードリヒ大王の死後、「カントの政治哲学はその首尾一貫性を失った。それはもはや理論と実践の溝を埋めるどのような手段も提供できなかった」[5]。「カントは原理においてラディカルだったとしても、実践においては保守的だった。〔…〕革命の後でさえカントは、啓蒙絶対主義時代の狭量なパースペクティブから合法的な変革のための経路を考察し続けた。彼は反乱だけでなくいかなる形の市民的不服従さえ禁じた。〔…〕唯一合法的な社会・政治的変革の形は改革、しかも上からの改革である。〔…〕こうしたカントの社会・政治的変革についての狭量な考えが問題なのは、道徳原理は政治において絶対に義務であると彼が主張するからである」[6]。

しかし、これから見ていくように、我々はこのような言明を決して真に受けることはできない。バイザーの主張の根底には、カントが抵抗権や革命権を否定したという事実がある。だが、そもそも抵抗や革命を主張しさえすれば、理論と実践の溝を埋めることができ、また実践においてラディカルたりえるとでも言うのか（革命を主張することと、革命運動に参加することは当然異なる）。確かにバイザーが言うように、カントは抵抗権や革命権を否定し、君主による「上からの改革」を支持していた。また、カントは道徳原理が政治においても妥当し、政治の義務として改革が行われなければならないとも主張した。しかし、これらをもってカントは首尾一貫性を欠いていたと言うことはできない。むしろカントは自らの政治哲学において一貫していたがゆえに、革命や抵抗権を否認し、上からの改革だけを正当なものとして主張した。そしてこの主張において、理論と実践の架橋を強く意識していた。バイザーのカント評価には、一八四八年三月までドイツには実質的に革命が起こらなかったという歴史の事実が、背後から密かにもちこまれているように思われる。

だがこうした評価は、「俗言」論文が発表されたコンテクストを明らかにすることによって覆される。この論文が行っているのは、タイトルが示す通り、理論では正しいかもしれないが実践の役には立たないという俗言を批判すること、つまり実践における理論の正しさ、妥当性を弁証することである。この俗言がどこから来たのかは、実のところよく分からない。しかしそれが発表された『ベルリン月報』誌上では、理論に対するより苛烈な批判がなされていたということ、これは少なくとも確かである。そこでは、理論は実践にとって役に立たないどころかむしろ有害であるとさえ論じられていたのだ。こうした理論蔑視は複数の論者によってなされており、それは具体的にはフランス革命を導いたとされる人権理論に向けられていた。他方、カントの介入以前にすでにカント的な立場から、つまり理性主義から、人権理論を擁護する試みがいくつかなされてもいた。理性的に定立された理論は政治実践上もまた正しいものなのかどうか。理性とそれに基づく理論のいわばポリティカル・コレクトネスをめぐって論争が行われていたのである。プロイセン、あるいは少なくとも『ベルリン月報』の言説空間は、革命を引き金にして、不偏不党の理性でさえ党派的にならざるをえない論争の場へと変貌していた。「俗言」論文はこの空間へと介入し、理性理論のいわば実践的優位を勝ち取ろうとする試みである。本章では、「俗言」が介入しようとしたコンテクストを明らかにし、この論文が何を批判し何を擁護しているのかを検討しよう。

（5） F. C. Beiser, *Enlightenment, Revolution and Romanticism*, 55.（邦訳一〇三頁）訳は改めた。
（6） F. C. Beiser, *Enlightenment, Revolution and Romanticism*, 52f.（邦訳九九―一〇〇頁）訳は改めた。

第一節　プロイセンの論争

「理論では正しいかもしれないが実践の役には立たない、という俗言について」というテクスト、カントが『ベルリン月報』の編者ビースターに三つの章をひとまとめにして掲載してくれと依頼した（11:456）このテクスト——これはいささか奇妙な代物である。第一章は「道徳一般における理論と実践の関係（ガルヴェ教授のいくつかの反論への応答）」、第二章は「国法における理論と実践の関係（ホッブズへの反論）」、第三章は「国際法における理論と実践の関係。一般的人間愛すなわち世界市民的観点から。モーゼス・メンデルスゾーンへの反論」と題されており、これらは一見、道徳・国法・国際法について整然と体系だって書かれているように見える。しかしここにはいくつかの奇妙な点が看取される。

例えば第三章は国際法と銘打ちながら、それについてはわずかにしか触れられておらず、その代わりに人類の歴史についてのメンデルスゾーンの見解に対する反論が主である。いっそう興味深いのは、第一章と第三章の論駁相手がガルヴェとメンデルスゾーンという同時代人であるのに対して、第二章の相手はホッブズだということである。実に一世紀以上も前の作者に反論を加えるというのだ。しかも一読して分かるように、それが一体どのような意味でホッブズへの反論になっているのかは明白だとは言いがたい。そこで展開されている抵抗権と革命の否定だけを見れば、むしろホッブズ以上にカントは主権の絶対性を肯定しているかのように見える。

しかし実のところ、ホッブズへの反論というのはカント流の韜晦だと考えたほうがよい。第二章「国法における理論と実践の関係」は、むしろ当時のプロイセンに向けて発せられた反論なのだ。確かにカントは（奇妙なことにグレイト・ブリテンやオランダに言及しても）プロイセンはおろか、革命後のフランスの体制にはまったく触れていない（ジョルジュ゠ジャック・ダントンの名前は出てくる）。また、カントは自らが『人倫の形而上学の基礎づけ』や『実践理性批判』で確立した人間の自由に基づいて、あるべき国家の姿を哲学的にのみ論じているかに見える。しかし、理性によって定立された国家理論が、実践においても妥当性をもつことを強く主張するこのテクストは、不偏的理性さえ党派的にならざるをえなかった革命後のプロイセンの言説空間において発せられた、極めて政治的なテクストなのだ。カントは序文で次のように述べている。

私はこの論考を三つの異なる観点にしたがって区分する。それは、理論や体系を極めて大胆に非難している紳士が、物事を判断する際の基準にしているものである。すなわち、（一）私人・実務家、（二）政治家、（三）国際人（あるいは世界市民一般）という三つの質においてこの論考を区分する。この三つの人格は大学人Schulmannを排除しようとする点で一致しているが、大学人の方では彼らすべてのために全力を尽くして理論を彫琢しているのではある。彼らは理論をよりよく理解していると錯覚しているため、大学人を学校に帰らせようとする（威張るなら、その広間のなかですることだIlla se iactet in aula!）。あたかも大学人を実践するには堕落した存在、自分たちの熟達の叡智にとって邪魔になる衒学者であるかのように扱うのである。

(TP 8:277)

カントはここで、理論を彫琢しようとする大学人に対する軽蔑が[7]、当時の言説の主流になりつつあることを警戒している。「紳士」が誰を指すのかについては諸説があるが、はっきりしているのは、カントが引いてい

（7）バーク説はP. Wittichen, „Kant und Burke." ゲンツ説はT. Dietrich, „Kants Polemik mit dem absprechenden Ehrenmann Friedrich

る「Illa se iactet in aula」という文句はウェルギリウスの『アエネーイス』からのものであり、この箇所はエドマンド・バークの『フランス革命の省察』にそのまま登場するということである。『フランス革命の省察』は一七九〇年にロンドンで出版されるや、その数カ月後にはウィーンで独訳され、さらに九三年一月にはフリードリヒ・フォン・ゲンツによる再訳がベルリンで出版された。ゲンツは八三年にカントの教室で学んでおり(8)、彼の翻訳を通してカントはバークを読んだ可能性が高い。バークは言う。

〔…ロンドンの革命シンパは〕経験を無学者の智慧として蔑視します。では経験以外の何に頼るかといえば〔…〕彼らには「人間の権利」があります。それに背くいかなる時効もありえず、それに背くいかなる協定も無効です。それはどんな調節も妥協も許しません。その要求にいささかでも応じないものはすべて欺瞞と不正に等しいのです。彼らの人間の権利は、これに背くいかなる政府にも安全を保証しません。政府が長く持続していようが、その行政が正義と寛大をもったものであろうが構いません。彼ら空論家の異論は、政府の形態が彼らの理論と適合していなければ、最も暴虐な僭主政治やできたばかりの簒奪であろうが、古くからある有益な政府であろうが、変わりなく妥当するというのです。〔…〕彼らの政治的形而上学がいかに稚拙な小細工なのかということは言わないでおきましょう。彼らには大学のなかで楽しませておきましょう。「威張るなら、その広間のなかですることだ。アエオルスは風どもの閉ざされた牢獄を支配するがよい。Illa se jactet in aula — Aeolus, et clauso ventorum carcere regnet.」(9)

『アエネーイス』第一歌、英雄アエネーアスは第二のトロイアを建国しようとイタリアへ向けた航海の途中である。女神ユーノの命を受けた風神アエオルスは、海上に嵐を巻き起こし、英雄の行く手を阻もうとする。それを見かねた海神ネプトゥーヌスは、荒ぶる東風と西風に向けて言い放つ。「風どもよ、いまや、我が神威を無視して天と地を混ぜあわせ、これほどの騒乱を起こす挙に及ぶのか。〔…〕今後はこの程度の罰では罪を償えぬぞ。早々に立ち去れ。お前たちの王〔アエオルス〕にこう言うのだ。大海の支配と恐るべき三叉の矛は、おまえではなく、このわたしに籤で与えられたのだ、と。あの王の領分は巨大な岩山、東風よ、お前たちの棲みかだ。威張るなら、その広間のなかですることだ。アエオルスは風どもの閉ざされた牢獄を支配するがよい[10]」。

　バークは風神アエオルスを人間の権利論という政治的形而上学に、海神ネプトゥーヌスを現実政治の領域に対応させている。ネプトゥーヌスが支配する大海にアエオルスの支配が及ぶことは許されない。アエオルスは岩山の洞窟に留まっていなければならない。バークは実際には人間に権利があるということを否定しているわけではなく、歴史的経験を捨象した形而上学的な理論を批判しているのだが、ともかくも形而上学理論が政治において果たすべきことなどはないと言わんばかりの口調が、カントの怒りを買ったのかもしれない。

　ただし「俗言」は、『フランス革命の省察』だけを狙いにしたものだと言うことはできない。カントはむしろ、バークを好んで受容できるだけの土壌をもっていたプロイセンの言説空間を相手取っている。「俗言」の草稿でカントは述懐する。「形而上学は国家革命の原因であるという、形而上学に対する最近の前代未聞の訴えによって、形而上学にあまりに不釣り合いな名誉が与えられるのか、それともまったくの濡れ衣である誹謗中傷がなさ

Gentz.“ ガルヴェ説は D. Henrich, „Über den Sinn vernünftigen Handelns im Staat,“ 11.

（8）M. Kuehn, *A Biography*, 342.

（9）E. Burke, *Reflections on the Revolution in France*, 149f.（邦訳七四—五頁）訳は改めた。Vgl. E. Burke, *Betrachtungen über die französische Revolution*, 1. Teil, übers. von F. Gentz, 84f.

（10）Virgil, *Aeneid*, 1: 132–141.（邦訳一一頁）

れることになるのか、どう判断すべきか私にはわからない。というのもすでに長い間、実務家にとっては、形而上学を衒学として大学の中に追放しておくということが原則になっているのだから」(23:127)。

事実、バークの翻訳が出る前、あるいは革命以前から、すでにベルリンには抽象的な理論に対する批判が顕在化していた。その代表は、北西ドイツの小領邦国家オスナブリュック司教領で、政府書記官として国政を担った政治家・歴史家ユストゥス・メーザーである。『ベルリン月報』上の論争の口火を切ったのは、彼の論文だった。メーザーはすでに一七七二年の論考のなかで、フリードリヒ大王が進めようとしていた統一法典編纂事業を、自然法の抽象的・形而上学的な理論を現実に適用するものとして批判していた。

フリードリヒ大王の法典編纂事業は、プロイセンの中央集権化の最終段階に行われたものである。[11] ヴェストファーレン条約(一六四八)によって、神聖ローマ帝国の各領邦(Land)に独立した支配権(領邦高権)が認められ、複数の領邦国家が帝国内に併存することになる。しかし領邦高権の成立後も、領邦国家内部では等族(高級聖職者、貴族、自治都市)が旧来の特権を享受していた。プロイセンのフリードリヒ・ヴィルヘルム大選帝侯は常備軍を創設するにあたって、それを賄う課税への同意を等族議会から得なければならなかった。等族議会の最も重要な案件の一つは君侯の課税への同意であったため、恒常的な課税が認められれば、等族の政治的意味の大部分が失われた。しかし課税同意は、貴族の直営地内での農奴制的支配(グーツヘルシャフト)の承認と引き換えになされており、貴族は領主として、農民に対する裁判権や行政権、後見権といった支配権力を保持し続けた。

等族の影響力を削ぎ、中央集権化を大幅に推進させたのは、フリードリヒ大王の父、フリードリヒ・ヴィルヘルム一世である。軍事・財務・経済・福祉・御料地経営といった行政を一手に担う統括的な官僚機構が中央に構築され、その直轄下に各州ごとの地方政庁が設置された。だがそれでも貴族は完全に力を失ったわけではない。郡ではいまだ貴族全員による議会が存在し、租税徴収権や行政権を保持していたし、ブランデンブルクやポメルン、マークデブルクでは州レベルでも貴族が影響力を行使しており、中央官庁の側でも意見を考慮せざるをえなかった。貴族には将校団や中央の行政機構への門戸も開かれていた。

中央集権化への障壁は法慣習においても存在した。プロイセンは様々な土地を相続によって獲得し、領域を拡大していった国家だが、問題は各地方にはそれぞれ固有の法慣習が存在したということである。領邦国家レベルで見れば、君侯と等族の両者は、伝統的な法慣習であるラント法（Landrecht）によって拘束されていると観念された。地域の伝統的ラント法が、領邦君主の権益と等族の自由・特権を同時に基礎づけていたのである。[12]しかし、等族議会の形骸化と新たに設置された中央官庁によって、古き良きラント法の秩序は揺らぐ。地域固有の慣習的なラント法が、中央からの一元的な行政命令と対立することになったのだ。[13]ヴィルヘルム一世は地方貴族の特権の防波堤となっていた地方政庁と宮廷裁判所を改廃しようとしたが、不首尾に終わった。

法改革を推進させたのは、一七四〇年に即位したフリードリヒ大王である。大王はモンテスキューの影響の下、良き君主は国王大権を慎み、専門的な司法官僚による裁判に介入することなく、法の支配の下で権力を振るわねばならないと考えていた。四六年、大王は法務長官ザムエル・フォン・コクツェーイに「単に理性とラント諸制度のみに基づくドイツの一般ラント法を作成すること[14]」を命じる。理性に基づく法典編纂は、多様な地方的

(11) 以下、プロイセン国家の発展史については、成瀬治「反宗教改革から三十年戦争へ」、阪口修平「プロイセン絶対主義」を参照した。

(12) 村上淳一『近代法の形成』二〇—二一頁。

(13) 村上『近代法の形成』一四六—七頁。また、石部雅亮『啓蒙的絶対主義の法構造』第二章。以下プロイセンの法改革については、この二冊に加え、次も参照。H. Hattenhauer, „Einführung in die Geschichte des Preußischen Allgemeinen Landrechts.“ T. Finkenauer, „Vom Allgemeinen Gesetzbuch zum Allgemeinen Landrecht.“

特殊性に彩られ、断片的でもあった領邦内の法慣習を体系化することを企図していた。実際に編纂事業が開始されるのは七年戦争終了後のことだが、その際に活躍したのは、ヨハン・ハインリッヒ・フォン・カルマーやカール・ゴットリープ・スワレッツら、大学でヴォルフ流の自然法学を学んだ平民出身の官僚である。法典編纂は、等族ではなく、大学で自然法学を学んだ法官僚から形成された立法委員会によってなされることになった。八〇年、スワレッツによって起草された国王勅令が発布され、「プロイセン一般法典」の編纂が開始される。勅令によれば、「自然法と今日の体制と一致するように、これ〔ローマ法〕から本質のみが抽出され」なければならない[15]。領邦内の各地域に固有のラント法に変えて——シュレージエン地方の獲得や第一次ポーランド分割(七二)による西プロイセンの獲得によって、統一法典の必要性はさらに高まっていた——、自然法と理性に基づく法典編纂が目指されたのである。「一般法典」は、最終的に大王が没した後、次代のフリードリヒ・ヴィルヘルム二世の下で公布されることになる。

メーザーは、こうした一般法典編纂の動きに対して極めて批判的だった。七二年初出の論考「一般的な法律や法令を求める現今の傾向は民衆の自由にとって危険である」によれば、プロイセンの官僚は、すべての事柄を単純で一般的な原理へと還元しようとしているが、それは「あらゆることを少数の規則にしたがって強制しようとし、それによって多様性という豊かさを失うことになる専制への道」を敷くことにほかならない[16]。メーザーにとって、一般法典編纂は地方の慣習法を自然法学によって駆逐するものと考えられた。「哲学的な理論は、あらゆる根源的契約、特権と自由、条件や時効を掘り崩す。というのも、哲学的理論は支配者・臣民の義務と一般に社会におけるあらゆる権利を単一の原則から導き出し、また自らを押し通すために、慣習や調停や時効の制限のすべてを体系的推論によって一蹴できる程度の障害物だとみなすからである」[17]。地域ごとの慣習や歴史的・特殊的な知は、祖先が自らの自由を守るために保持してきたものである。メーザーの基底にあるこうした考えは、身分制社会における諸自由（Freiheiten）の概念を反映している。すなわち、各地域の等族らは個別に君侯と交わした契約に基づき、助言と援助（consilium et auxilium）を与える代わりに、自分たちの諸権利と諸自由（jura et libertas）を承認させたのである。それは万人に共通の一つの権利・一つの自由ではなく、等族の土地支配に基づいて、地域ごとに異なる内容をもつ特権の束であった。[18] メーザーは、こうした地域的多様性が哲学的理論に基づく一元的立法によって破壊されることがあってはならないと主張していたのである。

メーザーにとって、フランス革命は一般法典の編纂以上に危険な試みと見えた。フランス革命こそ、自然法理論を法典編纂どころか国家体制の原理そのものへと適用するものだと考えられたのである。一七九〇年に『ベルリン月報』に発表されたメーザーの論文を皮切りに、雑誌上では様々な論者が入り乱れ、フランス革命を主導したとされる人間の権利の理論について論争が繰り広げられることになった。[19] あらかじめ述べておけば、そこで問

（14）H. Hattenhauer, „Einführung," 1からの引用。

（15）T. Finkenauer, „Vom Allgemeinen Gesetzbuch zum Allgemeinen Landrecht," 46からの引用。

（16）J. Möser, „Der jetzige Hang zu allgemeinen Gesetzen und Verordnungen, ist der gemeinen Freyheit gefährlich," 15.（邦訳八九―九〇頁）訳は改めた。

（17）J. Möser, „Der jetzige Hang," 18.（邦訳九二頁）訳は改めた。ただし、実際に法典編纂が自然法のみに基づいてなされたかは疑わしい。T. Finkenauer, „Vom Allgemeinen Gesetzbuch zum Allgemeinen Landrecht," 46.

（18）身分制国家の自由概念について、ゲルハルト・エーストライヒ「帝国国制とヨーロッパ諸国家体系」、オットー・ブルンナー『ヨーロッパ――その歴史と精神』二八六―三〇五頁。

（19）ドイツでの人権宣言受容一般に関しては、H. E. Bödecker, „Zur Rezeption der französischen Menschen- und Bürgerrechte von 1789/1791." ただしメーザーの議論が中心に論じられ、以下で我々が見るクラウアー、ビースター、ゲンツについては簡単にしか触れられていない。また次の研究も同様のテクストを扱っているが、我々と違って理論と実践の問題という視点を採用し

題になっていたのは大きく二つのことである。第一に、フランス人権宣言の内容に関して、とりわけ市民の平等である。人間は社会において平等でありえるのか、政治に参加する権利はすべての人に与えられるべきなのかといった問題である。第二に、人間の権利の理論が正しいとしても、それに基づいて国家体制を変革することが正しいのかという、理論の適用問題が浮上しつつあった。ただしこの問題が議論の中心を占めるようになるのは、むしろカントの論文以降のことである。

論争の口火を切ったメーザーの論文は「フランス新憲法の基礎としての人間の権利について」と題されて、九〇年六月号の『ベルリン月報』に発表された。メーザーの議論は徹底して歴史的な視角からなされている。彼は独特の土地所有論に基づき、これまで歴史上、人間の権利に基づいて設立された国家など存在したことはなかったと主張する。ヨーロッパでは土地の所有者だけが国民の構成員であり、同胞と利害を共有していた。株式会社の構成員が株式を所有する人びとであるのと同様に、国民は土地を株式として所有する人びとである。その他の人は「奴隷か契約に基づいて居住する人びと」であり、彼らには「法律や国家の決定に投票する権利は与えられなかった」[20]。こうした歴史認識にしたがえば、土地を所有する貴族と所有せざる平民が、ともに平等に国民をなすという発想は誤りである。フランスでは「公爵が自分の仕立屋とともに無給の国民親衛隊として姿を現し、人間の権利というものを奇妙な外見の下に示している」。人間の権利は「どんな隣人も同じように他の隣人のために身を賭せと要求する」が、平等な権利がありえないのと同様に、国家に対する平等な責務もありえない[21]。土地の保有者としての貴族は、その神聖な義務として国家の防衛を担うのであり、それは平民には求められてはいない。

三ヶ月後、メーザーに対してカール・クラウアーという人物が反論を提出する。クラウアーは、ヨーロッパには人間の権利に基づく国家があったし、今も存在しているということを、実例を挙げて証明しようとする[22]。クラウアーによれば、すでに古代アテナイでは人間の権利として参政権が与えられていた（!）。メーザーの国家株式論を現在のフランスに当てはめれば、第三身分も貨幣株式を所有しているのであって、国政に参加する権利をもつ。こうしたあからさまな革命擁護は当時のプロイセンの状況を考えれば危険だと判断したのか、彼の論考には『ベルリン月報』の編者ビースターが補論を付しており、メーザーに代わって再反論を行っている。

ビースターによれば、自然権や人間の権利は、経験において証明されえない「形而上学的思弁」にすぎない[23]。別の論考でもビースターは、古代ギリシアの民主制を取り上げて、クラウアーの議論を修正しようとする。古代ギリシアで国民と呼ばれていたのは実際には貴族である。「というのも、ギリシアの自由国家の市民は出自を通して、公的役職への権利を受け取っていたからだ[24]」。それゆえ、人間の権利に関して古代ギリシアに例証を見出すことはできないし、歴史上、世界中どんな国にも見出すことはできない。ビースターが好意的な補足を付しているある匿名記事によれば、自然状態では確かに人間は平等だが、市民状態での平等はありえない。社会は持つものと持たざるもの、支配するものと服従するもの、こうした不平等に貫徹されているのであり、「社会と平等は相容れない[25]」。

ていない。R. Maliks, *Kant's Politics in Context*, 49–54.

（20）J. Möser, „Ueber das Recht der Menschheit, als den Grund der neuen Französischen Konstitution,“ 500f.

（21）J. Möser, „Ueber das Recht der Menschheit,“ 503f.

（22）K. Clauer, „Auch etwas über das Recht der Menschheit.“

（23）J. E. Biester, „Nachschrift zu dem vorstehenden Aufsatz,“ 210.

（24）J. E. Biester, „Einige Nachrichten von den Ideen der Griechen über Staatsverfassung,“ 521.

（25）Anonym, „Sind denn wirklich alle Menschen gleich?“, 561. この論考へのビースターの付論によれば、「単なる理論はあまりに高

しかし、クラウアーも黙ってはいなかった。二ヶ月後、ビースターに再反論する中で、今度は「私の知るかぎり最も高潔な思考を行う、最も思弁的な哲学者カントに教わった」として、人間の権利を道徳感情の事実によって論証しようとする。「何らかの真理の存在を認めるのに必要なのは、必ずしも数学的証明ではなく、むしろ、これはそうであってそれ以外にはないとみなしたいという、我々の理性とそれに基づく道徳感情が抱く欲求である。道徳感情と究極原因〔神〕の存在との関係と同様のことが、人間の権利についても言えるだろう。〔…〕我々の理性やそれによって純化された感情は、社会的結合の外部でも人間には諸権利が付着していなければならない、という欲求を見出す。その権利とは、単なる人間に、ただそれだけの見地から、固有のものだ。こうした欲求ないし感情は、単なる仮説以上のものである」[26]。こうした見解はセンチメンタルなヒューマニズムの域を出ないが、クラウアーはそれにこだわることで、法律が保障すべき権利とは何なのかと問い詰める。「愚かな立法者が市民に眠るなと命令することを思いついたとすればどうか。確かにその法律は市民的bürgerlichであるかもしれないが、事実人間的menschlichではないだろう」[27]。最終的に彼はプロイセンの法律と体制も実は人間の権利に基づいているとさえ主張して、ビースターに逆ねじを食わせる。「新法起草の際に、尊敬すべき立法委員会は実に人間としての人間を、市民であることを度外視した人間の自然を参考にしている」[28]。ビースターが書記を務めていた秘密結社「ベルリン水曜会」[29]には、スワレツやエルンスト・フェルディナンド・クラインら、まさに法典編纂に携わった官僚も所属していただけに、クラウアーの皮肉は効果的だっただろう。

クラウアーに対しては、メーザーも批判を向けた。ただし彼の批判は、一方でプロイセンにとって新しすぎたためにその後問題になることはなく、他方でクラウアーとは別のカント主義の登場によって論駁されてしまうかに見える。前者の先進的な批判はこうである。所有者と非所有者が平等な人間の権利をもち、それに基づいて国家が設立されるとすればどうなるのか。例えば、堤防を建設するかどうか、その費用は地租なのか人頭税なのかといったことを決めるために、両者が集合して多数決を行うならどうなるのか。両者の利害は異なっているのだから、意見の一致を見ることはないだろう。[30] ここには、階級的利害対立が民主的統合に及ぼす影響如何という、先進的、一九世紀的な問いの萌芽的可能性があったが、『ベルリン月報』上では、あるいはカントにおいても、この問いは無視された。

メーザーによれば、どのような民族でも同輩には株式としての所有を要求しているのであり、すべての人間を構成員として受け入れるわけではない。神の国でさえ信仰という株式をもつ者だけを市民として受け入れる。「これは人間の権利という、本のなかの理論ではなく〔…〕慣習的な実践である」[31]。この観点からすれば、クラウアーは人間の権利を拡張しすぎている。そもそも人間の権利があるとすれば、「どんな無主物でも獲得し、そうして獲得された一切のものを防衛するという権能」でしかない。[32] しかも、獲得されうるのは本来土地だけであった。市民（Bürger）とは、土地を所有することで身分を保証された（verbürgt）人のことであり、市民と人間、市民

度で遠大にすぎる抽象化にとどまり、あまりに熱情的な偏愛をかきたてるために、容易に誤りうる」。J. E. Biester, „Nachschrift des Herausgebers,“ 564.

（26）K. Clauer, „Noch ein Beitrag über das Recht der Menschheit,“ 445.
（27）K. Clauer, „Noch ein Beitrag über das Recht der Menschheit,“ 451.
（28）K. Clauer, „Noch ein Beitrag über das Recht der Menschheit,“ 457.
（29）ベルリン水曜会については、G. Birtsch, „Die Berliner Mittwochsgesellschaft（1783–1798）.“
（30）J. Möser, „Ueber das Recht der Menschheit, in sofern es zur Grundlage eines Staates dienen kann,“ 501.
（31）J. Möser, „Ueber das Recht der Menschheit, in sofern...,“ 503.
（32）J. Möser, „Ueber das Recht der Menschheit, in sofern...,“ 504.

と単なる住民が混同されてはならない。歴史の過程で人頭税や財産税が導入され、土地だけでなく貨幣も株式として認められるようになったために、市民権と人間の権利が混同されてしまっているだけだというのである。[33]

しかしメーザーは、こうした混同がいかなる悪しき帰結をもたらすのかを説明しない。歴史的事実が規範的な主張と異なっているとして、前者が後者の否定を導くかどうかは別の話である。まさにこの点からメーザーやビースターを反駁し、人間の権利を擁護しようとするのが、後に保守主義者として著名になるゲンツである。後の世評からすれば驚くべきことだが、ゲンツは九一年四月号掲載の「権利の根源と最高原理について」において、クラウアーよりも徹底したカント主義の立場から、人間の権利を弁証してみせる。[34] ゲンツによれば、雑誌上での議論は事実と当為を混同している。「純粋理性概念の哲学的論述が、たいていの場合見通し難い、深遠な歴史的知に従属させられてきた」。[35] 人間の権利について考えるときに重要なのは、メーザーの言う「時間における先行」ではなく、「理性と認識における先行」である。[36] 理性と自由は人間の真の自然にほかならないのだから、人間という概念にはすでに権利の概念が内属している。この場合、権利は「他者の自由を自らの自由の維持のために必要なかぎりで制限する、個人のこの道徳的能力（許容）」であり、権利が各人に課すこの制限によって「普遍的な自由」が可能になる。[37]

確かにカントの成熟した議論とは根本的なところで違いはあるものの、[38] これはカントがいまだ法や政治の著作を発表していない状況では、最もカント的なもの――カントであればこう考えるだろうという意味で――だと言える。ゲンツは批判哲学の語彙・思考体系に即して論述しているのだ。事実、ゲンツがここで人間の権利の目的としてあげている「普遍的自由」は、『純粋理性批判』のなかでカントが「プラトンの国家」に言及する際に触れていたものと同じである。それは「無為な思索家の頭のなかにだけ存在しえる夢想的な完全性の例」だが、しかし、この思考をもっと追求し、〔…〕新たな試行錯誤によってそれを明確にする方が、それは実行できないと惨めに痛ましく言い繕って、それを無益なものとして捨て去るよりもよいだろう。法律によって各人の自由が他の人の自由と両立し、最大の人間的自由（最大の幸福ではない。それは自ずと最大の自由から帰結するものである）が存在する体制、これはしかし少なくとも国家体制の最初の構想においてのみならず、あらゆる法律の根底になければならない必然的理念である。（KrV 3:247f.）

『純粋理性批判』[39]時点でのカントの議論はいまだ曖昧であり、九〇年代以降、とりわけ『法論』と内容的に異なる部分がある。しかし、経験を超出した理性理念（Idee）として、人間の自由を最大限に保障しうる規範的な国家を考えるという視座は、すでに胚胎されている。ゲンツはこうしたところからカントの思考をシミュレートしえたのかもしれない。

（33）国家株式論の詳細については、J. Möser, „Der Bauerhof, als eine Actie betrachtet.“ また肥前榮一「ユストゥス・メーザーの国家株式論について」。
（34）実際、カントにも言及がある。F. Gentz, „Ueber den Ursprung und die obersten Prinzipien des Rechts,“ 377, Anm.
（35）F. Gentz, „Ueber den Ursprung und die obersten Prinzipien des Rechts,“ 373.
（36）F. Gentz, „Ueber den Ursprung und die obersten Prinzipien des Rechts,“ 391.
（37）F. Gentz, „Ueber den Ursprung und die obersten Prinzipien des Rechts,“ 378f.
（38）例えばゲンツは法と道徳を峻別しておらず、所有権の正当化の仕方もカントとは異なる。何より、第二章で述べるように、法の名宛人が同時に法の起草者でなければならないというカントの洞察がゲンツには見られない。
（39）前者では刑罰さえも稀になるだろうと、まさに夢想的なことが言われている（KrV 3:248）。

とはいえゲンツは人間の権利を肯定しつつも、フランス革命の評価については慎重になり、人権宣言の試みにはむしろ懐疑的になる。すなわち、人権宣言という「思弁的で理論的な原理、正確に規定するのが困難で大衆が理解しがたく、実際の状況に適用しがたい原理、したがって本来はふさわしくない原理を、市民的体制の第一句として発するということ」は「責められるべきである」[40]。ここには、これまでの論争とは違った方向の革命批判が姿を見せ始めている。すなわち、人間の権利を承認するにせよ、あるいは理性から導出された理論が正しいにせよ、それを国家体制に適用してよいのかという問題、すなわち理論の適用可能性の問題が浮上しつつあるのだ。

同様に、九二年一月号の論文で、フンボルトはその独特な有機体的自然観に基づいて、人権宣言の適用可能性を訝しむ。フランスの憲法制定国民議会が試みたのは、「単なる理性原理に基づいてまったく新しい国家構造を築きあげようとすること」[41]だが、これは事柄の性質上、失敗を運命づけられている。理性の努力に加え、自然から内発的に生じてくる偶然がうまく合致しなければ、理性の構想を現実化する試みは成功しない。フンボルトは、カントとは別の意味での理性の限界を言い募る。「理性には確かに手元にある材料を作る能力はあるが、新しいものを生み出す力はない。〔…〕若木を幹に接ぎ木するように、政体を人間に接ぎ木することはできない。時間と自然の準備が整っていないところでは、花を糸に結びつけるようなものだ。日光を浴びればすぐにそれは枯れてしまうだろう[42]」。

こうして『ベルリン月報』は、理性や理論を擁護するという、それ自体では政治的でもなんでもない単なる哲学的スタンスが、しかしにもかかわらず党派性・政治性を帯びざるをえない空間へと編成されていた。こうした編成は、明らかにフランスにおける革命の進行に影響を受けたものだったが、同時にプロイセンの政治自体も強くそれに影響されずにはいられなかった。九一年三月、フリードリヒ大王が始めた法典編纂事業は、次代の国王の下で「プロイセン一般法典」として一応の完成を見せる。九二年一月号の『ベルリン月報』の匿名記事は、フリードリヒ・ヴィルヘルム二世を「立法者」として讃え、彼の勅令には「寛大さと正義への愛、そして住民の自由と分別ある真理の声への尊敬に満ち満ちて」いたと述べている。[43]「一般法典」は「その立法者が同時代の思考様式と概念に歩調を合わせた、初めての法典」であり、そのもとで「人間精神はさらに発展を遂げ、静かで穏やかな人生の哲学が普遍化される」。[44] しかし、九二年六月に施行予定だった「一般法典」は、フランスの憲法制定を前に革命の余波を恐れた国王によって、九二年四月には施行が無期限停止させられてしまう。匿名記事が法典の精神をなすものとして列挙した「人間と市民の権利」・「思考と良心の自由」に関わる条項、[45] さらに立憲君主制的制約（国王大権の禁止）、旧来の身分制度の修正（婚姻の平等）が、君主自身のみならず貴族層によっても危険視されたのである。[46] 結局、「一般法典」がこうした進歩的な要素を取り除いた形で、「プロイセン一般ラント法」として再び公布されるにはさらに二年が必要だった。

また、フランスでは貴族と教会の特権の廃止が宣言され、王制の是非をめぐる議論が激しくなされていた。隣国での特権廃止はドイツの地方農民らにとって衝撃的な意味合いをもち、グーツヘルシャフトの廃絶を求める暴

（40）F. Gentz, „Ueber den Ursprung und die obersten Prinzipien des Rechts," 93, Anm. 強調は網谷。
（41）W. Humboldt, „Ideen über Staatsverfassung," 86.
（42）W. Humboldt, „Ideen über Staatsverfassung," 90.
（43）Anonym, „Friedrich Wilhelm der Gesetzgeber," 6f.
（44）Anonym, „Friedrich Wilhelm der Gesetzgeber," 8f.
（45）Anonym, „Friedrich Wilhelm der Gesetzgeber," 11ff.
（46）石部『啓蒙的絶対主義の法構造』二一八―三八頁。T. Finkenauer, „Vom Allgemeinen Gesetzbuch zum Allgemeinen Landrecht," 95–135.

動が各地で多発するようになっていた。ある地方政庁長官は、身分制が廃絶されると誤解した農民が「一般法典」を買い求め、「一般法典」を盾に暴動へ繰り出していると報告し、法典の施行に切迫した異議を唱えた。(47)「一般法典」が啓蒙哲学の嫡子として評価されたのとは裏腹に、革命の進展とともに啓蒙への攻撃が始まると、こうした肯定的な評価がかえって法典の施行延期をもたらすに至るのである。法典編纂者であるカルマーやスワレッツは啓蒙が革命の原因とは考えられず、また「一般法典」には革命的要素などほんのわずかも混入していない旨を主張したが、国王は結局それを聞き入れなかった。(48)

フランスでは人権宣言に続き、九一年九月には最初の憲法が採択される。『ベルリン月報』でも、九一年憲法についていくつかの論説が立てられた。例えば、ガルヴェは九〇年から九一年にわたって、教会財産の国有化に関する論考を発表している。ガルヴェ自身は少なくとも特権を疑問視していたが、それに触れること自体が今や革命賛美派とみなされる政治的な状況にあることを察知し、賛否両論を併記するにとどまった。(49)他方メーザーにとって、九一年憲法の採択は詐欺まがいに映った。同年一一月号の論考によれば、社会契約には、最初の征服者・所有者が互いに締結したものと、後に彼らが子孫や移住民ら新参者に参加を認めたもの、この二種類しかない。最初の征服者と新参者の区別は除去されてはならない。「後者、つまり権利をより少なくもつ人びとが人権を考案し、多数決によってこれまでの国制を廃止し、平等な人間として前者〔最初の征服者〕と同じ権利をもとうとするならば、それは最も明白な詐取であろう(50)」。

九一年の段階では理性に基づいて人間の権利を正当化していたゲンツもまた、九三年には態度を変化させていた。『フランス革命の省察』独訳に付された長大な論考のなかで、ゲンツは理性への敵対から理性を擁護するために、複雑な操作的定義を行っている。ゲンツによれば、宗教的狂信（Fanatismus）の後には、あらゆる宗教を軽蔑し、人類の偉大さや尊さについてどうでもよいと考える宗教的無関心（religiöser Indifferentismus）が跋扈する。同様に、革命への狂信のあとには「政治的無関心」が、「人間への決定的な軽蔑から、あるいは実践的なピュロニズムから出てくることがある」。しかし今や、革命よりも「中庸の国家体制を平穏に享受し、それを静かにゆっくりと改良していくこと」を主張する人びとが、誤って政治的無関心と名指され批判されている。革命ではなく改革を、極端な原理ではなく穏和な原理を主張するこうした立場は、軽蔑的無関心（Indifferentismus der Geringschätzung）とは一線を画しており、むしろ理性的無関心（Indifferentismus der Vernunft）と呼ばれなければならない。後者は「市民的結合の本質と基礎を、自由と統治の性質を、そして古代史と現代史が我々に開陳する様々な国家社会における人間の性格と性質を、持続的に寛大に不偏的に多面的に熟考した結果」もたらされる。[51] その本質は、軽蔑的無関心とは違ってあらゆる見解を否定することにあるのではなく、それらを「均衡」させることにある。[52]

こうしてゲンツは理性を、フランス革命の主導者らの狂信からも、またしばしばフランスのフィロゾーフに対して与えられてきた懐疑主義という評価からも隔絶させ、多様な意見を不偏不党に観察し、それらを均衡させるものとして再定義する。こうした操作的定義の試み自体が、理性をめぐる言説が党派的にならざるをえなかったことの証左である。ゲンツは不偏不党性と均衡によって理性的無関心を特徴づけながら、革命の試みを、あるい

（47）石部『啓蒙的絶対主義の法構造』二三〇—二頁。T. Finkenauer, „Vom Allgemeinen Gesetzbuch zum Allgemeinen Landrecht,“ 84f.
（48）T. Finkenauer, „Vom Allgemeinen Gesetzbuch zum Allgemeinen Landrecht,“ 88–95.
（49）C. Garve, „Einige Betrachtungen veranlaßt durch das Dekret der Nationalversammlung in Frankreich über die Güter der Geistlichkeit.“ガルヴェのフランス革命に対する態度については、Z. Batscha, „Christian Garves Reflexionen über die Französische Revolution.“
（50）J. Möser, „Wann und wie mag eine Nazion ihre Konstitution verändern?“, 398f.
（51）F. Gentz, „Ueber politische Freyheit und das Verhältniss derselben zur Regierung,“ 138f.
（52）F. Gentz, „Ueber politische Freyheit und das Verhältniss derselben zur Regierung,“ 142.

はこう言っていいなら革命的理性を否定してみせるのだ。

ただし、こうした理性への敵対あるいは理性の再定義のきっかけを与えたのは、フランス革命だけではない。『純粋理性批判』の刊行以来、批判哲学のプロジェクトがドイツ語圏を完全に掌握したなどと考えることは到底できず、カントの批判書にはいわゆる通俗哲学（Popularphilosophie）の側から繰り返し違和が表明されてきた。通俗哲学者と呼ばれる人らも様々であるが、共通する方法的特徴としては、当時ドイツの大学で教えられていたライプニッツ・ヴォルフ学派の講壇哲学（Schulphilosophie）から距離をおいて（必ずしもその内容を否定したわけではない）、ラテン語やフランス語ではなくドイツ語で書き、体系性よりも公衆に向けての伝達可能性を目指したということが挙げられる。[53] その場合、彼らは哲学的に厳密な書き方よりもレトリックや実例を多用し、小説形式を用いた思想内容の伝達を試みることもあった。彼らは理性よりも健全な（通常の）悟性や道徳感情、超越論的認識よりも経験的認識を重視した。カントは一般にライプニッツ・ヴォルフ学派の独断哲学に対抗して自らの批判哲学を彫琢したと考えられているし、それは間違いではない。しかし同時に、通俗哲学への違和感（それは後年敵意に変わるが）も断続的に表明されている。[54]

つまるところ、理性による理性の批判を目指す哲学と経験的認識を重視する通俗哲学は、革命以前から既に抗争状態にあったのだが、それは革命をきっかけに政治的イデオロギーの対立へと変貌することになったのである。しかし、これはある意味で不活性な対立でもあった。確かに、フランス革命憲法の基礎になっていると考えられた人間の権利の理論の内容的な正しさは、理性による超越論的基礎づけを重視する立場と、歴史的経験を重視する立場によって争われはしたが、人間の権利の理論を国家の基礎にするという政治実践の評価については、ほとんど争いはなかったのである——メーザーからゲンツ、フンボルトにいたるまで否定的な評価であった。まして、プロイセンが今後どうなるべきかについてもほとんど沈黙が守られていた。

『ベルリン月報』の論者で唯一の例外は、クラウアーである。[55] 彼はカント哲学へのシンパシーを表明しながら革命の理念を擁護したが、それだけではなく革命を実際に実践しようともした。九一年初頭にベルリンを去ったクラウアーは、ライン川左岸の街ストラスブール（シュトラースブルク）へ向かい、革命煽動のパンフレットを書き始める。九二年一〇月、フランス革命軍によってマインツが占領されると、当地にはジャコバン・クラブが結成され、クラウアーもそこに参加した。博物学者・旅行家として著名なゲオルク・フォルスターが九三年三月一八日のマインツ共和国の設立に立ちあい、中心人物として活躍したのに対し、その時すでにクラウアーはマインツを去っていた。しばらくしてジャコバン独裁期の公安委員会からストラスブール地域の行政担当者に任命されるが、九三年の暮れ、公安委員会の外国人革命派排斥運動によって罷免され、九四年一月には自宅で拘留、三〇歳で病死した。マインツ共和国はすでに九三年七月二三日、プロイセン・オーストリアの反革命連合軍によって陥落していた。

革命に身を投じ、翻弄されたクラウアーのような例外をのぞけば、『ベルリン月報』の論争は、理論の実践的・政治的正しさ如何という問いの周りを経巡っていたにすぎない。しかし、革命的であれ反動的であれ、何ら

(53) この特徴づけは F. C. Beiser, *The Fate of Reason*. chap. 6. 通俗哲学については、小谷英生「哲学的プロジェクトとしてのドイツ通俗哲学」も参照。

(54)『純粋理性批判』第一版に対する通俗哲学者らの無理解・批判については、M. Kuehn, *A Biography*, 250–4. F. C. Beiser, *The Fate of Reason*, 172–84. カントとガルヴェについては、小谷英生「隠された友情」も参照。カントは『純粋理性批判』第二版では、批判哲学は通俗的になりえないし、なる必要もないと断言するにいたり（KrV 3:20f.）、雑誌に掲載された論文をのぞいて、批判哲学の体系の一部として書かれたものについては、その態度を覆すことはなかったと思われる（Vgl., RL 6:206）。

(55) 以下、クラウアーについては H. G. Haasis, „Carl Gottlieb Daniel Clauer."

かの政治運動にコミットしなければ実践的でないのだとすれば、この時期のプロイセンの著作家のほとんどは非実践的だということになるが、それはあまりにも視野狭窄であろう。ハーバーマスがかねてから指摘してきたように、一八世紀後半から一九世紀にかけて新聞や印刷メディアを通して形成されつつあった市民的公共圏においては、公的な言論を通じた権力に対する働きかけがなされていた。[56] ただしプロイセンの市民的公共圏は、進歩的な改革だけを促進しようとしたわけではなく、むしろプロイセンには革命は不要であること、自然法論に基づく法典編纂は有害だということ、あるいは（後に第六章で見るように）行きすぎた啓蒙や言論の自由は国家によって規制されねばならないことなど、反改革的な側面が目立ったことは否めない。いずれにせよ、当時勃興しつつあった印刷メディアを媒介にした市民的公共圏は、国家権力に影響を行使しうる空間へと形成されており、改革を促進するのも改革に抵抗するのもそれを通じて行われたのである。事実、『ベルリン月報』の読者・寄稿者のなかには「プロイセン一般法典」の編纂者であった法官僚も含まれていたのだから、この見込みは間違ったものではなかっただろう。『ベルリン月報』誌上は、フランス革命の理念をめぐって政治化された論争空間として編成され、その内部で流通する言説がプロイセンの現実政治へとフィードバックしていく可能性は十分にあった。この空間へ向けて、カントは九三年九月、初めての本格的な政治論考を発表することになる。

第二節　カントの介入

ここまで『ベルリン月報』において一七九〇年から九二年、メーザーの論文からフンボルトの論文にかけて行われた「理論と実践」論争を概観してきた。カントはこの論争が一段落しかけた頃に「俗言」論文を発表するが、同時期にはフランスでもプロイセンでも事態はさらに進展していた。

九二年初頭のフランス各地での農民暴動に続き、八月には王制廃止、パリでのコミューン蜂起と人民裁判による王党派の虐殺、そして九三年一月には国王処刑と、革命は激化の一途をたどる。プロイセンでは、九二年四月に「一般法典」が効力を停止される。同年には、『ベルリン月報』に掲載されるはずだったカントの宗教論文が検閲によって掲載禁止の憂き目にあった。フランス国内では王制廃止に伴い、再びの憲法制定過程が始まっていた。九三年六月に議会で承認され、八月に布告された新憲法とその人権宣言案について、国民公会でどのような議論がなされていたのかは、フランスの新聞だけでなくドイツの新聞も報道しており、ドイツの啓蒙知識人はこうした情報を何らかの形で得ることができた。[57] 確かに検閲勅令が出されていたが、プロイセン外部で出版された新聞や雑誌、書籍は（ときには地下で）流通していた。カントも革命の勃発以来、その関心を抑えることなく、常独仏の様々な新聞や雑誌を読んでいたらしい。[58] 種々の伝記が明らかにするように、カントは私生活のなかで常

（56）J. Habermas, *Strukturwandel der Öffentlichkeit*, Kap. 3.

（57）一八世紀末のドイツのジャーナリズムや出版の状況について、とりわけフランス革命によって出版流通・読者公衆が拡大し、言説が「政治化」されたことについて H. E. Bödeker, "Journals and Public Opinion." E. Hellmuth and W. Piereth, "Germany 1760–1815."

に――ジャコバン独裁が始まろうとも――革命擁護の姿勢を崩さなかったという。[59]

国王が処刑された同じ月には、ゲンツが自身の長大な論考を付して、バークの『フランス革命の省察』を翻訳・出版している。哲学への首尾一貫した尊敬を保っていたゲンツは、必ずしもバークのメーザー的とも言える歴史的な議論に満足していた訳ではないが、[60] この著作が華麗なレトリックによって革命実践の不正さを克明に伝えていること、そして一種の予言の書となってしまったことを「序言」のなかで認めた。バークの著作が予言してみせたように、憲法制定国民議会の過ちが革命全体の災禍をもたらした最大の原因であり、「彼らが統治を委ねた人びとの放埒極まる格率は、彼らの堕落した理論の当然の帰結だったのである」。[61] もはやゲンツはカント主義的に人間の自由の権利について語ることをやめ、むしろ八九年人権宣言の一条一条を執拗に批判するようにさえなっていた。[62]

カントの「俗言」論文は、こうした状況のさなかに発表されている。革命をきっかけにして行われた『ベルリン月報』上の論争に対して、カントは理性に基づく理論が実践においても妥当すること、妥当しなければならないことを主張する。論争への介入の側面に加えて、「俗言」論文はカントが自らの道徳哲学に沿って法と政治の見解を体系的に述べる（講義を別とすれば）最初の契機ともなった。人間の生得的な自由権・私法・国法からなる理性法の体系の詳細は『法論』を俟たなければならないが、この論文にはそのエッセンスが含まれている。我々は「俗言」論文を検討することで、テクストの論争介入的側面あるいは政治的意図を明らかにするとともに、第二章以下で詳細に論じるカントの規範的な法と国家の理論への導きを得ることにしたい。

カントは論文の序文にあたる箇所で、「理論では正しいかもしれないが実践の役には立たない」という俗言を分析し、これがどのような場合にどの程度当てはまるのかということを一般的に論じることから議論を始めている。カントによれば、理論とは「一定の普遍性を備えた原理」として考えられる規則の総体である。理論を考える際には、それを実行するための諸条件は度外視される。他方、どんな行為も実践であるわけではなく、「普遍性を備えていると表象される、ある種の振る舞いの原理にしたがうものとして」、なんらかの目的を達成する行為が実践と呼ばれる（TP 8:275）。

次にカントは、このような定義に即して——実践では役に立たない理論がどのような場合に存在するのかを探すべく——実践が失敗する場面を二つ挙げている。第一に、理論が完璧であるにもかかわらず、その実践に失敗してしまう場合、第二に、理論が不完全であるがゆえに、実践も失敗してしまう場合である。

第一の場合、理論がいかに完璧であっても、「理論と実践のあいだには、さらに前者から後者へと結びつけ、また橋渡しする中間項が必要になる」（TP 8:275）。理論は一般的な原理としての規則だが、この規則を実行するためには、目の前の状況がこの規則に当てはまるのかどうかを判断する能力、すなわち判断力が必要になる。そのため、学校で優秀な成績を収めた医者や法学識者でも、判断力が欠如していれば、現場で有益な助言を与えそこなうということがある。とはいえ、このことは理論が実践の役に立たないということではなく、実践のためには判断力が必要だということを示しているにすぎない。[63]

（58）ケーニヒスベルクの新聞は当時まだ発達しておらず、カントはベルリンやハンブルクの新聞を手に入れていたようだ。G. Hagelweide, „Publizistischer Alltag in der preußischen Provinz," 253ff.
（59）M. Kuehn, *A Biography*, 340ff.
（60）ゲンツの翻訳は正確とは決して言えず、彼のカント哲学的な志向を反映したものになっている。J. A. Green, "Friedrich Gentz's Translation of Burke's Reflections," 653ff.
（61）F. Gentz, „Einleitung," XLf.
（62）F. Gentz, „Ueber die Deklaration der Rechte."

第二に、理論が不完全であるために実践で失敗する場合、その理論は「さらに試行錯誤を通じてか経験を積むことによってのみ」補われうる。「それらの試行錯誤や経験から、学校を出たばかりの医者や農業経営者、官房学者は新しい規則を抽象し、自分の理論を完成させることができるし、そうしなければならない」(TP 8:275)。それゆえこの場合もまた、実践が失敗する原因は、理論そのものに帰すことはできない。理論の不十分さを自覚するのであれば、試行錯誤や経験によって補完しなければならないというだけである。

それでは、例の俗言は単なる誤解にすぎないのか。カントによれば、そうではない。一つだけこの俗言が妥当する局面が存在する。それは理論が感性的直観の対象(経験的対象)には関係せず、ただ理性概念を通じて表象されうる対象(ア・プリオリな対象)にのみ関わる場合、端的に言えば、哲学の理論である。哲学理論の対象は「おそらくまったく非の打ちどころなく(理性の側から)思考することはできるだろうが、しかしおそらく〔経験的に〕与えられることはまったくありえず、まさに単なる空虚な理念でしかない。それは実践にはまったく使いものにならないか、それどころかそれを使えば不利益になるようなものだろう」(TP 8:276)。しかしカントによれば、この概念が義務の概念である場合、その場合にのみ話は別である。義務については、それが空虚な観念性しかもたないのではないかと心配する必要はない。「というのも、我々の意志の何らかの帰結を目指してなされるようなことは〔…〕義務とは言えないからである」(TP 8:276f. 強調は網谷)。

この一文には、カントの倫理学上の立場が端的に表現されている。『人倫の形而上学の基礎づけ』や『実践理性批判』でカントが考察してきたのは、普遍的な善と呼べるものがあるとすれば、それは善意志だけだということであった。「善をなせ」という命令が道徳的義務であり、それが道徳哲学の根本要素を構成するとして、それでは善とはなにか。とりわけ道徳を普遍的法則の体系として包括する学たらしめるような普遍的な善、いつどこの誰にでも妥当する善とはなにか。この問いは、言い換えれば、いかなる経験にも依拠しない、ア・プリオリな原理のみに基づいた道徳の形而上学は可能かという問いである。

例えば、人間の性格や才能に普遍的な善を見出すことはできない。それらに善を見出すとしても、性格や才能は状況や場面に応じて評価が変わりうる（例えば、冷静さという性格は、殺人や強盗の場合にそれが発揮されることもある）。あるいは――これが「俗言」論文の批判対象ともなっているのだが――、何らかの目的や帰結に対して有用な行為もしばしば善と呼ばれる。しかしこれを善と呼ぶとしても、目的や帰結自体が善いものでなければ、その手段となる行為もまた善いとは言えないだろう。伝統的な用語法にしたがって、カントは善い帰結や目的を一般に幸福と呼ぶ。しかし、幸福を目的としてなされる行為もまた普遍的な善とは言えない。何を幸福だと考えるかは主観的にもまた経験的にも異なりうるものだからである。つまり、人間の性格や才能、あるいは行為の帰結に普遍的な善を見出すことはできない。そこで、行為の帰結にではなく、むしろ行為におよぶ際の意志のあり方、すなわち意志の格率にこそ、善が見出されなければならない。

ところで、道徳的な義務とは善を為すよう命じるものである。人間の性格や才能、あるいは行為の帰結といったものに善を求め、それを義務の内容にするとすれば、その義務は一般的には妥当するかもしれないが、それでも普遍的な妥当性をもたない義務、本来義務と呼ぶに値しない義務になるだろう。これらは「もし～であるなら」、「～であることを望むなら」といった条件付きの命法（仮言命法）の形をとるが、それは義務を満たすことの善さが、これらの条件によって左右されるということを意味する。それゆえ、これらは実際には何かを命令す

（63）『純粋理性批判』によれば、規則の下に具体的事例を包摂する判断力の、言わばメタ規則は、それ自体判断力によって適用されなければならず、判断力の規則を求めようとすれば無限遡行に陥る。それゆえ、「［…］判断力は特別な才能であり、教化することなどまったくできず、ただ訓練することしかできない」（KrV 3:131）。

るというよりも、単に何かを勧告する助言にすぎず、道徳の命令とは呼べない。道徳の命令は普遍的な義務として、無条件に何かを命じるものでなければならない。

カントは定言命法と呼ばれるこうした義務を、『実践理性批判』において、最も典型的には、次のように定式化した。「あなたの意志の格率が、つねに同時に普遍的な立法の原理として妥当するよう行為せよ」(5:30)。定言命法は、他のすべての人もまたその格率を自らのものとして意志しうるような格率だけを採用することを命じる。普遍的に妥当する義務があるとすればこうした定言命法だけであり、それにしたがった意志のあり方だけが普遍的な善だと言える。しかも、このような定言命法を立法しうるのは、ただ理性だけである。というのも、定言命法が規定するのは格率の内容ではなく、ただその形式——格率が普遍的な立法原理となりうるかどうか——だけであり、そこにはいかなる経験的な対象も、すなわち感性的な直観の対象も表象されていないからである。理性が定言命法として立法する道徳法則は、いかなる経験にも依拠しないがゆえに、普遍的に妥当する義務を命令することができる。「したがって道徳法則とその原理は、あらゆる実践的認識のうちで、何らかの経験的なものが含まれるような他のすべての認識から本質的に区別されるというだけでなく、あらゆる道徳哲学はまったくその純粋な部分に基礎づけられており、人間に適用されるとしても、少なくとも人間についての知(人間学)からその部分を借用するのではなく、むしろ理性的存在者としての人間にア・プリオリな法則を与えるものである[…]」(G 4:389)。

だが、義務が理性の立法するア・プリオリな道徳法則として理解されず、上述のように「我々の意志の何らかの帰結を目指す」(TP 8:276)こととして理解されてしまえばどうか。カントによれば、その場合には、理論では正しいかもしれないが実践には妥当しないといった「哲学のスキャンダル」が垂れ流されて、まるで尊大な調子で「理性を経験によって改革しよう」などと言われることになるだろう(TP 8:277)。哲学、それも理性哲学は、このスキャンダルから自らを守らなければならない。「俗言」論文は哲学の醜聞を掻き立てる偽りの理論に反論し、同時に、義務概念に基づいた理論は実践でも妥当しなければならないこと、「実践の価値は、その根底に置かれた理論に、実践がいかに適合しているかということに、すべてかかっている」ということを示そうとするのだ。理論を与えようとする形而上学者に対して「威張るなら、その広間のなかですることだ」と不躾に罵る実践家は、経験に釘付けされた「もぐらの目」をもつにすぎないというのである(TP 8:277)。

カントの論文は、このようなほとんど憤りに近い態度をもって、しかし冷静に、理性や理論を擁護することがそれ自体で政治的な党派性を帯びたプロイセンの言説空間に解き放たれている。カントは政治実践における形而上学理論を擁護することによって、フランス革命の側に立つ。しかしカントは同時に、ゲンツが堕落した理論と呼ぶフランスの人権宣言から不純物を取り除き、批判哲学によってそれを純化しようともしている。その不純物とは、八九年の人権宣言に萌芽的に見られ、(国民投票によって採択されはしたが、ついには実施されなかった)九三年憲法の人権宣言に大々的に展開される、国家目的としての人間の幸福と、それが脅かされた場合の抵抗の理論である(次節で論じる)。つまり「俗言」論文は、フランス革命の人権宣言を暗に参照し、またそれを批判することを通じて、政治実践においても妥当すべき理論を提示し、そうすることによって『ベルリン月報』上の言説に対して反駁するという構成をとっているのだ。こうした入れ子状の構成が、「俗言」論文第二章の直接の意図を見えにくくしていると考えられる。

前節で見たように、『ベルリン月報』では、メーザーが国家の正統性を歴史に求めていた。現在の国家は、最初の土地所有者たちの契約に基づくものである。土地を国家の株式として所有する者と所有せざる者――この区別は社会契約を貫いており、歴史的慣習として正当化される。あるいは、バークにとって、形而上学や哲学的思弁にではなく、古くから時間をかけて慣習となり、いわば自然となってきたものにこそ、政治の思慮は見いだされる。現在のイングランドの国制は、長い時間をかけて、様々な対立が調和するにいたった時効（prescription）の産物だ。時効こそ「草創においては暴力的だった政府を、長年月の慣行を通して熟成し、合法性のなかに取り入れてくるもの」である[64]。改革は相続されてきたものを保存しつつ、古来の慣習から得られた叡智によって、長い年月をかけて行われなければならない。形而上学的理論によって主張される人間の権利は、それが適用される経験を顧みず、また現行の体制において培われてきた慣習を破壊するがゆえに、「形而上学的に真であるのに比例して、道徳的・政治的には偽」である[65]。

カント哲学を学んだゲンツにとって、確かにこうした言い回しは「不安定で曖昧で、ほとんど謎めいている表現」に見えた[66]。しかし、彼は革命を導いた理論を批判するために、バークの議論から均衡・調和・妥協といった要素だけを摂取する。革命の主導者は、現行体制よりももっと多くの自由を求め続ける。そして「もはや現実の世界に自分たちの望みを満たしてくれるものが何もなくなったとき、彼らは観念の世界へと移行し、自分たちの祖国の平和と幸福を〔…〕空想の産物のために犠牲にする構えである」。これに対して「理性的な人間は、物事をその価値にしたがって、希望を能力にしたがって評価し、自分の住む国家体制の欠陥を過剰に嫌わず、外国の国家体制や想像されただけの国家体制がもつ利点を過度に称揚したりはしない。理性的な人間は〔…〕幸福と幸福の要求のあいだに〔…〕正しい均衡を見つけ出す。自分の祖国を自分が本来活動できる唯一の領域として愛し、達成可能な目的を――それでも常に崇高なものではあろうが――設定する〔…〕」[67]。

こうした保守主義者の議論に対して、カントは「俗言」第二章末尾でこう応じている。

純粋な理性原理の一切を無視した実践が、不遜な態度で理論を非難することがあるが、それが最も甚だしくなるのは、良き国家体制には何が必要かが問われているときだ。その理由はこうである。法的体制が長きにわたって存続していると、すべてが平穏に進行してきたこれまでの状態に即して、自らの権利と幸福を判断するという規則に、人民は次第に慣れていってしまう。反対に、これまでの状態を、理性を通じて与えられる権利と幸福の概念に即して評価するということをしなくなる。そしてむしろ、より良い状態を求めるという危険に満ちた状況よりも、こうした受動的状態の方をいつもいっそう好むことになるのである〔…〕。この点、どのような欠陥があろうとも十分長期にわたって存続している体制ならば、体制の違いにかかわらず、同じ結果が生じる。すなわち、自分が暮らす体制に満足してしまうのである。それゆえに、国民の幸福に配慮するならば、本来いかなる理論も妥当せず、すべては経験に従順な実践次第だということになる。(TP 8:305f.)

ここでカントが行っていることは、歴史的に長い間持続しているという理由で現行体制を正当化しようとする、保守的言説の詐術の暴露である。カントによれば、長い歴史を有する体制の下で人民は、次のように考える習慣を身につける。すなわち、現行体制が他の体制に取って代わられず長期間持続してきたということは、自分たちが幸福だったということを意味する、と。それゆえ、人民の幸福が政治にとって最も尊重すべき事柄なのであれば、長期的に持続してきた現行体制こそが望ましいということになる。だが、この言説はマッチポンプである。というのも実際には、体制が長期間存続してきたことが原因となって、現在の状態に満足せざるをえなくな

(64) E. Burke, *Reflections*, 270.(邦訳二〇八—九頁)
(65) E. Burke, *Reflections*, 154.(邦訳七九頁)訳は改めた。
(66) E. Burke, *Betrachtungen*, übers. von F. Gentz, 1. Teil, 92, Anm.
(67) F. Gentz, „Ueber politische Freyheit und das Verhältniss derselben zur Regierung," 143.

るという、人民の受動的状態が帰結するのにもかかわらず、この種の言説は因果の順序を逆転させて、人民が幸福だから長期的に持続してきた現行体制で十分だと主張するからである。ここでカントは――現代の言葉で言えば――体制の長期的安定が人民に適応的な選好形成を促し、幸福が感じられなくなる限界を引き下げるという現象を指摘している。これに対して「俗言」論文は、幸福が政治実践、とりわけ国法の原理とされてはならず、むしろそれは理性から導出される何らかのア・プリオリな原理に基づかなければならないと主張することになるだろう。そのア・プリオリな原理とは、人間の自由の権利である。

第三節　根源的契約の理念

「俗言」第二章の冒頭では、市民的体制（国家）を設立する社会契約が、その他の（例えば家や共同体を設立する）社会契約とは隔絶していると主張することから、議論が開始されている。どのような社会契約であっても、契約当事者が何らかの共通の目的のために結合するということに変わりはない。しかし、国家を設立する社会契約は「それ自体が目的であるような結合」、「すなわち、互いに影響を与え合うことが避けられない人間の、どのような外的な関係においても、無条件の第一の義務であるような結合」である点で格別である。さらにカントによれば、「こうした外的な関係においてそれ自体義務であり、他の全ての外的義務の最高の形式的条件（conditio sine qua non）である目的は、公的な強制法則の下における人間の権利」である（TP 8:289）。

簡潔に言えば、社会契約は公的な強制法則の下における人間の権利を目的としてなされる義務だというのである。社会契約が義務だということの意味は後述するとして、まずは「俗言」論文での人間の権利の導出方法に着目しよう。カントによれば、人間の権利は「人間同士の外的な関係における自由の概念から生じる」(TP 8:289)。人間は、互いに影響を及ぼし合うことが避けられない外的な関係に置かれている。そこでは、常に自らの自由が他の人の自由を毀損する可能性、あるいはその逆の可能性が存在する。自らの自由が正しい(recht)ものだと言えるためには、それが他の人の自由を毀損せず、むしろ他のすべての人の自由と両立していなければならない。このように条件付けられた自由は正しく、またそのかぎりで人間にはその権利(Recht)がある。こうした正しさを定式化したものが法(Recht)であり、それは「各人の自由が万人の自由と両立する条件へと、各人の自由を制限するものである」(TP 8:289f.)。つまり、一方で、各人は他のすべての人の自由と両立するかぎりで自由の権利をもち、他方、他のすべての人の自由を侵害しないよう各人の自由を制限するものが法である。国家においては、各人に他者の自由を侵害しないよう強制し、万人の自由の両立を、すなわち各人の人間の権利の享受を可能にする、公的な強制法則が実定法として存在する。

こうした法・権利に関する洞察において、「人間が自然な仕方でもつ目的(幸福への意図)やそれを達成するための手段」は度外視される(TP 8:289)。というのも、「(幸福という一般的な名称でひと括りにされている)経験的な目的」について、あるいは「一人ひとりがどこにそのような目的を設定しようとするか」については、「人々の考えはまったく異なり、人々の意志を何らかの共通原理でくくることも、それゆえ、万人の自由と両立する外的法則の下に置くこともできなくなってしまう」からである(TP 8:290)。法と権利が、経験的・実質的な目的(幸福)に依拠せず、人間の外的関係における自由の両立という「最高の形式的条件」(TP 8:289)のみによって規定されているということ、この帰結は重大である。つまり、いかなる経験・実質をも捨象して導出された法と権利の概念は、それゆえに万人に当てはまる普遍的妥当性を獲得することになるのだ。人間は自由の権利を享受するためには、万人の自由の両立を可能にする公的な強制法則の下にあるのでなければならない。このことが万人に妥当する義務として「ア・プリオリに立法する純粋理性」（TP 8:290）から導出されるのである。

こうした国法のア・プリオリな原理の探求は、実のところ、『純粋理性批判』のときからカントが遠望していたものであった。そこでカントは、明らかにプロイセンの一般法典編纂を思わせるような仕方で、「いつの日か、国法の無限の多様性に代えて、その諸原理を探し出す」という「古くからある願望」について語っていた。「この際、法律は我々の自由が自らと完全に一致するような条件の下でしか、我々の自由を制限することはできない」（KrV 3:239）。しかし、こうした探求は今やフランス革命とそれに引き続き『ベルリン月報』上でなされた論争に巻き込まれて、いっそうの進展を見せる。

> したがって、単に適法的状態として見られた市民状態は、次のア・プリオリな原理に基づくものである。
> 1　社会の各構成員の、人間としての、自由。
> 2　社会の各構成員と他の各構成員の、臣民としての、平等。
> 3　公共体の各構成員の、市民としての、自立。
> これらの原理は、すでに設立された国家に与えられる法則ではなく、むしろそれに基づくことでのみ、外的な人間の権利一般という純粋な理性原理に適合した仕方で、国家設立が可能になる法則である。（TP 8:290）

これまで、この三つのア・プリオリな原理は、いかにもフランス革命のスローガン——自由・平等・博愛——を思い起こさせるものとして解釈され、博愛（Fraternité）の代わりに自立（Selbstständigkeit）が置かれていることの意味が論じられてきた(68)。しかし、我々が追尾してきた『ベルリン月報』の論争を踏まえると、これがフランス革命の何かを思い起こさせるものだとしても、もう少し別の見方が可能になってくる。『ベルリン月報』で問題になっていたのは、自然法理論を、もっと具体的に言えば人権宣言を国家の基礎に据えてよいのかということであった。この問いに対して、カントは当然そうすべきだと答えている。上の三つの原理は、すでに設立された国家に与えられる法則＝法律ではなく、「外的な人間の権利一般という純粋な理性原理」に適合した仕方で、国家設立を可能にする法則である。それにしたがってはじめて、単に実定法が整備されているという意味での法的状態（gesetzlicher Zustand）から区別された、理性の法則にかなった適法的状態（rechtlicher Zustand）が可能になる。つまり、人間としての自由・臣民としての平等・市民としての自立は、カント流の「人間と市民の権利宣言」の再解釈なのだ。『ベルリン月報』での論争に対し、このような仕方でカントは、人間の権利の理論は国家の実践においても基礎を与えることができ、また与えなければならないと応答するのである。カントの「人間と市民の権利宣言」は、以後『永遠平和のために』、『法論』においても若干の表現を変えながら繰り返されることになる。

詳しく見ていこう。三つの原理は、公的な強制法則の下における人間の権利というア・プリオリな原理から、分析的に導出されている。人間の権利という理性原理にしたがって構想される国家の下では、自由な人間・平等な臣民・自立した市民という、三つの相互に関連する地位が各人に保障されなければならない。人間としての自由に関して、「各人は自らの幸福を自分のよいと思う仕方で追求してよいが、それは、同様の目的を追求する他者の自由が、万人の自由と可能な普遍的法則にしたがって両立しうる場合に、その自由を（つまり他者の権利を）侵害しないかぎりでのことである」（TP 8:290）。各人の自由を規定するのは、その行為が他のすべての人の自

（68）例えば、R. Brandt, „Freiheit, Gleichheit, Selbstständigkeit bei Kant."

由と普遍的法則にしたがって両立するかどうかという視点だけである。国家の下でこうした視点を具現化し、なされるべきでない行為を規定するのは、法律である。法律を通じて、各人は互いに互いの自由を侵害しないよう拘束しあっている。こうした相互拘束の下ではじめて、万人の自由の両立が可能になる。

臣民としての平等の原理は、こうした人間としての自由の原理と相即的である。臣民という属性を、カントは法律に服従する者と定義している。つまり、臣民としての平等は、すべての人が同じ程度に法律に服従するということを意味する。もしある人が特権をもち、他者からの法律を介した強制を免れるとすれば、そのときには普遍的法則にしたがった万人の自由の両立は成り立たない。このような意味での特権をカントは否定している。「公共体の各構成員は公共体において（臣民に認められる）どの身分層にも達することができなくてはならない。各人は自分の才能、勤勉、幸運によってそこへ至ることができる。したがって、同輩の臣民が（ある種の身分に付与された特権者として）世襲特権によってその人を邪魔し、その人とその子孫を同じ身分の下に永遠に押さえつけておくことは許されない」（TP 8:292）。しかし他方で、臣民としての平等の規定は、才能・勤勉・幸運によって生じるかもしれない経済的・社会的格差に対しては開かれている。人間の権利というア・プリオリな原理から導出されるのは、法律への服従の例外としての特権の否定だけである。自助による社会階層の移動は可能でなければならないが、それに応じた経済的な格差については言及されていない。

自由・平等だけでなく、市民としての自立もまた、万人の自由の両立の必要条件である。市民という概念によって意味されているのは、「共同立法者 Mitgesetzgeber」である（TP 8:294）。自立した人びとは市民（Bürger, Staatsbürger）として投票権をもつ。(69) 投票権の要件として、カントは成人男性であること、経済的に自活しているということを挙げ、女性や子供、さらに他人に奉仕することでしか生計を立てていけない者をそこから除外している。

立法者・投票者としての市民という規定が、人間の権利という理性原理に適合した国家の設立を可能にする法則の一つをなしているということには、深い意義がある。というのも、人間の自由権というア・プリオリな原理から、市民主権が導かれているからである。万人の自由が両立するためには、自由の侵害を強制によって阻止する法律がなければならない。しかし、その法律が万人の同意を得たものでなければ、法律の強制によって、同意していない人の自由は毀損されてしまうだろう。したがって、正義を満たした法律はすべての人の同意を得たもの、言い換えれば「普遍的な（統一された）人民意志」（TP 8:295）によって立法されたものでなければならない。普遍的意志が可能になるためには、自由で平等な地位を保障された人々が、自発的に投票するということが必要である。「そもそもこの〔立法という〕概念を構成するために必要なのは、外的な自由と平等、そしてすべての意志の統一という概念」なのだ（TP 8:295）。

　このように、人間としての自由・臣民としての平等・市民としての自立は、各人に自由の権利を享受することを可能にする国家原理である。人間の権利という理性原理からア・プリオリに導出されるのは、自由・平等・自立という地位を各人に保障する国家なのだ。カントが社会契約は義務だと論じるときに意味しているのは、こうした原理に適った国家を設立せよということである。第三章で詳述するが、こうした社会契約論は、近世の自然法学者たちの社会契約論とは隔絶している。後者の社会契約は、自然状態において例えば生存の保障を望む人（ホッブズ）が、あるいは自由と所有の保障を望む人（ロック）が前提とされ、そうした人であれば締結することが合理的であるものとして提示されていた。何らかの目的のために結ばれた社会契約に基づいて、人民は国家に対して権利を主張することができ、他方で国家は人民に対して服従を命じることができた。しかしカントの場合、社会契約は端的に義務である。言い換えれば、カントの社会契約は契約当事者の好みや望みといった、いかなる

（69）本書では、Selbstständigkeit を「自立」、Autonomie を「自律」と訳し分ける。

主意主義的な前提からも解放されている。社会契約が義務であるということは、望むと望まざるとにかかわらず、人間の権利というア・プリオリな理性原理に適った国家を設立しなければならないということなのだ。

社会契約を義務として導出するカントの議論は、次のように進んでいく。人間の権利というア・プリオリな理性原理を前提として考えれば、国家はどのようなものでなければならないか分かるだろう。その条件が特定できれば、それにしたがって国家を組織するということが義務だと分かる。ところで、国家が設立されるには、一般に社会契約と呼ばれている契機がなければならない。したがって、理性原理に適した国家を設立せよという義務は、そうした国家を設立するための社会契約を履行せよという義務にほかならない。このように社会契約は、人間の権利という理性原理に適した国家に論理的に先行しなければならない契機である。この契機をカントは「根源的契約 ursprünglicher Kontrakt」と呼んでいる（TP 8:295)。

根源的契約は現実の国家の歴史的起源ではなく、むしろ、あるべき国家の理性的起源とでも言うべきものを意味する。というのもそれは、理性からア・プリオリに導出された人間の権利の原理に適した国家こそを設立する契機だと想定されるからである。この意味で、これまでしばしば言われてきたように根源的契約は純粋に仮説的である。しかし、仮説的であるということの意味を正しく理解しなければならない。それは現実の国家が設立されるメカニズムを仮説として説明するものではなく、むしろ、理性原理に適した国家があるべきなのであれば、それを設立するための契約もなければならないとして、論理上要請される概念なのだ。より厳密に言えば、根源的契約は理性によって導出されたものである以上、理念にすぎない。「〔…〕人びとの間の市民的体制、すなわち完全に適法的な体制は、ただ根源的契約に基づくことしかできないし、それによってしか一つの公共体は設立されえない。――しかし（原始契約 contractus originarius あるいは社会契約 pactum sociale と呼ばれる）この契約は、（ただ適法的な立法をなすためだけに）人民それぞれの特殊な私的意志を一つの共通の公的意志へと統一するものとして、事実として前提されねばならないなどということは決してない（実際、事実としてはまったく不可能だろう）。〔…〕むしろそれは単なる理性の理念である〔…〕」（TP 8:297）。根源的契約において、契約の表象はすべての人の同意、すなわち共通の公的意志を示すためだけに必要とされている（契約というものは、契約当事者間の同意を必然的に含意する）。[70] 人間の権利という理性原理に適った国家に対してなら、すべての人が同意可能であるに違いない。こうした万人の同意のことを、カントは根源的契約と呼ぶのである。

繰り返せば、人間の権利という理性原理から、その原理に適した国家を設立せよという義務が導出され、そうした国家を設立する契機として根源的契約が理念として要請される。このとき、根源的契約は単に論理上必要とされる理念ではなくて、むしろ国家を理性原理に適ったものへと統制する規範の役割を果たすことになる。というのも、理性原理に適った国家を設立する契機となるのが、根源的契約だからである。しかもその際、根源的契約は、理性原理に適った国家の条件に応じて、二重の機能をもたされている。それは第一に静的・立憲的規範、第二に動的・政治的規範である。[71]

一方で、各人が自由の権利を享受するためには、先に見たように、国家は各人に自由・平等・自立という属性を保障しなければならない。これは国家内での人々の地位を規定する憲法（根本法 Grundgesetz）に相当する条件である。というのも、こうした立憲的条件下でのみ、普遍的人民意志による立法が可能になるからだ。理性原理に適った国家の根本法であれば、すべての人は同意可能であろう。反対に、根本法に対して必ずしもすべての人が同意可能でないのであれば、その根本法の下での暮らしは、誰かの意志に反したものになるはずだ。それゆ

（70）W. Kersting, *Die politische Philosophie des Gesellschaftsvertrags*, 203.
（71）W. Kersting, *Wohlgeordnete Freiheit*, 34.

え、「普遍的な（統一された）人民意志からしか生じない根本法は、根源的契約と呼ばれる」（TP 8:295）。つまり、根源的契約の理念は、国家の立憲的構造を統制する規範として機能するのである。

だが他方、根源的契約が万人の同意を表象する理念であるということは、それが同時に、そのときどきでなされる個々の立法においても規範の役割を果たすということを意味する。「〔…〕根源的契約の理念は、法律があたかも全人民の統一された意志から生じえたかのように立法するよう、また市民であろうとするかぎりでのあらゆる臣民があたかもそうした意志と合致しているかのようにみなすよう、あらゆる立法者を拘束する。というのもこれは、あらゆる公的な法律の適法性の試金石だからである」（TP 8:297）。万人の同意を表象する理念としての根源的契約は、個別の立法過程においても、人民の普遍的意志によって立法されたかのように立法するよう、立法者を拘束する。言い換えれば、根源的契約の理念は、君主制・貴族制・民主制の別なく、あらゆる立法者に対して、人民全体が同意可能な形で立法するよう拘束する立法の規範である。国家体制上（立憲上）は根源的契約の理念を満たしてはいないとしても、立法者はこの理念を立法の試金石として参照し、人民が同意できないような法律は不当であると判断できるし、判断しなければならない。そうでなければ、同意できない人々はその法律によって不当な強制を受けることになるからである。もちろん、根源的契約の理念を立憲的に満たした国家体制において、同時に個々の立法もまたその理念を満たすということも当然考えられるし、カントはそうした国家においてのみ、各人の自由が真の意味で両立すると考えていた。第四章で見るように、理性からア・プリオリに導出されるこうした規範的な国家は、『法論』では純粋共和制と呼ばれている。

このように、締結することそれ自体が目的であり義務であるような、格別な社会契約論がもたらす理論的帰結は、二つの方向で確認できる。第一に、もはや国家の支配者が契約を盾にして臣民の自由を制限することはできない。というのも、根源的契約は現実の国家設立の際に支配者と臣民の間で交わされた合意ではなく、理性的国家の根底に置かれるべき万人の同意を表象するにすぎないからである。支配者はむしろ根源的契約の理念を参照し、自らの立法がすべての人に同意可能なものかを反省しなければならない。第二に、他方で臣民にとってもまた、この契約を盾に、支配者への服従を拒否したり抵抗したりすることはできなくなる。何らかの目的の実現のために交わされた契約であれば、支配者がその目的を実現しない場合には、抵抗は正当であるということにもなろうが、根源的契約においてそうした目的は前提とされていないからである。

第四節　カントとフランス革命

こうした論旨においてカントの標的は、ホッブズであるというよりも、むしろ幸福を社会契約の目的、国家の目的とする議論である。カントの考えは次の文言に集約されている。「主権者は、自らの考えにしたがって人民を幸福にしようとし、専制者となる。人民は、自らの幸福という普遍的な人間の要求に固執し、反乱者となる」(TP 8:302)。一方で、人民の幸福を考慮する温情に基づく支配は、父親が子供に対して振る舞うかのような「パターナルな統治」である。そこでは人民の幸福は父である支配者の意向にそって決定され、人民の自由は存在しない (TP 8:290f.)。

他方で、臣民もまた、自分たちが国家に服従しているのは自分たちの幸福の実現のために交わされた社会契約によるのだと観念するとすれば、その幸福が失われてしまうと判断しうる場合には、国家支配に抵抗することが正当だということになる。自分の幸福が失われる場合には抵抗するという格率が「普遍化されるならば、あらゆる市民的体制を破壊し、人間が権利というものを享有しうる唯一の状態を根絶させてしまうだろう」(TP 8:299)。何を自分の幸福だと考えるかが各人によって異なるのと同様に、自分の幸福が何によって失われると考えるかも、相応に異なるだろう。したがって、もし国家設立の目的が人民の幸福にあるのだとすれば、そのときには、いたるところで各人の判断に応じて抵抗や反乱が勃発しうるし、それでも正当だということになりかねない。そうなれば、法律の強制の下で権利を享受することは不可能になるだろう。というのも、各人は自らの判断に基づいて法律の強制を拒否しても正当だということになるからである。これが人民の行為の格率に採用されるとすれば、「あらゆる適法的体制は不確実なものになり、あらゆる法が少なくとも効力を停止する、完全な無法状態(自然状態 status naturalis)がもたらされることになる」(TP 8:301)。幸福の原理が社会契約論のなかに摂り込まれることで、法的秩序は潜在的に壊滅させられるのだ。国法において真に重要なのは、「臣民が公共体の設立や管理から期待しうるような幸福ではなく、なにをおいてもまずは権利、公共体の設立や管理によって保障されねばならない権利だけであり、これが公共体に該当するあらゆる格率の源泉となるべき最高原理である」(TP 8:298)。

『ベルリン月報』の論争へのカントの応答は、これに集約されている。ただし先述したように、その議論はやや込み入っている。先行研究ではこれまで、カントの政治原理としての幸福批判は、人民の幸福を社会契約の目的とするドイツの伝統的な自然法学に向けられていると解釈されてきた。[72] 理論史・学説史的な観点からすれば、このような対比は間違いではないし、我々も第六章でその伝統を参照することになるが、しかし「俗言」論文が直接的に介入しようとしているコンテクストは、むしろ理論を政治実践において否定しようとする傾向のあったプロイセンの同時代の言説空間に求められるべきである。メーザーやビースター、ゲンツらはフランス革命憲法に対して、形而上学的理論——歴史的慣習にまったく根ざすことのない理論——をそのまま実践することが、いかに悲惨な結末を招くことになるかという点を執拗に攻撃していた。九二年初頭の農民暴動、八月一〇日の王権停止、九月二一日に招集された国民公会での共和制樹立の決定、パリでのコミューン蜂起とそれに続く受刑者たちの虐殺、九三年一月の国王の処刑、騒乱のさなかに採択され、しかし実施されることはなかった九三年憲法、そしてジャコバン・クラブを中心とした革命独裁体制の開始――これらが「俗言」論文が出版される頃にフランスが経験していたことであった。

カントはこうした革命の行程に含まれる暴力的な出来事を非難する用意はあったが、革命が最初に打ち立てた人権宣言を全否定するつもりはなかった。むしろカントは『ベルリン月報』の批判者らに対して、次のように言うかのようである。流通している俗言の通り、人間の権利の理論が実践において不要なものとされるか、あるいは有害なものとなるとすれば、そのときには権利の理論に不純物が含まれているからである。権利の理論からそれが取り除かれて純粋なものとなれば、理論はやはり実践でも妥当しなければならない、と。カントの目にはフランス革命の成果である八九年の人権宣言、そして九三年のジャコバン憲法の人権宣言は、いずれも欠陥をもち、しかもそれは後者においてはっきりと目立つものになったと映っただろう。そしてその欠点があるがゆえに、メーザーやバークの批判さえある意味では妥当しかねないと感じただろう。その欠点とは、まさに幸福原理と抵抗権である。

これまで様々な形でカントの政治思想とフランス革命憲法の関係が語られてきた。[73] まず誰でも指摘できること

(72) W. Kersting, *Die politische Philosophie des Gesellschaftsvertrags*, 236–46. 木村周市朗『ドイツ福祉国家思想史』第三章。

(73) 例えばP. Burg, *Kant und die Französische Revolution* はその包括的な研究であるが、我々のようにカントのどのテクストがプロイセンでのどういった議論にむけて発せられているのかということを問わず、機会的にフランス革命の思想と比較することに終始しており、また以下で述べるように幸福原理と抵抗権の関係についても問うていない。

だが、国家における人間の権利に関してカントと八九年人権宣言の見解は類似している。「俗言」が規定する人間としての自由と臣民としての平等は、八九年宣言第一条「人は、自由、かつ、権利において平等なものとして生まれ、生存する。社会的差別は、共同の利益に基づくのでなければ設けられない」と一致する。[74]カントの自由・平等・自立の概念それぞれもまた人権宣言と対応している。カントにおける人間としての自由は、第四条「自由とは、他人を害しないすべてのことをなしうることにある。したがって、各人の自然的諸権利の行使は、社会の他の構成員にこれらと同一の権利の享受を確保すること以外の限界をもたない」に対応するし、また臣民としての平等は、第六条の後半「法律は、保護を与える場合にも、あるいは処罰する場合にも、すべての者に対して同一でなければならない。すべての市民は、法律の前に平等であるから、その能力にしたがって、かつ、その徳行と才能以外の差別なしに、等しく、すべての位階、地位および公職に就くことができる」に対応するだろう。市民としての自立について言えば、第六条の前半「法律は、一般意思の表明である。すべての市民は、みずから、またはその代表者によって、その形成に参加する権利をもつ」に対応すると一応は言える。八九年宣言での市民の規定は曖昧だが、多くの国民議会議員は宣言採択当時、市民を能動市民（citoyen actif）として理解するというアベ・シィエスの見解を共有していた。[75]

他方、相違が著しいのは、抵抗権についての見解である。八九年宣言第二条は国家設立の目的を「人の、時効によって消滅することのない自然的な諸権利の保全」と定めているが、その諸権利には自由・所有・安全に加えて「圧政への抵抗」が含まれていた。抵抗権については、八九年宣言でも九一年憲法でもこれ以上の規定はないが、九三年憲法の「人間と市民の権利宣言」では明確化される。第三三条は「圧政に対する抵抗は、他の人権の帰結である」ことを規定し、第三五条ではその手段として蜂起が正当化されているのである。

このような形でカントとフランス革命の人権宣言や憲法を比較するということは、これまでもしばしばなされてきた。しかし、ほとんどまともに考慮されてこなかったのは、八九年宣言の冒頭でわずかに触れられ、九三年宣言で明確化する、国家設立の目的としての人民の幸福という規定である。八九年宣言の前文がさりげなく「市民の諸要求が〔…〕つねに憲法の維持と万人の幸福に向かう」と述べるだけなのに対して、九三年宣言はその第一条でこう宣言する。「社会の目的は、共同の幸福である。政府は、人に、その自然的で時効によって消滅することのない諸権利を保障するために設立される」(76)。さらに九三年宣言は、「共同の幸福」と抵抗権・蜂起権を関係づける解釈を許容する。「共同の幸福」は、社会改革を望む当時のデモクラットの合言葉であり、「人権に対する社会の共同の責任を強調したもの、すなわち生存権を強調したロベスピエールやサン＝キュロット、アンラジェの影響を受けて民衆の生存に留意したものであり、後世の福祉国家理念の萌芽として意味をもつもの」と理解することができる(77)。確かに九三年憲法第二条は、自然的権利を「平等、自由、安全、所有」として規定しており、そこには幸福の権利は含まれていない。しかし第二一条は「公的扶助」を義務と定め、「社会は、不幸な市民に対して労働を確保することにより、または労働しえない者に生活手段を保障することにより、その生存について

(74) 以下、フランス革命の人権宣言、憲法、草案については原文と訳文を辻村みよ子『人権の普遍性と歴史性』所収の「資料（欧文）」三四二―四三一頁から引用する。
(75) 辻村『人権の普遍性と歴史性』一一〇―一一頁。
(76) ただし八九年宣言の草案起草者らもまた、幸福原理を国家の目的に置いていた。ラ・ファイエット公爵の草案は「すべての政府は、共通の善を唯一の目的とする」（第六条）、ジャン・ジョセフ・ムーニエの草案は「すべての政府は、一般の福利を目的としなければならない」（第二条）、シィエス草案は「政治的な社会の目的は、万人の最大の幸福にほかならない」（第二条）。辻村『人権の普遍性と歴史性』所収「資料（欧文）」参照。
(77) 辻村みよ子『フランス革命の憲法原理』二一八頁。

責務を負う」と言われている。さらに圧政に対する抵抗が他の人権の帰結とされ、その圧政が第三四条で「社会の構成員の一人でも抑圧されるとき、社会に対する圧政が存在する。社会が抑圧されるときは、各構成員に対する圧政が存在する」と規定されるとすれば、圧政への抵抗は「共同の幸福」と密接に関係すると捉える解釈も十分可能であろう。

カントにとっては、幸福原理と抵抗権はまさにコインの裏表をなしているように見えただろう。人権宣言のなかに幸福原理が混入していれば、それは実践の役に立たない、実践には有害であると非難されても仕方がない、とカントは考えていた。「前者（幸福）については、法律に対する普遍的に妥当する原則はまったく与えられない。というのも、自分の幸福を何に見出すのかということについて〔…〕常に変転し、互いに抗争することの甚だしい思い込みは、時勢と同様、あらゆる確固たる原則を不可能にし、また立法の原理としては、確固たる原則それ自体を単に役に立たないものにしてしまうからである」(TP 8:298)。それゆえカントにとって、八九年宣言から九三年宣言へと明確な形をとって現れる、幸福原理と抵抗権の内的関連は批判すべきものとして映っただろう。

少なくとも、カントは共同の幸福について言及するとしても、それは経験的・実質的であるがゆえに主観的に異なりうる幸福とは別のものであり、また抵抗権もそこからは帰結しないと言わねばならない必要に駆られた。「公共の福祉は最高の国法である salus publica suprema civitatis lex est という命題は、不変の価値と威厳を保ったままであるが、しかしなによりもまず考慮しなければならない公共の福祉は、各人が自らの自由を法律によって保障される、まさに法的な体制である」(TP 8:298)。人民の幸福を目指した法律が作成されることもあるかもしれないが、それは「市民的体制の創設の際の目的としてではなく、適法的な状態を、とりわけ人民の外敵から守るための単なる手段」にすぎない。公共体の繁栄は「人民を幸福にするためではなく、ただ人民が公共体として存在するようにするためだけ」に必要である(TP 8:298)。このような手段として、どのようなものがふさわしいのかは支配者の判断に任されており、人民にはその判断に抵抗する権利はない。

　こうした抵抗権の正当化論証の否定[78]は、国家の設立が人民の幸福を目的とした契約に基づくのではないという主張から直接帰結することであり、この論脈を無視して抵抗権否認論だけを取り上げるとすれば、それは不当な論評であろう。バイザーによれば、カントの抵抗権否定論は、彼の道徳哲学の原理——理性的存在者の自律（Autonomie）——と、あるいは道徳性の原理は政治においても拘束力をもつという信念と、一致しない。いかなる暴君の下でも抵抗することは不当であり、服従が義務づけられるのだとすれば、人間の自律は破壊されるだろうし、人民の道徳性も暴君への服従によって歪められるだろうというのだ[79]。こうした論評は、カントの抵抗権否認論について、これまで数々の解釈者が採ってきた見解を代表している。しかし、たとえこうした解釈が理論的に正しい可能性をもつとしても、『ベルリン月報』上での「理論と実践」論争という文脈を無視しているかぎりで、それは歴史的な論評として妥当性を欠いている。

　カントの論旨は、幸福原理と結合した人間の権利の理論によって抵抗権を正当化する可能性を塞ぎ、そうすることによって、人間の権利の理論が実践においても妥当性をもつことを示すことにあった。こうした議論を組み立てるカントの意図は、『ベルリン月報』界隈でなされていたフランス革命の人権宣言に対する批判を論駁し、

（78）「俗言」では抵抗権に関して、二種類の議論が行われている。一つは見てきたように、抵抗権を正当化する論拠（幸福）を否定するものである。もう一つは、抵抗権自体を積極的に否定する議論であり、それは国家における主権の絶対不可侵性から帰結される。これについては第六章で論じる。

（79）F. C. Beiser, *Enlightenment, Revolution and Romanticism*, 47.（邦訳八八頁）カントの抵抗権否認論の「矛盾」を指摘する文献は、ある時期まで（特にケアスティングの研究が出るまで）枚挙に暇がない。片木『カントにおける倫理・法・国家の問題』第Ⅵ章はその文献を網羅している。

革命の理念を——そこに含まれる誤解の可能性をできるだけ取り除くことで——擁護しようとするという点にある。これを見逃すかぎりで、たとえ現代の解釈者が伝記などからカントがフランス革命に熱狂したことを知っており、カントは革命の理念に共感したがその実践を否定したと正しく論じるとしても、カントの議論の意図を読み違え[80]、結局はカントをフランス革命を擁護しそこねた人物、あるいは「プロイセン絶対主義国家体制護持の哲学的イデオロギー」[81]としかみなせなくなってしまう。しかしカントの意図は、フランス革命の実践を否定するということに（少なくとも直接）向けられていたのではなく、むしろ革命実践を正当化する幸福原理と抵抗権の結合を否定することを通じて、人間の権利の理論の実践上の妥当性をプロイセンの公共圏に対して弁証することにある。[82]国法の理論は、理性からア・プリオリに導出された人間の自由権を原理としてもち、それは実践によって蔑ろにされてよいものでは決してない。理論では正しいが実践では役に立たないという俗言は、公法の下での万人の自由の両立というア・プリオリな義務の前で解体させられるのだ。

さてバークは、人間の権利の理論という政治的形而上学に対して、「威張るなら、その広間のなかですることだ」とウェルギリウスを引用して言い放っていた。今やカントは、「俗言」第二章の最後で、『アエネーイス』からその直後の箇所を引用し、意趣返しをする。「温情とならんで権利が公然と語り出せば、人間本性は無作法ではない仕方で姿を現し、権利の声に敬意を払って耳を傾けようとする（敬虔さと功績ゆえに重きをなす人物が折よく彼らの目に入ったなら、みな沈黙して足を止め、耳をそばだてる **Tum pietate gravem meritisque si forte virum quem Conspexere, silent arrectisque auribus adstant**、ウェルギリウス）」（TP 8:306）。場面は、海神ネプトゥーヌス（「敬虔さと功績故に重きをなす人物」）が猛風に煽られた海面を鎮めるところである。「それ〔海面〕はあたかも、大勢の民衆が何度なく起こす暴動のよう。身分の低い大衆が怒りのあまり荒れ狂い、今にも松明や石が飛び、狂気が武器を授けようとする。そのとき、敬虔さと功績ゆえに重きをなす人物が折りよく彼らの目に入ったなら、みな沈黙して足を止め、耳をそばだてる」[83]。バークは海神ネプトゥーヌスを、哲学理論（風神アエオルス）の領域侵犯を諫める政治実践のモティーフとして用いたが、カントはそのネプトゥーヌスをこそ、権利の理論のモティーフに転写する。今や、政治における理論と実践を映写する象徴の体系が逆転する。フランス革命とそれを主導した人権理論に対して「怒り狂う」「身分の低い大衆」は、それでも権利の理論に「沈黙して足を止め、耳をそばだてる」。

このように「俗言」において、カントが人間の権利の理論を擁護したことがきっかけとなって、『ベルリン月報』上の論戦は別の段階へと移動することになるだろう。すなわち、仮に理論が正しいとしても、なおそれを政治の実践の場で実行することは正しいことなのか、有益なことなのかという疑義が提出されるのである。すでにそうした議論は現れつつあったが、「俗言」に対して直接こうした論評を加えたのは、ゲンツとアウグスト・ヴィルヘルム・レーベルクである。（一般にそうはみなされていないが）カントが彼らに応答することになるのは

（80）バイザーによれば、カントが「俗言」論文でこうした矛盾した主張に至ったのは、同時代の検閲勅令から言論の自由を守るという政治的理由によるものだという。F. C. Beiser, *Enlightenment, Revolution and Romanticism*, 52f.（邦訳九六―七頁）

（81）片木『カントにおける倫理・法・国家の問題』三〇七頁。

（82）もちろんこうした意図が同時代の読者に受け止められたかどうかは、また別の話である。例えば、ビースターはカント宛書簡（九三年一〇月五日付）のなかで安堵を漏らし、「俗言」論文の感想を伝えている。ビースターによれば「俗言」第二章では、「（私には端から怪しいと思われた）噂」、すなわち「私にはますます不快なものになってきているフランス革命に、あなたが非常に好意的だ」という噂が否定されている。「革命というものは、あなたの論考から私が学んだように、普遍的な国法と市民体制の概念を甚だしく野蛮な仕方で毀損し破棄してしまうものです」（11:456）。

（83）Virgil, *Aeneid*, 1: 148–152.（邦訳一二―一三頁）

「俗言」の二年後、『永遠平和のために』においてである。

そこでは、政治が「執行する法論」として定義される。政治とは、あるべき規範的な法の体系である法論(Rechtslehre)を実践すること、理性の法を現実へと移し替えていくことである。ところで、カントの法哲学・政治哲学上の主著『人倫の形而上学・法論』は、法と国家の規範的理念を理性からア・プリオリに演繹し、共和制をあらゆる国家が目指すべき規範として定立している。それゆえ、執行する法論としての政治が自らの具体的な役割としているのは、共和制へ向けた改革にほかならない。政治は、『法論』に示された共和制という規範的な国家を実現するべく、活動しなければならないのだ。こうした共和制へ向けた改革を、カントは共和主義的統治として具体化する。共和主義的統治は、共和制が体制として実現するまでの間、支配者(君主)に暫定的に義務づけられた統治のあり方である。執行する法論としての政治によって目指されるのは、共和主義的統治を通じた共和制の実現である。

こうした政治概念の彫琢は、『ベルリン月報』だけではなく、広くプロイセンの政治的潮流に対して介入しようとしてなされたものである。確かにゲンツやレーベルクの批判が機縁となってはいるが、カントの論述はフランス革命後、遅々として進まない、あるいはもはや反動へと舵を切りつつあったプロイセンの君主政治に向けられている。こうした機微について論じる前に、しかし我々は一旦歴史的文脈を離れて、政治において執行されるべきだとされる『法論』、すなわち法と国家の理論を哲学的に探求することにしよう。「俗言」では、確かに国法についての理論と実践が扱われていたが、カントの法と国家の規範的理論の全貌はいまだ明らかではない。『法論』で初めてその全貌が明らかにされるのであり、理性法の体系構築が完遂される。そこでカントは生得的な自由権に基づいて、私法と公法からなる法の体系をア・プリオリに演繹している。我々はこうした法と国家の規範的理論を哲学的に十全に解明したのち、第五章以降で再び、プロイセンの論争の場に介入して政治概念に転換をもたらそうとするカントの姿を捉えることにしたい。

第二章　自由の権利

「俗言」論文のなかで、カントは外的な公的法則の下での人間の権利こそが国法の最高原理であると規定した。さらにカントは、単に国家を創設する原理としてではなく、「完全に適法的な体制」を創設する原理として「根源的契約の理念」を打ち出した（TP 8:297）。しかし「俗言」では、さらに探求を要する次のような重要な問題は曖昧なままに残されている。

第一に、人間の権利について、なぜ人間が人間であるというだけで、すなわち生得的に、自由の権利をもつといえるのか。第二に、根源的契約の理念が完全に適法的な体制を可能にする原理であるとして、それでは自然状態を脱して国家の下での生活を必然的なものにする論理はどこから調達されるのか。言い換えれば、従来の社会契約論の要点であった、現実の国家支配の正統性（Legitimität）はいかにして論証されるのか。こうした問いについてカントが詳述するのは、一七九七年の『人倫の形而上学』においてである。そこでカントは、『人倫の形而上学の基礎づけ』（以下『基礎づけ』）や『実践理性批判』で展開した人間の自由の思想に基づいて、法と倫理を体系的・包括的に論じている。第一部が『法論（Rechtslehre）の形而上学的定礎』として先に出版され、第二部が『徳論の形而上学的定礎』として後れて同年に出版された。法・権利については前者で論じられている。ドイツ語Rechtは、ラテン語jusやフランス語droitと同様に、「正しさ」や「法」、「権利」といった複合的な意味をもつが、『法論』はまさにこうしたRechtの総体的なあり方を、経験に先立って（ア・プリオリに）、ただ人間の理性能力のみによって基礎づけるものである。

『法論』は「俗言」論文とは違って、論争介入的というよりも純理論的な書物である。しばしば言われるように、カントは『法論』において、旧来の自然法論を理性法論へと転換させた。カント以前の自然法学では、神が被造物たる人間に賦与した何らかの権利が前提にされていた。ホッブズ、ロック、ルソー、ペイン、あるいはアメリカ独立宣言やフランス人権宣言は、内容・程度の差はあれ、こうした天賦の自然権を参照している。カントにおいて人間の権利はこうした神学的な基礎づけから、理性による基礎づけへと完全に転換される。このことは学説史的に見れば、神学的前提が崩壊した後で、そうした前提をそもそも共有しない人々にとっても妥当すべき権利を主張する点で、格別の意義をもつだろう。

しかしさらに、カントによる理性法への転換は、同時代的な文脈に置き直して考えてみる価値もある。前章で見たように、メーザーやバークは、権利とはどんな人間にも妥当する抽象的・形而上学的なものではなく、各人の所有を守るために歴史的慣習として制度化されてきたものにすぎないと主張していた。これに対してクラウアーのように、人間の道徳感情に訴えて普遍的な人間の権利を擁護しようとしても、そのような感情の事実性はあまりにも弱い論拠でしかないだろう。あるいは、確かにかつてのゲンツは人間の権利を理性から導出された自由概念によって基礎づけていた。「理性と自由、これが真の人間本性である」[1]。しかし、なにゆえに人間本性から権利が導出されるというのか。導出されうるとしてそれがなぜ社会状態においても妥当するというのか。バークの翻訳に付された論考のなかでゲンツはカント哲学風の論証を捨て、市民状態での自由は「社会的結合を成り立たせるために一部を犠牲にし、それを差し引いたあとの自然的自由」にほかならないと述べるに至っている[2]。

なぜ人間が人間であるだけで権利をもち、しかもそれは国家生活の下でも変わらず妥当し続けるのか。これが論証されなければ、フランス革命が掲げた人権宣言の理念も水泡に帰すであろうし、その大義に同調しない人らを説得することはできないだろう。『法論』はこうした難問に哲学的な解答を与えることで、人間の生得的な自由の権利を強力に弁証すると同時に、そこから、取得される権利（物権・債権・物権的債権）を「私法」として、さらにあるべき国家体制を「公法」としてア・プリオリに演繹することで、理性法の体系を構築している。

そこで、以下第二章と第三章では次の二点に留意して、『法論』の議論を確認していきたい。第一に、権利が正当化される仕方である。先行学説においては、人間の権利は主観的なものとして正当化されてきたが、カントはそれを客観的なものとして正当化し、そうすることで人間の権利と政治的権利の結びつきを確保している。人間の権利は万人の自由の両立を可能にする根拠であり、同時にその可能性が現実化されるためには市民が立法権をもつ共和制が必然となる（本章）。第二に、人間の生得的権利に基づいて取得的権利（物権・債権・物権的債権）の可能性が演繹されることによって、自然状態から国家体制への移行は、従来の契約論に潜む主意主義から解放され、法義務として提示されることになる。「俗言」論文はこうした私法の論証を省いており、そのために（自然状態に比して）国家支配がいかなる意味で正当化されているのかが明らかではなかった（次章）。

本章では、まず『人倫の形而上学』において法が道徳一般からいかなる形で切り出されているのかを見たあと、『法論』で提示される「法の普遍的原理」を確認する（第一節）。そして、法の法則の下での自由の概念について、立ち入った考察を加える（第二節）。法の法則の下での自由は、カント政治哲学の中心をなす原理であり、この概

（1）F. Gentz, „Ueber den Ursprung und die obersten Prinzipien des Rechts,“ 375.
（2）F. Gentz, „Ueber politische Freiheit und das Verhältniß derselben zur Regierung,“ 117.

念を軸にして私法と公法を貫く法の体系が打ち立てられている。自由概念を特徴づけるため、第二節ではカント以前の近世自然法学の議論を参照し、比較を行う。そこから明らかになるのは、カントの自由概念は、他者の自由を損なわないかぎり何をしてもいいという自由ではなく、むしろ法則に服従する者が同時にその法則の立法者であるという自律を含意しているということである。生得的自由権は、それゆえすでに国家の理念である純粋共和制を見越しており、まさに「共和制への権利(3)」と呼ぶべきものである。最後に、なぜ人間は生まれながらにして自由の権利をもつのかという問題に答える。カントは生得的自由権を人間の権利（Recht der Menschen）とも呼ぶが、それは人間性の権利（Recht der Menschheit）によって基礎づけられている。従来しばしば見逃されてきた両者の区別の理路を見定めることが、問題解決の鍵である。とともに、それによって『法論』の体系の根本的な構造が明らかにされるだろう（第三節）。

第一節　法の普遍的原理

カントは『基礎づけ』や『実践理性批判』において、人間の自由を定言命法の解明を通じて弁証した。定言命法は、幸福のように実質的・経験的であるがゆえに各人の主観によって異なりうる内容を含まず、ただ論理的に、普遍的に妥当する格率だけを指示する。定言命法は経験的内容をもたず、ただ論理的に定式化され、理性によって立法される。『人倫の形而上学』では、定言命法について次のように簡潔に述べられている。

どんな行為が拘束的であるのかだけを言明する定言命法は、一般に、「同時に普遍的法則として妥当しうる格率にしたがって行為せよ」というものである。——それゆえ、まずは自らの主観的な原則にしたがって自らの行為を考察しなければならない。しかし、この原則がまた客観的にも妥当するかどうかということは、ただ次の点からしか分からない。つまり、自らの理性によって、この原則にしたがえば自らを同時に普遍的立法者とみなすことができるかどうか吟味し、それによって原則がこうした普遍的な立法の資格を与えられるという場合だけである。（RL 6:225）

格率はすでに行為の主観的な原則として、一定の一般性をもっている。格率が他のすべての人においても採用されうるものかどうか、この吟味をクリアしたものだけが道徳的に立法された法則の地位を獲得する。理性によって立法された法則と自らの意志が一致するとき、そのときに意志はもはや自らの理性以外のいかなるものによっても規定されてはいない。カントはこの意志のあり方を自律（Autonomie）と呼び、そこに経験を超越した自由の理念を見出した。傾向性や欲望などの感性的な動因にしたがって行為するなら、自然界の経験的な因果連関に従属していることになり自由ではない。しかし人間は、自らの理性が命じる道徳法則と自らの意志を一致させることができる。ここに意志の自律という理性的存在者の際立った様態が見出される。

『人倫の形而上学』「人倫の形而上学への序論」では、自由の概念が『基礎づけ』や『実践理性批判』よりも、さらに分節化されて捉えられている。すなわち、ここでは意志の自由ではなく選択意志の自由が語られるようになるのだ。カントは選択意志（Willkür）を意志（Wille）から分節化している。これは『基礎づけ』や『実践理性批

（3） W. Kersting, *Kant über Recht*, 51.

判』では、少なくとも前景化されていなかった議論である。カントによれば、客体が原因となって何らかの行為に至るというのではなく、主体自らの内に行為へと至る原因があるという場合、そのような欲求能力は、「好きなように何かをしたりしなかったりする能力」と呼ばれる（RL 6:213）。欲求能力のうち、その行為が実現可能であるという意識と結びついたものが選択意志、そうでないものが願望である。さらに、欲求能力を規定して行為へと向かわせる根拠が主体の理性のうちに見いだされるならば、その欲求能力は意志と呼ばれる。「それゆえ意志は欲求能力なのだが、（選択意志の場合のように）行為に関係するのではなく、むしろ選択意志を行為へと規定する根拠に関係するものとみなされる。意志以前には本来いかなる規定根拠も存在しない。意志が選択意志を規定しうるかぎりで、意志は実践理性そのものである」（RL 6:213）。

　こうした意志と選択意志の区別に応じて、自由概念も相応の分節化を被ることになる。意志は選択意志を規定しうるものとして実践理性そのものであり、そのかぎりで「自由とも自由でないとも言うことはできない」。というのも「意志から法則が生じ、選択意志から格率が生じる」以上、自由は選択意志が格率を選択する自由として捉えられるからである（RL 6:226）。しかし、こうした自由概念は、実践理性の法則にしたがって行為するかあるいはそれに反して行為するか、すなわち法則にしたがった格率を選択するかそれに反した格率を選択するか、そうした選択に存するのではない。こうした自由は伝統的に「無差別の自由 libertas indifferentiae」[4] と呼ばれてきたものだが、カントはそうした自由概念を採らない。現象界において道徳法則に反した格率選択はしばしば見られるにしても、こうした経験を基礎にしたところでア・プリオリな自由概念は得られないからである。むしろ、選択意志の自由とは、実践理性の法則によって強要されうるという可能性、そうした能力の謂いである。「理性の内的な立法に関係する自由は本来ただ能力であり、この立法から逸脱するという可能性はそのような能力ではない」（RL 6:226）。選択意志が実践理性たる意志によって規定されうるということ、このことは消極的に表現すれば、選択意志は傾向性や感性的衝動、刺激といった自然的な動因によって規定されるわけではないということである。人間の選択意志は自然的動因によって触発されることはあっても、規定されはしない。「感性的刺激による規定から独立しているということ」、これは「自由の消極的概念」である（RL 6:213）。それに対して、自由の「積極的」概念は「純粋理性がそれ自体で実践的であるという能力」、言い換えれば、まさに実践理性が選択意志を規定することができるという可能性に求められる（RL 6:213f.）。

さらに「人倫の形而上学への序論」では、自然法則から区別された道徳法則（自由の法則と呼ばれる）が、法理的法則と倫理的法則へと分節化される。「自由の法則が、ただ外的行為と適法性に関わる場合、それは法理的だと言われる。他方でまた、自由の法則が、それ（法則）自体が行為の規定根拠であるべきだということを要求する場合、それは倫理的だと言われる」（RL 6:214）。『基礎づけ』や『実践理性批判』では、理性が道徳法則一般の立法能力をもち、道徳法則を通じて自由の理念が弁証されるということが論じられた。それに対して、『人倫の形而上学』では道徳法則一般が、理性による立法のあり方に応じて、法理的立法と倫理的立法へと分節化され、それに応じて著作全体が「法論」と「徳論」に区分される。

ある行為を義務、さらにこの義務を行為の動機とする法則は、倫理的に立法される。他方、義務を行為の動機とするかどうかを顧慮せず、ただ行為が法則と一致することを命じる立法のあり方は法理的である。カントによれば、例えば「約束を守る」という格率は普遍的法則として妥当するが、倫理的法則がそれは義務であるがゆえ

（4）無差別の自由は、二つの選択の対象があった場合に、そのどちらの対象も主体にとって同等のものとして現れ、そのどちらを選択するかはまったくの恣意に委ねられるというような自由である。こうした無差別の自由は、ライプニッツ、ヴォルフらによって否定され、充足理由律に基づく自由概念が彫琢されてきた。河村克俊「充足理由の原理と自由」。

に実行されるべきだと規定するのに対して、法理的法則は、義務だから約束を守るのか、自分の得になるから約束を守るのかといった動機を顧慮しない（RL 6:219f.）。あらゆる格率は、定言命法に即して普遍的に妥当するかどうかが吟味され、その後で命令（行為遂行）ないし禁止（非遂行）が指示される。これはカントの道徳哲学の根本図式であるが、『人倫の形而上学』において分節化された二つの立法様式に即して述べれば、普遍化可能かどうかの吟味を経た上で、法理的立法においては、ただその行為の遂行／非遂行が指示されるだけなのに対して、倫理的立法においては、遂行／非遂行が義務であるということを意識し、義務であるがゆえにそれを行うべきだと動機が指示されるのである。言い換えれば、法理的に立法される義務のすべては倫理的にも立法可能であり、両者は包含関係にある（他方、倫理的義務でしかなく、法的義務ではありえないような義務も存在する）。

こうした立法の分節化に応じて、合法性（適法性）と道徳性（倫理性）が区別される。「行為の動機を度外視し、ある行為が法則に単に合致しているか合致していないかということをいう場合、これは行為の合法性 Legalität（適法性 Gesetzmäßigkeit）と呼ばれる。他方、行為が法則に合致しているかどうかを問題にし、そこで法則から生じる義務の理念が同時に行為の動機となっているのであれば、それは行為の道徳性 Moralität（倫理性 Sittlichkeit）と呼ばれる」（RL 6:219）。このように倫理的法則は行為と法則の合致のみならず、動機と法則の合致をも命じているが、何かを自らの動機として採用するということは主体自身にしか可能ではない。「というのも、それは心の内的な作用だからである」（RL 6:239）。例えば、もし他者に親切に振る舞うように他者から強要されるなら、そのときには親切は自分の動機ではなくなってしまうだろう。それゆえ、倫理的立法の法理的立法とは異なる独自の領分は、何のために当該行為をするのかという主体の目的設定に関係するということにある。言い換えれば、倫理的立法はそれが同時に義務であるような目的、すなわち定言命法の無条件性と一致する目的を規定する。

こうした倫理的に立法される義務は自らによってしか立法されえないものとして、徳義務（Tugendpflicht）と呼ばれる。これに対して、法理的立法は自己立法以外の仕方でも可能なものであり、法義務（Rechtspflicht）と呼ばれる。法理的立法は単に行為を法則に結びつけるだけであるため、それは自分以外の何らかの審級（これについてはすぐ後に述べる）によっても可能であるが、倫理的立法は行為の動機・目的を法則と結びつけるがゆえに、自らの意志によってしか可能ではない。ところで、法理的に立法されるものは、また倫理的にも立法されうるのであった。それゆえ、カントが強調するように、法義務と徳義務は義務の内容によって区別されるというよりも、「義務付けの仕方」によって区別されている（RL 6:220）。

このような観点は、選択意志の自由についても、さらに別の様相から理解されるべきことを促す。カントによれば、「前者の〔法理的〕法則における自由は、ただ選択意志の外的な使用における自由だが、他方で後者の〔倫理的〕法則に関係する自由は、選択意志の外的かつ内的な使用における自由であり、この場合選択意志は理性法則によって規定されている」（RL 6:214）。こうした内的・外的という形容詞は厳密に批判哲学的な用法である。[5]『純粋理性批判』によれば、空間における認識の対象は、他の対象との関係でしか規定されない、つまり外的なものとしてしか規定されないのに対して、内的なものは純粋な思惟の産物である（KrV 3:217）。こうした概念対にしたがえば、選択意志の内的・外的使用に関して次のようなことが含意されていると分かる。選択意志の内的使用とは、主体の理性が指定した格率を自らの選択意志が選択するということであり、その場合、主体の選択意志は自らの理性以外には関わりをもたない。他方、選択意志の外的使用において、主体の選択意志は自ら以外の他者と関わりをもつ。それゆえ、選択意志の内的使用における自由は、選択意志が自らの理性によってのみ規定さ

（5）S. Byrd and J. Hruschka, *A Commentary*, 55.

れているという（上述の）自由の積極的概念に相応するが、外的使用における自由は、それとは異なり、自らの行為を通じて他者と関わりをもつ状況における自由であると言える。そして、カントはこの外的使用における自由を法理的法則の下での自由だと言うのである。[6]

問題は、こうした法理的法則の下での自由のあり様である。一方で、倫理的法則の下での自由は、自らの意志によって立法された法則の下での自律に求められる。というのも、義務を自らの動機とするということは、主体自身にしか可能ではないからである。他方、法理的法則の下での自由について、その法則は主体の内面の動機を度外視し、単に外的な行為と法則が一致することを求める。それゆえに、法理的法則は倫理的法則と違って、自己立法以外の仕方でも立法されうるものとなる、とカントは言う。「倫理的立法（その義務が外的なものであったとしても）は、外的ではありえない立法である。法理的立法は、外的でもありうる立法である」(RL 6:220)。だがもしそうだとすれば、そうした立法の下での自由はいかなるものなのか。主体にとって外的に立法された法則によって行為が規定されるとすれば、それは何らかの行為が他者によって強要されるということにほかならないように見える。これは端的に不自由なのではないか。

問題はこれに尽きない。確かに、倫理的法則は義務を動機として行為を遂行する（しない）よう命じる一方、法理的法則は内面の動機を度外視する。しかし、それでもやはり法理的法則は何らかの行為を規定するのだから、それに向けた動機が調達されねばならない、とカントは言う。その動機は、問題となっているのが倫理的法則ではなく法理的法則である以上、もちろんその行為が義務であるということ自体には求められない。むしろ、「こうした義務の理念とは異なる動機は、選択意志の感性的な規定根拠、すなわち傾向性や忌避感から、しかもこうした規定根拠のうち後者の種類〔忌避感〕の規定根拠から、出てこなければならない。というのも問題は、人をある行為へと強制する立法であって、その行為をする気にさせる誘引ではないからである」(RL 6:219)。ここでカントが言っているのは、法的立法が動機づけに用いるのは、褒賞ではなく罰だということである。つまり、ある行為を遂行すれば望ましいことがあるという誘引ではなく、ある行為を遂行すれば自らに不利になるという強制が問題なのだ。そしてその強制とは、先程見たように、他者からもたらされるものである。確かに、法は内面の動機や倫理性に関与できないという規定は、それ自体ですでに自由主義的な内容を予感させる。[7] しかしより重要なことは、この規定によって一見すると自由主義的でない帰結が導き出されるということである。すなわち、法義務は自己立法以外の仕方でも可能であり、他者からの強制、しかも主体の忌避感を標的にした強制が可能だというのだ。しかし、他者によって課せられる強制と自由がどのようにして矛盾なく両立するというのか。もしそれらが両立するとして、それでは選択意志の外的な使用における自由とは、どのような自由なのか。

（6）法理的法則の下での自由と倫理的法則の下での自由の関係を、カントは理論哲学における時間と空間の関係に比して論じている。空間においては外的感官の対象が存在し、時間においては外的・内的両方の感官の対象が存在する。「というのも、両者はどちらも表象であり、そのかぎりでともに内的感官に属しているからである。まったく同様に、自由が選択意志の外的使用か内的使用のいずれかにおいて考察されるとしても、しかし選択意志の法則は、自由な選択意志一般の純粋な理性法則として、同時にその自由な選択意志の内的な規定根拠でなければならない。ただしそれは必ずしも内的な規定根拠との関係で考察される必要はないのである」（RL 6:214）。このことから石田京子は、『基礎づけ』や『実践理性批判』で定言命法を通じて解明された自由概念と『人倫の形而上学』における外的自由・内的自由の関係を、理論哲学における感性と空間・時間の関係に比されるべきものとして解釈している。つまり、〈批判〉における自由は、〈形而上学〉における外的自由・内的自由の上位概念であり、そのかぎりにおいて一見すると同一視される〈批判〉における自由と〈形而上学〉における内的自由は位相を異にしている。石田京子「カント法哲学における立法と自由」。

（7）それゆえカントの政治哲学は、ロールズが包括的教説と呼んだものではありえない。T. Pogge, "Is Kant's Rechtslehre a 'Comprehensive Liberalism'?"

実のところ、これが『法論』の根本的な課題である。『法論』は、他者からの強制がいかにして外的な自由と両立可能なのか、その条件を解き明かそうとするのだ。哲学的な法論が探求するのは、「合法なものは何か Was Rechtens sei（quid sit iuris）」、つまりある特定の時間と場所で法律が何を言明しているか・言明したか」ということではなく、「法律が意図していることが正しいのかどうか」、「一般に正・不正（iustum et iniustum）を区別する普遍的な基準」とは何かという問いである（RL 6:229）。カントによれば、そうした判断の基準は理性にしか求められない。というのも、経験的な実定法を参照したところで、それはある特定の時代と国家にしか妥当せず、普遍的な基準にはなりえないからである。

法と倫理の区別にしたがえば、ア・プリオリな法概念は次の三つの要素から構成される。第一に、行為を通じて影響を与え合う可能性のある人格間の外的な関係が考慮されなければならない。第二に、人格間の関係において、互いの選択意志の関係だけが問題となる。最後に、選択意志の相互の関係において、選択意志の形式が問題となる。選択意志の質、つまり目的は考慮されない。各人が何を目的として行為をなそうとしているのか、その動機はまったく度外視される。むしろ顧慮されるのは、ある行為によって相互の選択意志の自由が保たれうるのかどうかという単なる形式だけである。以上をまとめれば、法概念は、人格間の外的な関係性における選択意志相互の形式だけに関わるということになる。すなわち「法とは、一方の選択意志が他方の選択意志と普遍的な自由の法則にしたがって両立しうる条件の総体である」（RL 6:230）。カントはこれを次のような「法の普遍的原理」として提示する。

> どんな行為でも、その行為が、もしくはその行為の格率にしたがった各人の選択意志の自由が、すべての人の自由と普遍的法則にしたがって両立しうるなら、正しい。（RL 6:230）

反対に言えば、普遍的法則にしたがって他のすべての人の自由と両立する行為に対する妨害は、正しくない、不正である（unrecht）。このようにして法の普遍的原理は、ア・プリオリにどのような行為が正しいのか・正しくないのかを判断する基準を提供する。法の普遍的原理から不正であると判断された行為は、差し控えなければならない。これは法義務である。法義務として遵守することが強制される行為はすべて、不正であると判断される行為を差し控えるという不作為である。というのも、行為Hをなそうとする場合に、Hが普遍的法則にしたがって万人の自由と両立すると考えられるならば、Hはすでに正しいものとして法義務を満たしているからである。また繰り返せば、法義務を実行するために主体の倫理性が必要とされているわけではない。確かに法の普遍的原理を「普遍的な法の法則」――「あなたの選択意志の自由な使用がすべての人の自由と普遍的法則にしたがって両立しうるよう、外的に行為せよ」（RL 6:231）――に変換することは可能である。しかし、この法の法則を内面の格率として採用することは求められていないし、また求めることはできない。法の普遍的原理は、行為者の内面や主観といったものを捨象し、万人の自由が両立する法的秩序の条件を客観的に提示することで、行為の適法性を、言い換えれば、行為の正・不正の基準を与えているだけである。

さて、正しい行為への妨害を阻止するために、法は倫理的な動機とは別の動機を調達しなければならなかった。それは他者からの強制である。確かに、他者からの強制は一般に主体の自由を制限することになるだろう。しかし、もし不正な行為に対して強制が課せられるのだとすれば、そのかぎりで、強制は正当なものであると言える。というのも、不正を阻止するような強制であれば、それは正しい行為の遂行を促進するものとして理解されるからである。「自由を何らかの仕方で使用すること自体が普遍的法則にしたがった自由の妨害となる（すなわち不正である）場合、この自由の使用に対置される強制は、自由の妨害の阻止として、普遍的法則にしたがった自由と調和する、すなわち正しい」（RL 6:231）。否定（自由の妨害）の否定（阻止）という矛盾律に即して、不正な行為に対してその行為を差し控えるよう、他者が強制することは正当化される。このようにして、法の普遍的原理はア・プリオリな正・不正の基準を提示することで、他者からの強制が正当となる条件を与える。このことを逆に考えてはならない。つまり、他者によってある行為が強制されるがゆえに、それが遵守すべき義務となるのではない。むしろ、それが法義務であるからこそ他者による強制が可能なのである。ケアスティングの言葉を借りれば、「我々は行為の規範化を顧慮しなければならないからこそ、法の法則の遵守は正当な形で強制可能である」[8]。

こうして、私の正しい行為を妨害しようとする人について、私がそれを阻止すべく強制するということは正当であることが示された。カントは、このような強制を可能にする能力を権利（Recht）と呼んでいる。権利とは、「他者を拘束する（道徳的）能力、すなわち他者に対する拘束性の法則的根拠（権原 titulum）」（RL 6:237）である。したがって、私の正しい行為に関して、私は他のすべての人に対して、それを妨害しないよう拘束する権能をもつ。カントにおいて、権利と義務（拘束性）はこのように対応する関係にある。私は自分の正しい行為について他者を拘束する権能をもち、他者はその行為を妨害しないように拘束される。「法を毀損する人を強制する権能は、同時に、矛盾律にしたがって、法と結合している」（RL 6:231）。

第二節　法的な、そして共和主義的な自由

以上から、先述した問題――他者によって立法される法則の下で外的な自由はいかにして可能か、他者の強制の下での自由とは何か――に次のような解答を与えたくなるかもしれない。すなわち、法の法則の下での自由とは、他者の自由を妨害しないかぎりでの自由であり、主体はその妨害に対して他者から強制を課せられうるとしてもそれは正当である、と。しかし実際には、こうした解答は不適切とまでは言えないにせよ、道半ばかそれ以前のものである。第一にこの自由の説明は、〈自由でありかつ強制が課せられている〉という状況を説得的に示しているとは言いがたい。強制が正当であるとしても、やはり自由は強制とは両立しえないのではないか。第二に、結局同じことになるが、上の説明では、自由とはあたかも法の法則に反していないかぎりでの自由、あるいは他者によって強制されていないかぎりでの自由であるかのようである。しかし『永遠平和のために』では、こうした自由の概念が批判されている。カントによれば、法的な自由を「不正をなしていないかぎりで望むことを何でも行う権能」として定義することはできない。こうした説明は「空虚なトートロジー」である。というのも、さらに権能の定義を求めるとすれば、「それによって不正がなされないかぎりでの行為の可能性」として説明されようが、そうだとすると結局、「自由とは不正をなさない行為の可能性であり、不正をなしていないかぎりで、（何を望んで行おうとも）人は不正をなしていない」ということにしかならないからである（ZF 8:350, Anm.）。

不正を為さないかぎりでの自由、法に反しないかぎりでの自由――カントが自らの自由概念を主張するにあた

（8）W. Kersting, *Kant über Recht*, 42f.

って、批判しなければならなかったこうした自由概念は、初期近世ドイツの自然法学において主張されてきたものであった。以下では、こうした自由概念がドイツ自然法学の中でどのように説明されてきたのか、またその政治的帰結はどのようなものだったのかを見て、それと対照させることでカントにおける自由概念とその政治的含意を際立たせてみよう。

　ドイツ自然法学において、自然的自由（libertas naturalis）、すなわちどんな支配も存在しない自然状態での自由は、行為の自由一般と同一視されていた。ただしその際、自然的自由は何でも望むことをなしうる可能性ではないということが強調された[9]。こうした強調は、自然状態での自由からは万人の万人に対する戦争状態が帰結するという、トマス・ホッブズの考案した人間本性についてのおぞましい見解を緩和するためであった。ホッブズによれば、自然的自由と獣の自由は同じであり[10]、それは「あらゆることを自分の意のままに行う」自由、絶対的な自由である[11]。自然状態は人の法が存在しない状態であるがゆえに、何を行おうとも不法ではない。もちろん、自然法に反してはならないが、自然法は自然状態においては各人の理性の働き、推論によって導出されるしかない。ところで、すべての人は必然的に「自分にとってよいことを欲し、自分にとって悪いこと、わけても死という自然の諸悪のうちの最大の悪を逃れるように駆り立てられて」いる[12]。したがって、各人が理性にしたがって、自分の生命と身体を可能なかぎり保存するために判断力と能力を行使する自由を享受するとすれば、論理的帰結として与えられるのは、万人の万人に対する争いだということになる。

　こうした議論に対して、ザムエル・フォン・プーフェンドルフはホッブズの自由概念を採用しつつ、同時に自然法を改鋳することでその悲惨な帰結を回避しようとした。「自由は一般に、自らの判断にしたがって、何かをしたりしなかったりする内的な能力である[13]」。しかし、自然的自由は、必ず理性の手綱と自然法によって導かれ、また制約されている[14]。人間は、不死の魂、悟性の光、判断と選択の能力、技芸と知識をもつという点で獣とは異なるがゆえに、獣の自由と人間の自然的自由は異なる。自然法は人間本性の観察に基づいて導き出されるが、人間本性は単純に生命と身体を保存する欲求に動かされているだけでなく、社交的な衝動をもち、互いに助けあい、同胞には友好的に接し、また共通の善に向けて協働することもできる。それゆえに、自然的自由を制約する自然法は、ホッブズのように自己保存に関する各人の推論に委ねられるわけではなく、人間の社交的衝動からも導き出されることになる。「自然の根本法則」は、「すべての人はあたうかぎり他者に向けて社交的な態度を涵養し保存しなければならず、これは平和的なものであり、また人間という種がもつ自然と目的に常に合致している」(15)。それゆえ、プーフェンドルフにおいて自然的自由とは、自然法に反しないかぎりで自分の判断にしたがって行為する可能性である。

人間本性の経験的観察という方法論的立場をさらにつきつめたクリスティアン・トマジウスにいたっては、自然権としての自由は、上位者の意志に反しないかぎりでのものでしかない。トマジウスによれば、人間本性の観察から理解されるのは、人間の自然の弱さと脆さである。人間は自らの生存と安寧のために上位者をもち、国家の支配に服さねばならない(16)。結局のところ、人間の権利は一般に「上位者の意志」に由来するのであって、その

(9) D. Klippel, *Politische Freiheit und Freiheitsrechte im deutschen Naturrecht des 18. Jahrhunderts*, 33–8.
(10) T. Hobbes, *De cive*, 7. 10. 以下、章・節の番号を記す。邦訳は適宜改めた。
(11) T. Hobbes, *De cive*, 10. 1.
(12) T. Hobbes, *De cive*, 1. 7.
(13) S. Pufendorf, *De jure naturae et gentium*, 2. 1. 2. 以下、巻・章・節の番号を記す。
(14) S. Pufendorf, *De jure naturae et gentium*, 2. 1. 8.
(15) S. Pufendorf, *De jure naturae et gentium*, 2. 3. 15.

意志は「自由を増やすというかぎりでは権利を生み出すが、自由を制限するというかぎりでは法則と呼ばれ、義務の起源である[17]」。

カントが法的自由として述べているのは、こうした主意主義的、あるいは主観的な自由概念ではない。むしろそれはクリスティアン・ヴォルフの自由概念と一定の近縁性をもっている。ヴォルフは、義務に反しないかぎりでの、法則に反しないかぎりでの自由といった主意主義的な自由概念と対立する、知性的な自由概念を提示した。ライプニッツの形而上学を体系化したとされるヴォルフは、自然法学においても合理主義的であり、プーフェンドルフとトマジウスの主意主義的・経験的な自然法学と対立する[18]。ヴォルフも確かに自然的自由を絶対的自由から区別する。自由（libertas, Freiheit）と放埒（licentia, Frechheit）は異なり、後者は自然法が課す拘束性に反してさえ好き勝手に思うがままに何事をもなす自由であり、誰にも認められない[19]。むしろ自然的自由とは、理性によって理解される自然法が課す拘束性を満たす能力の謂いである。「各人には自らの拘束性を果たす責任があるのだから、それなしでは自らの拘束性を果たすことができないことを行うのは、各人にとって自由である[20]」。

確かにヴォルフは自然法の命じる義務として人間の完全性を挙げ、それを自他の幸福の促進として具体化しており、この点で、ヴォルフの実質的倫理学とカントの形式的倫理学の乖離は否めない。カントにおいては行為帰結（幸福）を鑑みず、定言的に命令を下す法則だけが唯一の道徳法則である。しかし、法則にしたがって行為する可能性のうちに自由概念を見出すというその一点のみにおいて、ヴォルフとカントは共通している。

結局のところ、外的自由とは他者の自由を妨害しないかぎりでの自由であるとする上述の説明に欠けているのは、「普遍的法則にしたがった nach einem allgemeinen Gesetz」という重要な条件の考慮である。法理的立法について考えてみれば、問題が明瞭となる。法理的法則は行為の動機に関与しない以上、自己立法以外の仕方でも立法可能なものであるとされた。しかし、他者によって立法された法則に自らが拘束されるだけなのであればどうか。もし私が一方的にあなたを拘束する権能をもち、あなたからの拘束を受けないというのであれば、私とあなたの関係性は非対称なものとなる。この場合、あなたは私の選択意志の支配下にあり、私があなたを強制しないでいる間だけあなたは自由だということになる。私は特権をもつが、あなたはそれをもたず、単に私の特権を侵害しないようにただ強制されるだけの存在である。しかし、法の普遍的原理――「どんな行為でも、その行為が、もしくはその行為の格率にしたがった各人の選択意志の自由が、すべての人の自由と普遍的法則にしたがって両立しうるなら、正しい」(RL 6:230)――は、こうした人格間の非対称性を排除し、権利と義務の関係が相互に対称的なもの、しかもあらゆる人格間において対称的なものになるように制御している。普遍的法則となりうる行為は万人に妥当する行為であり、それゆえに正しい。他方で、不正な行為は、普遍的に妥当しない行為であり、そうした行為を差し控えることが禁止の法義務として強制されうるのである。それゆえ、先に引用した『永遠平和のために』でカントが続けて述べているように、法的自由とは「私が同意を与えることが可能である外的法則以外のものにはしたがわないという権能」である(ZF 8:350, Anm.)。法の普遍的原理はこの権能をすべての人に認めるのだ。言い換えれば、普遍的法則にしたがってすべての人の自由が両立しているという事態は、すべての人が相互対称的な関係性において他者の自由を承認し、それを侵害しないよう互いに拘束しあっているということ

(16) トマジウスについてはK. Haakonssen, "German Natural Law," 261–2. I. Hunter, "The Law of Nature and Nations," 568–73.
(17) C. Thomasius, *Institutes of Divine Jurisprudence*, 75.
(18) ライプニッツ・ヴォルフとプーフェンドルフ・トマジウスの二つの対抗しあう系列をドイツ自然法学内部に見出す研究として、T. Hochstrasser, *Natural Law Theories in the Early Enlightenment*. I. Hunter, *Rival Enlightenment*.
(19) C. Wolff, *Institutiones juris naturae et gentium*, §84.
(20) C. Wolff, *Institutiones juris naturae et gentium*, §45.

を意味している。万人の自由の両立は、すべての人が自らが拘束されることになる法則の立法者でもあるということによってのみ可能になるのだ。

より分析的に外的（法的）自由の概念を捉えておこう。外的自由には、バードとフルシュカが述べるように、内的自由の概念的区別に対応する形で、消極的・積極的概念が見出される。[21] 内的自由の消極的概念は自然的動因によって選択意志が（触発されはしても）規定されてはいないというあり方、自然的動因からの独立であった。同様に、外的自由の消極的概念は、主体は他者の選択意志の強要から独立しているということ、すなわち法の普遍的原理からは正当化されえない恣意的な強制の下にいないということに求められる。しかし、内的自由に積極的概念――実践理性による選択意志の規定――があったのと同様、外的自由にも積極的概念を見出すことができる。石田京子がいっそう明確に述べる通り、倫理的法則が私の意志によって立法されているのに対して、法の法則は私のものでも他者のものでもありえる意志一般によって立法されている。[22]『法論』に続いて『人倫の形而上学』の第二部として発表された『徳論』の序論によれば、

> 〔…〕「あなたの行為の格率が普遍的法則となりうるように行為せよ」という定言命法における義務の形式的な原理が示しているのは、倫理において普遍的法則はあなた自身の意志の法則として思考されうるのであり、他者の意志でもありうる意志一般 Wille überhaupt の法則としてではないということである。そうだとすれば、この法則は倫理の領域には属さない法義務となってしまうだろう。（TL 6:388）

法的自由とは、私を含めたすべての人を拘束する法則が、私を含めたすべての人の意志によって立法されており、その立法の下で各人が自由の毀損を互いに強制的に制限しあっているということ、これである。法の下での

自由は、消極的な意味では他者の選択意志の強要から独立しているということだが、積極的な意味では私を含めたすべての人の意志によって立法される法則によって拘束されているということに求められる。これが含意するのは、どのような人も、他者の行為に対して、それが万人の自由の両立を毀損するものではないかどうか、それが普遍化可能な行為かどうか問い返し、他者にその行為について正当化を求める権能をもつということである。[23] それが普遍的法則にしたがった万人の自由の両立は、すべての人が互いの行為についてその妥当性を問い、自らの行為を正当化するよう相互に求め合うことにおいてのみ可能になるのだ。カントが法を「一方の選択意志が他方の選択意志と普遍的な自由の法則にしたがって一致しうる条件の総体」(RL 6:230) として定義するときに意味しているのは、これである。理性からア・プリオリに導出された法の普遍的原理は、すべての人が互いに他者の行為に関して正当化を求め、互いに正当化を与え合うという状況を、普遍的法則にしたがった万人の自由の両立を可能にする条件として示しているのだ。

さて、法の普遍的原理の下で各人に認められる自由の権利を、カントは唯一の生得的な権利、人間の権利と呼んでいる。

> 自由(他者の強要する選択意志からの独立)は、他のすべての人の自由と普遍的法則にしたがって両立しうるかぎり、どのような人間にもその人間性ゆえに認められる、唯一の根源的な権利である。(RL 6:237)

(21) B. Byrd and J. Hruschka, *A Commentary*, 87–90.
(22) 石田「カント法哲学における立法と自由」一六〇—一六一頁。
(23) ライナー・フォルストは近年、他者の恣意的な強制下に置かれないというカントの自由概念を、正当化への権利として理解しようとしているが、極めて妥当な試みだと言える。R. Forst, "The Point and Ground of Human Rights."

ここにも、先行する自然法学からの顕著な隔たりが確認できる。すなわち、カントにおける人間の権利は、自己保存の権利や幸福追求の権利といった、一般に主観的なモデルで考えられた権利とは異なっている。私が生得的な自由権をもつのは、それが「他のすべての人の自由と普遍的法則にしたがって両立しうるかぎり」でのことである。私が自由であるのは、他のすべての人の自由を私がそうであるのと同様に承認し、私を含めたすべての人の意志によって立法される法則にしたがって、万人の自由とは両立しえない行為を慎むかぎりでのことである。言い換えれば、生得的な権利によって、私は自分の行為を（それが他のすべての人の自由を侵害するのではないと）正当化するよう他者によって求められうるし、また他者に対しても同様の正当化を要求することができる。生得的自由権は、各人を平等な立法主体として認め、同時に、すべての人の意志によって立法された法則による拘束の名宛人として規定するのである。ここには、人間の権利の客観的な理解が見られる。

ただし、こうした自由の権利は生得的なものである。生得的権利は「あらゆる法的な作用から独立し、すべての人に生まれつきvon Natur認められる権利」（RL 6:237）、すなわち、あらゆる外的行為以前に認められる権利である。それゆえ厳密に言えば、生得的に各人に認められているのは、外的な法義務を立法する立法主体としての資格であるにすぎない。しかし、この資格こそが、悲惨な帰結をもたらすことになってしまう。つまり、私は自ら正しいと思われる行為を遂行し、他者にそれを妨害しないよう強制するとしても、それは私の主観的な判断にすぎず、他者の判断とは食い違うかもしれない。他者はそれを不正な行為であると判断し、その行為を断念するように私を強制するかもしれない。法則の立法主体としての地位が生得的に各人に認められているからこそ、互いの主観的判断が葛藤を引き起こし、自由の両立は不可能になってしまうのである。

こうした状況を脱するためには、強制が各人の主観的判断によって課されるのではなく、すべての人の意志によって立法された法則を通じて課されなければならない。万人の意志が立法する法則が課す強制であれば、各人がその強制に同意したものとして、誰の自由も毀損することはない。こうした立法がなされる可能性は国家（市民状態bürgerlicher Zustand）の下でしか与えられない。なんとなれば自然状態とは、実定法、すなわち公法を欠いた状態だからである。「自然状態に対置されるのは〔…〕市民状態である。自然状態において〔…〕（公的な法律によって私のものとあなたのものを保障する）市民状態だけは存在しない。それゆえ、前者の法は私法と呼ばれる」（RL 6:242）。

カントにおいて、私法と公法を区別するのは、法がすべての人にとって同様に参照できる形で公開されているかどうかという観点である。「公法は私法において考えられうる以上の、あるいはそれ以外の人間の義務を含んでいない。すなわち私法の実質は両者において同様である。したがって、公法の法則は人間の共在の法的な形式（体制Verfassung）にのみ該当し、この意味で、公法の法則は必然的に公開されていると考えなければならない」（RL 6:306）。確かに、自然状態でもすべての人が同意しうるような法を考えることはできるが、しかしそれは各人が行為する際に共通して参照できる形では存在しない。自然状態では、自らが正しいと思うことにしたがって行為し、主観的に他者に強制を課すしかない。他方、市民状態では各人がしたがうべき法則は、公的に周知された法律として存在する。法律がすべての人の意志によって立法されるなら、それによって課される拘束に各人は同意できるだろう。すべての人の意志が立法を担う国家体制は、（後に見るように）カントにおいて共和制と呼ばれる。生得的自由権は、各人に法則の立法主体としての資格を与えるものとして万人の自由の両立を可能にする根拠であるが、万人の自由が実際に普遍的法則にしたがって両立するためには共和制が実現されねばならない。したがって、生得的自由権は規範的な国家体制として共和制が実現されることを要求する権利、共和制への権利であると言うことができる。(24)

このように、カントにおいて生得的自由権はすでにして政治的な権利を含意している。主観的自由概念に基づいて、あるいは実質的倫理学に基づいて自然権を規定するかぎり、こうした帰結は導かれないだろう。先に、義務にしたがう能力に自由概念を見出すという点に関してだけヴォルフとカントの近しさを認めたが、その近しさは市民状態における自由についてはもはや認められない。

ヴォルフによれば、自然法は人間に対して完全性を目指すよう拘束し、翻って人間は自らの魂と身体、外的環境を改良する権利、言い換えれば幸福への権利を有している。「人間の欲求は、喜びを感じるものを望むように、すなわち幸福を追求するよう、自然から規定されている。〔…〕それゆえ、人間は幸福になるよう、また不幸にならないよう、配慮しなければならない。それゆえ、人間は自らの幸福に資することへの権利をもっている」[25]。こうした権利を自然状態では全ての人が平等に有しているため、人は自らの幸福のみならず他者の幸福にも配慮しなければならない。言い換えれば、自然法は自他の幸福の増大という義務をあまねく人に課しているのである。自他の幸福の増大は孤立した状態では不可能であるため、人々は協働を目的として家社会を形成し、最後には国家を形成する。だが国家においては、自然的自由はもはや無傷ではいられない。各人の平等な関係は終わり、人々は主権者の命令に服する単なる臣民にすぎなくなり、主権者だけが自然的自由を享受する。確かに、国家の目的は「十分な生活手段、平穏、安全の享受」、すなわち「共通善」である[26]。主権者は共通善の維持・促進という自然法の義務に拘束されており、その自由は放縦ではありえない。しかし臣民の自由は、もはや主権者の命令に関わらない残余にしか存在しない。「国家における支配は国家の目的から考量されねばならないので、支配は共通の幸福の促進に寄与する市民の行為以上に及んではならない。したがって、こうした行為に関してのみ個々の成員の自然的自由は制限されるのだから、それ以外の行為について自然的自由は制約されない」[27]。こうして、主意主義的な自由概念から距離を置いたはずのヴォルフにおいてさえ、国家における自由は、主権者の命令に関わらないかぎりでの自由であると観念されることになる。

ディートヘルム・クリッペルが言うように、ドイツ自然法学の自由概念は政治的な自由にはいささかも寄与することがなかったし、また自然状態での生得的な諸権利（jura connata）は国家における保障の対象とはならず、「失われた人間の権利」でしかなかった。[28] プーフェンドルフやトマジウスにおいても事態は変わらない。彼らがいかにホッブズの自然状態を修正しようとしたとしても、主意主義的自由概念に依拠するかぎり、ホッブズの次のような嘲弄に同調することになるだろう。

都市ルッカの櫓には今日も大文字でLIBERTASと書かれているが、だからといって個人がコンスタンティノープルの個人よりもより自由を享受しているとか、コモンウェルスの服務からいっそう免れているとか、そのように推測することはできないだろう。コモンウェルスを君主が治めていようとも人民が治めていようとも、自由はやはり同じなのである。[29]

ホッブズによれば、都市共和国ルッカの人々の自由は、スルタンの専制の下での人々の自由と同じである。[30] 国

（24）W. Kersting, *Kant über Recht*, 51.
（25）C. Wolff, *Institutiones juris naturae et gentium*, §118.
（26）C. Wolff, *Institutiones juris naturae et gentium*, §972.
（27）C. Wolff, *Institutiones juris naturae et gentium*, §980.
（28）D. Klippel, *Politische Freiheit und Freiheitsrechte*, 75–81.
（29）T. Hobbes, *Leviathan*, 21. 8. 以下、章と段落番号を表記する。訳は適宜改めた。
（30）この一節に対するハリントンからの共和主義的な反論についてQ. Skinner, *Liberty before Liberalism*, 85ff.

家における自由はもはや自然的自由ではありえない。臣民の自由は「臣民の行為を規制する際に、主権者が不問に付した事柄」にのみ存する。(31)

カントにとって、こうした自由概念は偽りのものである。生得的な自由権は他者の選択意志の強要からの独立を私に認めるが、それが可能であるのは、他者がたまさか私に強要しないでいる間だけではない。カントにおける自由は、単なる恣意的な強制の不在ではなく、恣意的な強制の可能性そのものの不在を意味する。それは放縦と解された、望むままに何でもするという自由では無論ない。むしろそれは、他のすべての人とともに、各人の自由の境界を定めて自由の両立を可能にする法の法則の立法に加わるということのうちに求められる。生得的な自由権は、各人が法則の平等な名宛人であると同時に、その平等な立法者であるという資格を与える。そして、実際に人民だけが唯一の立法権の帰属先であるような体制、共和制を樹立することを要求する。自らが他者とともに同意した法則以外のものには服従しないという自由、これがカントにおける共和主義的自由なのだ。

第三節　人間の権利と人間性の権利

だが、そもそもなぜすべての人は平等な自由の権利の担い手として尊重されなければならないのか。この点にも、カントと先行者の違いが認められる。私にも他者にも同等の自由権が認められるのは、「その人間性ゆえ kraft seiner Menschheit」のことである（RL 6:237）。人間性と言われているからといって、これを（例えばクラウアーのような）センチメンタルなヒューマニズムとして、あるいは人間らしさのような曖昧な意味で理解することはできない。[32] むしろ、人間性とは人間の自然的・経験的な規定を捨象して見られた人格性、道徳法則の下で自らの意志を規定しうる理性的存在者のあり方である。

義務論において人間は、まったく超感性的な自由の能力という性質に関して、したがって単にその人間性のみに関して、自然的な規定から独立した人格性 Persönlichkeit（叡智的人間 homo noumenon）として表象されうるし表象されなければならない。これは同じ人間を自然的な規定を伴う主体として、つまり人間（現象的人間 homo phaenomenon）として表象するのとは区別される。（RL 6:239）

精神的人格性とは、道徳法則の下での理性的存在者の自由にほかならない。（RL 6:223）。

（31）T. Hobbes, *Leviathan*, 21. 9.

（32）「あなたの人格だけでなく他のすべての人の人格における人間性を、常に同時に目的として用い、決して単に手段としてのみ用いることのないように、行為せよ」（G 4:429）という、周知の定言命法の一つについて考えてみよう。仮に人間性が何らかの独立的な価値をもつとすれば、それはカントの義務論と矛盾する。もしそうであるなら（価値としての）人間性を目的とした行為は、むしろ仮言命法として帰結主義的道徳を招来するからである。カントは理性的存在者の尊厳という言い方をすることもあるが、尊厳も同様に独立的な価値をもつものではない。人間性や尊厳は、理性が立法する定言命法によってしか道徳性は決定されえないという、実践理性の至高性を表現したものにすぎない。自らが立法した法則以外にはしたがわないという理性的存在者の様態、すなわち自律こそが尊厳の意味するところにほかならない。この点について、O. Sensen, *Kant on Human Dignity*.

人間が生得的な自由権をもつのは、それが神から与えられたからでも、社会的な慣習として認められてきたからでも、あるいは人間の道徳感情に由来するからでもない。生得的な自由権はむしろ、普遍妥当的な道徳法則を立法しうるという理性の能力のみに由来する。

> ところで、なぜ倫理学（道徳）は通常（特にキケロによって）義務論と呼ばれ、権利論と呼ばれないのか。一方は他方に関係しているというのに、それはなぜなのか。――その理由はこうである。我々は（あらゆる道徳法則が、それゆえまたあらゆる権利と義務とが由来するところの）自分自身の自由を、ただ道徳的命法を通してのみ認識する。道徳的命法は義務を命じる文であり、そこからそのあとで他者を義務付ける能力が、つまり権利の概念が展開されうるのである。（RL 6:239. 強調は網谷）

ここでは、義務と権利の対応関係が明白な形で説明されている。つまるところ、人間は理性によって立法される道徳法則によって義務づけられているがゆえに自由であり、だからこそ自由を侵害するのを控えるという拘束性を互いに課しあっている。しかし、これをかつてのゲンツがしたように、人間本性としての自由と理性による権利の正当化として見るのは単純にすぎる。というのも、『人倫の形而上学』においては自由が内的自由と外的自由に分節化されていたからである。生得的自由権は、私のものでも他者のものでもありえる意志一般によって立法された普遍的法則の下でのみ認められる外的な自由に関係し、私自身の意志のみが立法する法則と選択意志の一致という内的自由は、そこでは問題になっていない。カントによれば、しかし、人間が外的な自由の権利の生得的な担い手であるのは、自然的・人間学的規定を捨象して見られた人間、すなわち叡智的存在者の内的な自由に由来する。内的自由の本質は理性の立法する道徳法則によって選択意志が規定されうるということにあるが、これは当然、他者の選択意志の恣意的な強要の下にあっては不可能である。それゆえ、道徳法則を通じて知られる自らの（内的）自由が根拠となって、他者関係においては、内的自由の可能性が破壊されないように、各人には生得的に自由権（外的な自由の権利）が認められるということになる。

道徳法則の下での理性的存在者の自由は人格性とも言い換えられている。カントによれば、人格（Person）は「その行為に責任を帰することZurechnungが可能である主体」である（RL 6:223）。「道徳的な意味での帰責（imputatio）は、誰かを、行為（factum）と呼ばれる法則の下にある行動の創始者（自由原因 causa libera）であるとみなすという判断である」（RL 6:226）。こうした道徳的な帰責の主体となりえない存在者は、物件（Sache）である。「物件は、決して帰責することができない物である。自由な選択意志のいかなる客体も、それ自体では自由を欠いているのなら、物件（有体物 res corporalis）と呼ばれる」（RL 6:223）。こうしたところから、村上淳一はカントが行為の帰責能力によって人格を基礎づけており、「依然として、行為能力から区別された権利能力の主体という意味での法的人格の観念を獲得しえなかった」と考えた[33]。それゆえ村上によれば、カントは未成年者や精神障害者といった帰責能力ないし行為能力を欠く者を法的人格として扱うことができない。この解釈をさらに進めれば、自由ではない主体には権利が認められないということになる。自らの理性の立法する道徳法則に選択意志を規定させることに失敗する行為者は、（内的な意味で）自由ではなく、それゆえに他者を拘束する権限はないということになってしまう。

しかしこうした解釈は、カントが区別する叡智的人間（homo noumenon）と現象的人間（homo phaenomenon）を混同しているかぎりで、誤っている。カントは人間の一切の現象的な様態を取り去って、ただ理性という論理的推論

（33）村上淳一『ドイツ市民法史』一七頁。

能力が人間に存在するということのみに生得的な自由権の根拠を見出している。このことが意味するのは、権利主体の認定が、ある人には理性能力が認められないとか、理性を用いる能力が欠けているとかいう判断とは無関係に行われているということである。義務論において表象される人間は、単に超感性的な自由の能力という性質をもつものとして、「自然的な規定から独立した人格性〔…〕として表象されうるし表象されなければならない」(RL 6:239)。たとえいかにある人が未成年者であって理性能力に劣るように見えたとしても、また理性能力の欠如した者として診断されるとしても、あるいは道徳的に行為しようとしない人であるとしても、人間という種に属しているかぎり、潜勢的には理性を有した存在者とみなさなければならない。

人間の自然的な規定を捨象したところに見いだされるのは、「同時に普遍的法則として妥当しうる格率にしたがって行為せよ」という形式的な文を道徳的命法として論理的に定式化し、それによって選択意志を規定するという可能性、ただそれだけである。したがって、人間の権利の根拠となる精神的人格性が、道徳法則の下での理性的存在者の自由と言い換えられる場合、実際にその存在者が理性によって自らの選択意志を規定しているかどうか、実際に自由かどうかなどということはまったく問題にならない。むしろ道徳法則の下での理性的存在者の自由は、道徳法則を論理的に定立することができ、主体の選択意志を規定しうるという理性の立法能力を単に言い換えたものにすぎないのだ。実際、カントは「義務だけをもち権利をもたない存在者に対する人間の法的関係」が存在するのかと問いを立て、「ない vacat」と答えている。「なぜなら、それがあるとすれば、人格性をもたない人間になってしまうからである(農奴、奴隷)」(RL 6:241)。人格性をもたない人間は、もはや人間ではなく単なる物件にすぎない(が、そのような人間は存在しない)。

今や、生得的な自由権の究極の根拠は、叡智的人間という様態、すなわち道徳法則の下での理性的存在者の自由の可能性に求められていることが、なお明らかになった。たいていの場合同一視されているが、カントはこ

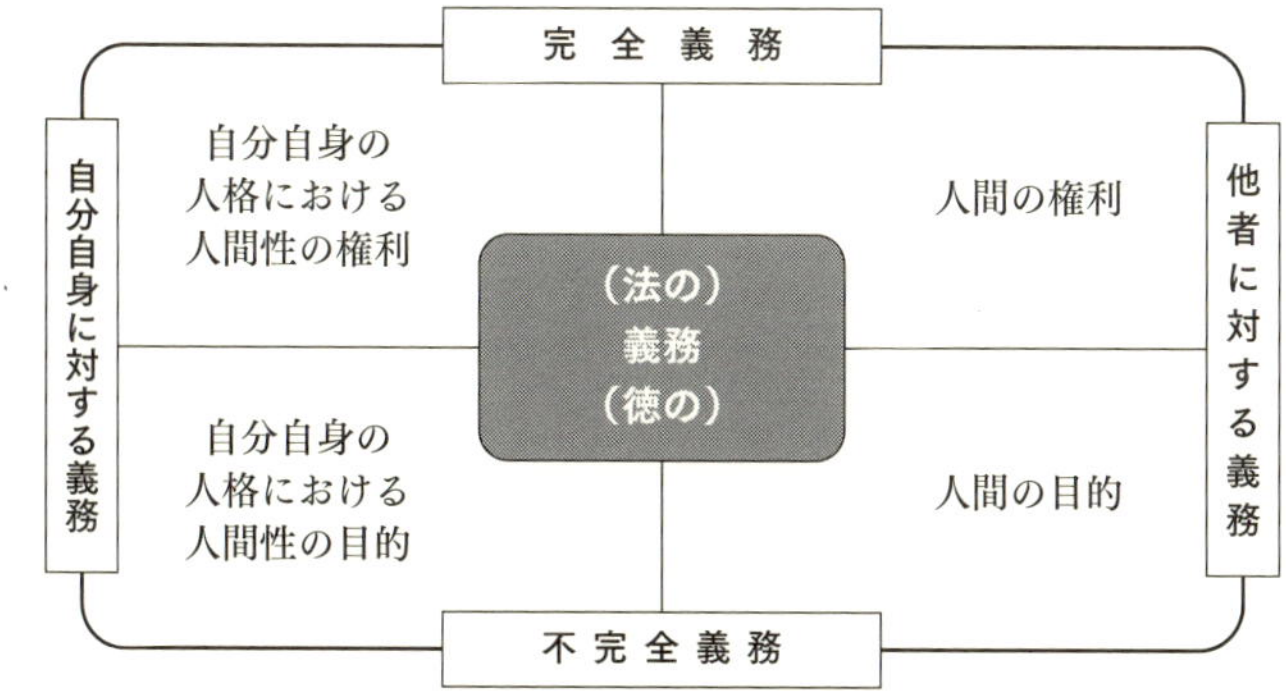

客体に関する義務と法則の関係

の理性的存在者としての自由を人間性の権利（Recht der Menschheit）と呼んで、人間の権利（Recht der Menschen）から区別している[34]。上の表は「人倫の形而上学一般の区分」と題された節のなかに示されたものである（RL 6:240）。義務論において、人間はその人間性に関して、自然的規定を度外視した人格性すなわち叡智的人間として表象され、自然的規定を伴う現象的人間の表象からは区別される。「それゆえ、権利と目的はこの〔叡智的人間と現象的人間という〕二重の性質において再び義務と関連付けられ、次のような区分が与えられることになる」（RL 6:240）。

この表は、法義務と徳義務のそれぞれを、「自分自身に対する義務」と「他者に対する義務」に関して区別している。徳義務について、倫理的法則は義務を自らの動機（目的）とするよう命じ、「自分自身に対する義務」と「他者に対する義務」の区別に応じて、それぞれ「自分自身の人格における人間性の目的」と「人間の目的」が分節化される。『徳論』によれば、これらはそれぞれ自己の完全性と他人の幸福とに具体化される。他方、法義務について言えば、「自分自身に対する義務」は「自分自身の人格における人間性の権利」に、「他者に対する義務」は「人間の権利」に対応させられている。他者に対する法義務とは、まさに我々がここまで見てきた他者の人間の権利、すなわち他者の自由を侵害しないようにするということである。それでは、「自分自身の人格における人間性の権利」とはどのようなものなのか。それが「自分自身に対する義務」と対応するということは何を意味しているのか。

　これまで、そもそも人間性の権利は何に対する権利であるのかということさえ問われてこなかった。カントにおいて、権利と義務は対応する概念であった。義務は権利を毀損しないことを命じる、禁止の拘束性である。先の表によれば、人間の権利に対応するのは「他者に対する義務（Pflicht gegen Andere）」であり、人間性の権利に対応するのは「自分自身に対する義務（Pflicht gegen sich selbst）」である。[35]「自分自身に対する義務」は『徳論』で論じられるが、従来用いられてきたこの訳は、実のところ意想外に論点を分かりにくくしている。それが意味するのは、私が理性を通して自らを拘束しているということではない。これはカントの義務一般に共通する原理である。解釈者が指摘してきたように、カントは義務のモデルとして（それと明示することなく）、義務の主体（subject）・義務の創始者（author）すなわち立法者（legislator）・義務の受け手（beneficiary）という三つの要素を区別している。[36] **gegen X** が意味しているのは、義務として命じられた行為が向けられる宛先・受け手である。それゆえ、以下では **gegen X** を「Xに向けた」と訳すことにしよう。

　他者に向けた義務の場合、私の理性が私の選択意志を規定し（道徳法則の創始者＝立法者としての理性）、規定された格率に基づいて私は（義務の主体として）、（義務の受け手である）他者に向けて何らかの行為を遂行する。同様に、自己に向けた義務とは、自分が自分に向けて特定の行為をなすよう（あるいはなさないよう）自分を拘束するということである。言い換えれば、この場合、義務に関与する三つの要素（義務の主体・創始者・受け手）すべてが自分なのである。

　人間は、自分自身に向けた義務の意識において、自らを二重の性質における義務の主体とみなす。第一に感性存在、すなわち（動物の種の一つに属している）人間としてである。しかし第二にまた、理性存在としてである〔…〕。理性存在にはいかなる感官も到達できず、それはただ道徳実践的な関係性においてのみ認識されうる。道徳実践的な関係性において、理性が内的に立法する意志に与える影響を通じて、自由という不可解な性質が明らかになる。

さて、理性的な自然存在（現象的人間）としての人間は、原因としての自らの理性を通じて、感性界における諸行為へと規定されうるが、ここではまだ拘束性の概念は考察されない。しかし、その人格性にしたが

（34）例えば近年の研究でも両者の区別は見逃されている。W. Kersting, *Kant über Recht*. A. Ripstein, *Force and Freedom*. K. Flikschuh, "Human Rights in Kantian Mode: A Sketch." 特にMensch とMenschheit の区別を蔑ろにし、どちらもhumanity と英訳して理解している文献には注意を要する。御子柴善之は、人間性の権利が自分自身に対する義務と対応するものであることを正確に理解しながらも、人間の権利（生得的自由権、人権）と人間性の権利の区別を曖昧にする傾向がある。「カント所説においては、ひとが人間性の権利を意識する際に、そこに道徳法則への尊敬が含まれていることを指摘することによって、人権の普遍性が保障されることになる」。御子柴「人権と人間愛」三三頁。

（35）これまで、人間性の権利、そして上の表でそれに対応させられている自分自身に対する義務は、『法論』の体系にとって不適合な異物であると考えられることがあった。というのも、カントが対応させている両者については、『法論』が扱う法理的法則の特徴をなす外的な立法が可能だとは到底思われないからである。J. Joerden, „Kants Lehre von der "Rechtspflicht gegen sich selbst" und ihre möglichen Konsequenzen für das Strafrecht." W. Kersting, *Wohlgeordnete Freiheit*, 213–20. R. Pippin, "Dividing and Deriving in Kant's Rechtslehre," 69f. M. Köhler, „Die Rechtspflicht gegen sich selbst." 特にバードとフルシュカは法義務として自分自身に対する義務がありえないと断言している。B. Byrd and J. Hruschka, *A Commentary*, 63. それに対し、邦語文献は自分自身に対する義務のカント道徳哲学における意義を強調してきた（法哲学的意義ではないにせよ）。加藤泰史「「定言命法」・普遍化・他者」、菅沢龍文「カント『法論』における内的完全義務」、御子柴「人権と人間愛」、御子柴「倫理的強制という問題」。

（36）A. Reath, "Self-Legislation and Duties to Oneself," 360. 御子柴「誠実さという問題」四一頁。

って見られたまったく同じ人間、つまり内的な自由を賦与された存在（叡智的人間）として思考された人間は、義務づけVerpflichtungが可能な存在であり、詳しく言えば自分自身（人格における人間性）に向けて義務づけることができる存在だとみなされる。それゆえ、（二重の意味で見られた）人間は、自己矛盾に陥ることなく（なぜなら人間の概念は同じ意味で考えられていないのだから）、自らに向けた義務を承認することができる。（TL 6:418. 強調は網谷）

叡智的人間としての自己は義務の創始者（立法者）として、現象的人間である自己を義務づける。他方、現象的人間は義務の主体として、何らかの行為をなすよう（なさないよう）命令される。これはカントの義務論一般に共通する事柄である。しかし、上の箇所でカントがさらに付け加えているのは、叡智的人間は「自分自身（人格における人間性）に向けて」行為するよう義務づけることができる存在であるということである。すなわち、叡智的人間は、現象的人間を義務の主体として規定する義務の創始者であるとともに、同時に現象的人間がそれに向けて行為すべき義務の受け手としても登場しているのだ。叡智的人間としての自己は義務の創始者であると同時に義務の受け手であり、現象的人間としての自己の選択意志を規定して、自らに向けて行為させようとする。こうしたことが可能なのは、叡智的人間が人格性をもつから、すなわち理性の立法する道徳法則の下での自由な存在様態をもつからである。

『徳論』によれば、自己に向けた義務は積極的には道徳的完成を命じ、消極的には自己保存に反することを禁止する。前者は「自分自身に向けた徳義務」として自らの能力と道徳性の開発を命令するのに対して、後者は「人間本性がもつ目的に関して、それに反した行為をなすことを禁止する」（TL 6:419）。それは、物理的自己保存に反する振る舞い（自殺や生殖に反した情欲、不節制）、あるいは道徳的自己保存に反する振る舞い（虚言、貪欲、卑屈）の禁止である。つまり、こうした禁止において、叡智的人間としての私は現象的人間としての私を、前者の自由を破壊することになる物理的・道徳的自己保存に反したことをなさないよう義務づけるのだ。

ところで、義務と権利は対応する概念であった。権利とは、権利者を侵害しないよう他者を拘束する権能である。それゆえ、義務の創始者であるとともに受け手でもある叡智的人間としての私と、現象的人間としての私の関係を、法学の言葉を使って表すとすれば、前者は権利をもち、後者はその権利を侵害しないように義務づけられているということになるだろう。まさに、これがカントが先に示した表（本書一〇九頁）のなかで、自己自身に向けた法義務（上段左）に「人間性の権利」を対応させていたことの意味である。[37]叡智的人間としての私がもつ人間性の権利は、道徳的自己保存に反することを自分に向けてなさないように、現象的人間としての私を拘束する権能だと換言できる。

カントによれば、こうした自己自身に向けた義務は、あらゆる義務のなかで最も根底的なものである。「なぜなら、法則によって私は自分が拘束されているのだとみなすのだが、その法則はいかなる場合も私自身の実践理性から生じており、実践理性を通して私は強要されており、同時に私は自分自身の側から見れば強要するものであるからである」（TL 6:417）。すべての義務は実践理性から生じているがゆえに、その実践理性を破壊するような行為（例えば自殺）や、実践理性の働きを著しく衰弱させてしまう行為（情欲や暴飲・暴食）、あるいはすべての道徳法則の根源である実践理性を自ら否定するような行為（虚言、貪欲、卑屈）は禁止されなければならない。というのも、こうした義務がなければ、「そもそもいかなる義務もありえなくなるし、外的な義務もありえなく

(37) これが見過ごされてきたため、例えば菅沢龍文は人間性のゆえに認められる生得的自由権を人間性の権利と同一視し、「人間性の権利としての外的自由は意志の自律である」と述べる混乱に陥っている。菅沢「意志の自律と外的強制」一四七頁。

なってしまう」からである（TL 6:417）。もしこうした行為が権利上可能であるとすれば、実践理性は、普遍妥当的でありそれゆえに無条件な義務を立法することができるという、最高の道徳的審級の地位から引きずり降ろされてしまうことになるだろう。それゆえに、理性は人間性の権利をもつことで、こうした行為をなすことを自分自身に向けて禁止するのである。

義務が重要であるかぎり、したがって人間が生存し続けるかぎり、人格性を人間から奪い去ってしまうことはできない。〔…〕我々自身の人格における倫理性の主体を破壊することは、倫理性そのものの存在を、その主体に関して、世界から根絶してしまうことに等しい。倫理性はそれ自体が目的であるにもかかわらず、である。したがって、自らを任意の目的の単なる手段として処分することは、自らの人格における人間性（叡智的人間）から尊厳を奪うabwürdigenことである。人間（現象的人間）はその人間性こそを保存するように委ねられていたのだから。（TL 6:422f.）

このような自己破壊の禁止を導く人間性の権利から帰結するのは、一層ラディカルな見解である。いわゆる身体の自己所有権が否定されるのだ。『法論』によれば、

人間は自らの主人（自権者sui iuris）ではあるが、（自らを任意に処理できる）自分自身の所有者（自らの所有者sui dominus）ではありえないし、ましてや他者の所有者ではありえない。なぜなら人間は自らの人格における人間性に責任を負っているからである。この点は人間の権利ではなく人間性の権利に属している〔…〕。（RL 6:270）

身体が物件のように任意に処分可能な仕方で所有されうるとすれば、他者の自由を侵害しないかぎり、どのように自分の身体を処分しても（例えば自殺や奴隷契約）許容されるということになりかねないが、カントの視座からすれば、それは人間性の権利の毀損である。身体を自己所有可能だと見なすことは、自らを物件として扱っているに等しい。こうしたことが権利上可能であるとすれば、叡智的人間として見られた自己の至高の道徳的地位（カントはこれを尊厳（Würde）と呼ぶ）が、現象的人間としての自己によって格下げ（abwürdigen）されてしまうだろう。現象的人間としての私が叡智的人間としての私を破壊したり、その地位を売り渡したり放擲することは、自分自身に向けた義務違反であり、同じことだが、人間性の権利に対する侵害を構成する。

まとめよう。実践理性は、いわば自己内他者である現象的人間としての私に対して、私の内的な自由の可能性を破壊しないよう拘束し、他方で、現象的人間としての私と出会うことになる他者に対しては、私の外的な自由を侵害しないよう拘束する。叡智的人間としての私が現象的人間としての私を拘束することができるということ、すなわち理性が選択意志を規定することができるということ、これが私の内的自由の可能性の根拠であり、その可能性のゆえにこそ、他者に対しても私のこの自由を破壊しないよう拘束することができる。このように、自分自身に向けた法義務に対しては人間性の権利が、そして他者に向けた法義務に対しては人間の権利が対応する。人間の権利の権原は、叡智的人間としての私が現象的人間としての私に対してもつ人間性の権利にあり、その意味で、後者は前者の正当化根拠として最も根底的なものである。[38]

こうして考えれば、『法論』「法論への序論」において、ローマ法学者ウルピアヌスの公式[39]を援用して示される

（38）この表現は、石田京子「カント法哲学における立法と自由」一五一頁から示唆を得た。

（39）カントが参照していると思われる偽ウルピアヌスの公式は以下である。'Iuris praecepta sunt haec: honeste vivere, alterum non

三つの法義務の劈頭に、「自分自身の人格における人間性の権利からの拘束性」が置かれていることも理解可能なものになる。カントが法義務の区分として提示するものはこうである。

一　正しい人であれ（誠実に生きよ honeste vive）。法的な誠実さ（honestas iuridica）は次の点に存する。すなわち、他者との関係においてあなたの価値を人間の価値として主張すること。この義務は次の文によって表現される。「自らを他者の単なる手段にするのではなく、他者にとって同時に目的であるようにせよ」。この義務は以下では我々自身の人格における人間性の権利からの拘束性として説明される（正しさの法則 Lex iusti）。

二　誰に対しても不正を為すな（neminem laede）。それによって他の人とのいっさいの結びつきから離れ、いっさいの交わりを遠ざけることになろうとも（法の法則 Lex iuridica）。

三　（交わりが避けられないのなら）他者とともに、各人が各人のものを享受することができる社会に入れ（各人に各人が得るべきものを与えよ suum cuique tribue）。――この最後の公式は、「各人に各人のものを与えよ」と翻訳されるとすれば、辻褄が合わなくなるだろう。というのも、すでにその人がもっているものを与えることはできないからである。それゆえ、この公式が有意味であるとすれば、「各人が各人のものを他のすべての人に対して保障されうるような状態に入れ」ということにならなければならない（正義の法則 Lex iustitiae）。（RL 6:236f.）

最初の義務「正しい人であれ」は、「自らを他者の単なる手段にするのではなく、他者にとって同時に目的であるようにせよ」と言い換えられている。これはまさに自分自身に向けた法義務にほかならない。他者の単なる手段になるということは、他者の選択意志の強要の下での生を送るということであり、そのときには私の行為の審級は私の実践理性ではなく他者の選択意志になってしまうだろう。あるいはそのときには私は自らを人間性の権利の保有者としてではなく、単なる物件として扱うことになるだろう。したがって、他者にとって同時に目的たるべしという法義務は、私の実践理性によって私の選択意志が規定されうる可能性を保てということ、言い換えれば自己保存に反する行為（自殺・人身売買・奴隷契約）の禁止を意味することになる。[40] それは「我々自身の人格における人間性の権利からの拘束性」であり、この拘束性を通じて私に生得的な自由権が与えられていることが理解されるのであった。したがって、第一の法義務は権利の主体として振る舞え、法的人格（rechtliche Person）として存在せよと換言できる。[41] この法義務が存在しなければ、他者との関係において私が他者の選択意志の強要の下に置かれないという自由、すなわち人間の権利が、そしてこの権利によって他者に対して課せられることになる拘束性が導出されないだろう。

　叡智的人間としての私がもつ人間性の権利は、現象的人間としての私と出会うことになる他者にとってみれば、人間の権利として観念される。私は、人間性のゆえに、他のすべての人の自由と普遍的法則にしたがって両立しうるかぎり、他者の選択意志の強要の下に置かれない生得的な自由を享受する。それゆえ、第一の法義務からは、第二の法義務「誰に対しても不正を為すな」が導出される。これは他者に向けた法義務であり、それに対応する

---

laedere, suum cuique tribuere.' *Institutiones* 1. 1. 3. これに対するカントの解釈については、B. Byrd and J. Hruschka, *A Commentary*, 62–7. A. Pinzani, „Der systematische Stellenwert der pseudo-ulpianischen Regeln in Kants Rechtslehre.“ が説得的である。

（40）ケアスティングは、第一の法義務が自己保存に反することの禁止であることを正しく見抜いているが、人間性の権利が何に対する権利なのかをはっきりとさせていない。W. Kersting, *Wohlgeordnete Freiheit*, 215f.

（41）B. Byrd and J. Hruschka, *A Commentary*, 63.

のは（他者の）生得的な自由権としての人間の権利である。カントは、生得的な自由権から一連の権能を分析的に展開している。生得の平等（各人が相互に課す拘束性の程度の平等）、すなわち自分自身の主人（sui iuris）である資格、さらに法的行為以前に他者から不当に非難されない資格、他者に自分の考えを伝えたり約束したりする権能――これらは「すでに生得的な自由の権利に含まれており、実際にそこから（より上位の権利概念の下での下位区分としては）区別されない」（RL 6:237f.）。ただし、もちろん人間は生きていく上で否応なしに様々なものと関わらざるをえない。土地、家屋、衣食といった様々な対象をもって暮らしていかなければならない。さらに、他者と交流して物を売ったり買ったりするということもあれば、他者と一つの家を形成するということもあるだろう。自由権がいかなる法的作用にもよらない生得的な権利であるのに対して、これらは何らかの法的作用によって取得（erwerben）されなければならない権利である。生得的な自由権が「内的な私のもの・あなたのもの」と呼ばれるのに対して、こうした取得的な権利（erworbenes Recht）は「外的な私のもの・あなたのもの」と呼ばれる。

先ほど引用したウルピアヌスの三つの公式を変形して示される法義務の三つの区分において、取得的な権利は重要な役割を果たしている。第三の法義務は「他者とともに、各人が各人のものを享受することができる社会に入れ」というものだが、カントはそれを「各人が各人のものを他のすべての人に対して保障されうるような状態に入れ」と翻案している。各人が各人のものを保障され、享受することができるこうした社会は法的状態（rechtlicher Zustand）ないし市民状態（bürgerlicher Zustand）と呼ばれる。「自然状態においても社会は十二分に存在しうるが、（公的な法律によって私のものとあなたのものを保障する）市民状態だけは存在しない」（RL 6:242）。したがって第三の法義務は、私のものとあなたのものを保障する公法の存在する国家へと移行する義務を指示していることになる。

カントによれば「上記の三つの公式は同時に、法義務の体系を次のように区分する原理となる。すなわち内的義務、外的義務、そして前者〔内的義務〕の原理から包摂を通して後者〔外的義務〕を導出することdie Ableitung der letzteren vom Prinzip der ersteren durch Subsumtionを含む義務である」(RL 6:237)。こうした表現は極めて簡素だが、『法論』全体の体系性を要約している。内的義務は第一の公式が示すとおり、「正しい人であれ」、権利の主体たれという義務である。それが「内的」と呼ばれるのは、自分自身に向けた義務を示しているからだ。外的義務は「誰に対しても不正を為すな」という義務であり、ここでは他者に向けた義務として「外的」という形容詞が用いられている。他方、三つ目の区分に当たる法義務は内的義務から外的義務を導出すること、しかも包摂を通じて導出することを含むと言われている。

包摂という言葉に注目すれば、この導出の意味が理解できる。ここでカントが考えているのは、三段論法(理性推論Vernunftschluss)である。三段論法は一般的規則(大前提)の下になんらかの認識を包摂することによって、結論を導き出す(KrV 3:240)。ただし、ことは理論的な判断ではなく実践的な判断であるため、いくらかの違いが生じてくる。『実践理性批判』によれば、理性の実践的使用において理性推論は「大前提における普遍的なもの(道徳原理)から、小前提において(善い行為あるいは悪い行為として)可能な行為を大前提に包摂することを通じて、結論すなわち主観的な意志の規定(実践的に可能な善とそれに基づく格率への関心)へと進む」(5:90)。例えば、大前提において「嘘はよくない」という原理が与えられていれば、小前提において私の嘘の発言という行為が包摂されると、それを通じて「これこれの私の発言はよくない」という道徳的判断が導出される。

さて、第三の法義務は内的義務から包摂を通した外的義務の導出を含んでいる。この実践的推論は次のように展開されるだろう。すなわち、大前提として「正しい人であれ」——権利の主体として存在せよ——が与えられており、この原理の下に何らかの可能な行為が包摂され、そうすることで「誰に対しても不正を為すな」という結論が導かれる。先に述べておけば、その可能な行為とは、我々が次章で見る外的な対象の取得である。権利主体たれという法義務の下に、外的な対象についての行為が包摂され、その帰結として「外的な対象に関する行為においても不正を為すな」という義務が出てくる。カントによれば、第三の法義務「各人が各人のものを他のすべての人に対して保障されうるような状態に入れ」とは、こうした導出を含んだ義務である。言い換えれば、自然状態から法的状態への移行義務には、「外的な対象に関する行為においても不正を為すな」という義務が含まれている。これが意味しているのは、自然状態から法的状態への移行義務を論証するためには、自然状態における取得的権利の考察が不可欠だということである。そこで次章では、取得的権利、すなわち外的な私のもの・あなたのものがいかにして正当化されるのかを見たあと、それをいわばバネにして移行義務が論じられるということを明らかにする。

第三章　私法から公法へ

前章の冒頭では、二つの問いを立てた。第一の問い、「なぜ人間には生得的に自由権が認められるのか」に対して、カントは叡智的人間が現象的人間に課す拘束（自分自身に向けた義務）こそをその正当化根拠として挙げる。こうした拘束を課す権能を、カントは人間の権利から区別して人間性の権利と呼んだ。生得的自由権は、人間性のゆえに、万人の自由と普遍的法則にしたがって両立するかぎりで誰しもに認められるものである。私には権利があるがあなたには同じ権利は認められないと主張する人は、そう主張することで自らの権利の根拠を失う。私もあなたも万人の自由の両立という条件によって同等に拘束されるかぎりで、互いに自由の権利が認められるからである。

本章では第二の問い、「なぜ国家の支配に服さなければならないのか」を扱う。これは自由の様相論理に関係している。生得的自由権は、自らと他者が拘束される法則の共同立法者となる資格を意味した。言い換えれば、全ての人間は行為以前の段階で、他者の選択意志の強要下に置かれないという可能性をもつ。ところが、誰かが何らかの行為に及ぼうとするやいなや、問題は自由の可能性ではなく現実性に移行する。その行為が実際に他のすべての人の自由と両立するのかどうかが問題となるのだ。各人は自らの生得的自由権に基づいて主観的に判断し行為してもよい。しかし、そうした各人の主観的判断は相克しうるし、この相克は自由の境界線をめぐる争いと化し、自由をむしろ脅かしかねない。

『法論』「第一部・私法」は、このような自由のパラドクスとでも言うべき事態を扱っている。生得的自由権は、外的な対象に関わる行為を通じて具現化されるやいなや、自らの存立を危うくする。袋小路をぬけ出すためには、各人が個別に他者を強制することを止め、すべての人の意志によって立法された法則を通じて相互に強制しあう状態、しかも、この法則にしたがって行為の適法性を判断する共通の審級が存在する状態へと入らなければならない。カントの言葉でいえば、自然状態を脱して法的状態へと移行しなければならない。法的状態においてはじめて、各人は誰からも恣意的に自由を制限されず、自らの自由を必然的なものとして、すなわち自らのものとして享受することができる。自由の可能性から現実性を経て必然性へ。『法論』はこうした自由の様相論理に基づいて構想されている。ここに、なぜ国家の支配に服さなければならないのかという問いへの手がかりが含まれている。

生得的な自由権が行為以前に誰しもに認められる「内的な私のもの・あなたのもの」であるのに対して、行為を通じて取得されるのは「外的な私のもの・あなたのもの」、取得的な権利である。[1] この二つを合わせた法の領域が私法であり、それは「公的に周知される必要のない法則の総体」(RL 6:210) である。法則が公的に周知される必要がないということは、各人の理性のみによって当該行為の正・不正が判断されうるということである。ただし、「内的な私のもの」については「第一部・私法」では扱われず、「法論への序論」のなかに留められている。というのも、法の普遍的原理と人間性によって、すでに生得的権利は正当化されているからである。それに対して、「外的な私のもの」は何らかの行為を通じて取得される権利であり、それは主体から区別されているという意味で外的な対象に関わっているため、法の普遍的原理からは分析的に正当化できない。言い換えれば、取得的権利を演繹するためには、さらに別の議論が必要なのである。「第一部・私法」はこれを主題としている。

しかもそこでは、取得的権利の演繹を通じて、自然状態から法的状態への移行がア・プリオリな法義務であることが明らかにされる。カントが近世の自然法論・社会契約論と隔絶しているのは、この移行を説明するために、もはや契約の装置を必要としないという点にある——議論の枠組み自体は近世自然法学の伝統に属しているとしても。このことが意味するのは、国家への服従義務は社会契約の際の各人の合意に依拠して正当化されるのではないということである。合意しようがしまいが、自然状態を脱して国家の支配の下に移ることは法義務であり、他者から正当に強制されうるものなのだ。

本章では、こうした国家への移行の議論のすべてが取得的権利の客観的な正当化にかかっているということを明らかにする。取得的権利は生得的権利と同様に客観的に正当化されるが、そのためにカントは叡智的占有(intelligibler Besitz)という理性概念を用いている。以下、第一節で取得的権利がどのようにして正当化されているのかを見たあと、第二節・第三節ではカントの議論の独特さを理解するべく、旧来の自然法学の所有理論・社会契約論との学説史的比較を行う。取得的権利の客観的な正当化を通じて法的状態への移行が法義務として演繹されることを詳らかにし、カントが先行する社会契約論からもはや別れを告げているということを理解しよう。カントの画期は、何かを自分のものとしてもつということはどんなことを意味し、それはいかにして可能なのかと

(1) カントの私法論は、後述するように他者の選択意志や他者の人格を自分のものとすることをも含んでいる。そのため私法論を所有権論として包括するなら、カントの射程を見誤るだろう(実際、カントは所有(Eigentum)という用語をほとんど用いずに議論している)。外的な私のものは所有に限定されず、むしろ端的に権利を意味するとする理解として、筏津安恕『私法理論のパラダイム転換と契約理論の再編』一六八頁、注八。なお、カントは「外的な私のもの・あなたのもの das äußere Mein und Dein」という表現を用いているが、以下では単に「私のもの」と表記する。

いう高度に哲学的な問題に解答を与えたという点のみならず、取得的権利の正当化論証を通じて自然状態を脱出する義務を導出するという点にも見いだされる。

第一節　取得的権利の正当化

『法論』「第一部・私法」は、外的な私のものという概念はいかにして可能か、それが可能だとして外的な私のものはいかにして取得されうるのかという課題に取り組んでいる。こうした課題は、近世自然法学においては馴染み深いものだった。例えばホッブズは『市民論』の献辞のなかで、自然的正義について考究を深めるうちに、「人が何かあるものを、他人のものではなくて自分のものであると言うのは何ゆえであるか、ということを先に問わなければならない」と気付くに至ったと述べている。[2] 自然状態では、各人は自己保存のために有用であるすべての事物を所有し、使用し、享受する権利を有している。こうした状態は「あらゆるものが万人のものであるような自然状態」である。[3] しかし、万物に対する万人の権利というものはありえない。というのも、「誰かがあらゆるものについて「これは私のものである」と言うことが可能であったとしても、等しい権利と等しい力によってその同じものを自分のものと主張する隣人のせいで、それを享受することはできなかったであろうから」。[4] 利己的な人間本性に、こうした万物に対する万人の権利主張が付け加われば、至りつくところは万人に対する万人の戦争である。互いに対する恐怖が閾値を超えれば、各人は争いを避けるため、自分たちの中から選ばれた支配者に服従することへ合意しあうだろう。人々の合意、すなわち契約に基づいて設立された国家においてはじめて、それを他の人が侵害すれば支配者によって罰せられずには済まない、私のものが存在することになる。

こうしたホッブズの説明は、後に見るようにカントとは重要な食い違いを見せるけれども、自然状態では私のものは存在せず、国家においてのみそれらが存在するという考えはカントにも共通している。ただしもちろん、その理由は異なっている。ホッブズは取得的な権利を正当化する場合に、自己保存という自然権に依拠しているが、カントの場合にはこうした主観的な権利概念の把握はなされていない。取得的な権利もまた、生得的な自由権がそうであったように、万人の自由と普遍的法則にしたがって両立するという条件の下でのみ正当化されるのだ。

取得的な権利の客観的理解は、外的な対象を自分のものとしてもつということを、いかなる経験的認識にも関係づけず、むしろそれを捨象した形で、すなわちア・プリオリに解明することによってもたらされる。外的対象の「外的」とは、「ただ私（主体）から区別される」という意味である（RL 6:245）。外的対象は、物件・（特定の行為を給付する）他者の選択意志・他の人格の状態の三種類に区別され、それぞれについての権利が物権（Sachenrecht）・債権（persönliches Recht）・物権的債権（auf dinglicher Art persönliches Recht）と呼ばれる。債権は典型的には他者に契約を履行してもらう権利であり、物権的債権は物件を扱うかのようにして他の人格の状態を占有する権利、典型的には婚姻権や親権がそうである。これらは外的対象として取得され、私のものとされる。

（2）T. Hobbes, *De cive*, Epistola.
（3）T. Hobbes, *De cive*, 6. 1.
（4）T. Hobbes, *De cive*, 1. 11.

カントが取り組んでいる課題をパラフレーズすれば、こうなる。外的な対象を自分のものとしてもつということは、法にとって何を含意するのか。そしてそれは、法の観点からいかにして可能なのか。法の観点から私のもののあり方を問うということは、要するに、どのようにすれば正しい仕方で外的な対象をもつことができ、どのようにすれば不正に至るのかを問うということである。このように、外的対象に関する正・不正の枠組みをア・プリオリに示すことが『法論』第一部の狙いである。章題が示すように、第一章では「外的なものを自分のものとしてもつ仕方について」、第二章では「外的なものを取得する仕方について」論じられている。前者で問われるのは、そもそも外的な私のものは法的に可能なのかという問いである。これに対する解答に立脚し、後者では、何かを私のものとするために、いかにしてその対象を取得することができるのかという問いが探求される。何かを自分のものとしてもつことが可能だとしても、そのきっかけあるいは根拠が必要であり、それが取得という行為に求められる。

カントによれば、「法的な私のもの（meum iuris）は、他者が私の同意なくそれを使用するとすれば私が侵害されるだろうという仕方で、私と結びついたものである。使用というものが一般に可能であるための主観的な条件は、占有である」（RL 6:245）。何かを使用するためには、何かをすでに占有していなければならない。私が占有しているものを、他者が私の同意なく使用するのであれば、それは私自身を侵害することになる。しかし、私が占有している対象が他者によって勝手に使用されたからといって、どうしてそれが私自身を侵害するということになるのか。この問題に解答が——しかもア・プリオリな形で——与えられないかぎり、法的な私のもの・あなたのものという概念の可能性はありえない。

カントの議論は周到で込み入ってさえいる。カントはまず、外的な対象を私のものとしてもつということ一般が、法の法則に反していないということを論証する。この論証の帰結は実践理性の法的要請と呼ばれる（第一章

第二節）。次に、外的な対象を法的に占有するということが定義され（第五節）、それが可能であることが法的要請から演繹される（第六節）。

要請について。外的な対象を私のものとしてもつということが法的に可能であるということを、カントは背理法で証明している。[5] どのようなものであれ、私の選択意志の対象を私のものとすることはできないという格率があり、[6] これが法的に正しいと仮定しよう。この格率が正しいとすれば、この格率に反した行為は、すべての人の自由と普遍的法則にしたがって両立しえないということになる。さて、カントによれば、「私の選択意志の対象は、私が物理的に使用することのできるものである」（RL 6:246）。私が物理的に対象を使用できるということは、それを使用したとしても他者に対しては物理的に影響が出ないということである。言い換えれば、そうした対象を好きなように使用しても、それは他者の自由と両立するはずである。しかし、先に仮定された格率にしたがえば、私は自らの選択意志の対象を使用することを禁止される。すなわち、一方で私がその対象を使用するということが他者の自由と（物理的に）両立するにもかかわらず、他方でこの格率にしたがえば、私の自由は他者の自由と（仮定上）両立しえないことになる。「こうしたこと〔先の格率〕は外的な自由の自己矛盾になってしまうだろう」（RL 6:246）。したがって先の仮定は誤りである。すなわち、私は選択意志のどのような対象も私のものとすることができるという格率は、法的に可能である。「したがって、どのようなものであれ私の選択意志の対象を客観的に可能な私のもの・あなたのものとみなし、またそう扱うことは、実践理性のア・プリオリな前提であ

（5）以下の議論は、石田京子「カントにおける外的対象の占有の正当化と自由について」に多くを負っている。
（6）「法則となり、それにしたがえば選択意志の対象それ自体が（客観的に）無主（res nullius）になってしまわざるをえないような、格率」（RL 6:246）。

る」（RL 6:246）。私の選択意志の対象を私のものとして扱うということは、その対象を私の同意なく使用したり、あるいは私がその対象を使用することを妨げたりしないという拘束が他者に対して課せられているということと同義である。こうした前提が「実践理性の法的要請」である（RL 6:246）。

定義について。そもそも外的な私のものとは、どのような対象なのか。カントによれば、外的な私のものの概念の名目的な説明は、「私の外にあるもので、それを私が好きなように使用することを妨げるなら、私にとって侵害（万人の自由と普遍的法則にしたがって両立しうる私の自由の毀損）となるようなもの」（RL 6:248f.）である。しかし、これは実のところ概念を十分に説明したものだとは言えない。というのも、こうした説明は法の普遍的原理を分析したものにすぎないからである。これは結局、外的な私のものの概念の説明ではなく、内的な私のものの（生得的自由権）の説明にすぎない。もしこうした説明で事足りるとすれば、外的な私のものという概念そのものが不要だということになる。

これに対して、外的な私のものの概念の実質的説明はこうである。「外的な私のものは、私がそれを占有していないとしても（その対象を所持Inhabungしているのではないとしても）、私がそれを使用することを妨害すれば、私にとって侵害となるようなものである」（RL 6:249）。こうした説明は、もはや法の普遍的原理の分析からは出てこず、むしろそれを超出している。というのも、私が対象を物理的に所持していないにもかかわらず、その対象を誰かが勝手に使えば私の自由の侵害となると、この説明は述べるからである。

しかしそうだとしても、何らかの対象を自分のものだと言うためには、私はそれを何らかの仕方で占有していなくてはならない。そうだとすれば、その占有のあり方は、今・ここで対象を所持しているというあり方とは異なったものとならざるをえない。そこでカントは、今・ここでの対象の所持という意味での占有を「経験的占有」ないし「現象的占有 possessio phaenomenon」と呼び、こうした占有のあり方から区別された占有を「叡智的占有possessio noumenon」あるいは「単に法による占有」と呼ぶ(RL 6:249)。現象的占有について言えば、外的な私のものという概念は不要である。例えば、私が今・ここで所持している林檎を誰かが勝手に奪い取ろうとするなら、それは明らかに私の内的自由の侵害となるからである。それに対して、叡智的占有のみが外的な私のものを構成する。それは、私がその対象を物理的に占有していないとしても、他の人が私の同意なくそれを使用すれば、それが私の侵害を構成するような占有のあり方であり、私と対象の物理的な関係を捨象した見方を可能にする。

演繹について。さて、外的な私のものはいかにして可能かという問いは、今や叡智的占有はいかにして可能かという問いへと還元される。この問いは、さらに言い換えれば「ア・プリオリな法の総合命題はいかにして可能か」ということになる(RL 6:249)。なぜなら、外的な私のものという概念は、法の普遍的原理を超出しているからである。繰り返せば、現象的占有だけを問題にするのであれば、内的な私のもの、すなわち生得的な自由権だけが与えられていれば十分である。しかし、外的な私のものは、対象が現象的に占有されているかどうかを問わず、その対象を私の同意なく使用することが私の自由の侵害となるようなものであった。それゆえ、この可能性を論証するということは、法の普遍的原理を総合すること、しかもア・プリオリな仕方で総合することと等しい。そしてこの総合は、先ほどの実践理性の法的要請に基づいて行われる。実践理性は、「どのようなものであれ私の選択意志の対象を客観的に可能な私のもの・あなたのものとみなし、またそう扱う」こと、これが法的に可能であることを要請していた(RL 6:246)。ところで、定義より、外的な私のものは叡智的に占有された対象である。それゆえ(要請と定義より)、叡智的占有は可能である(RL 6:252)。

こうした要請・定義・演繹といった論述において証明されたのは、外的な私のものという概念の可能性、叡智的占有の概念の可能性である。叡智的占有の概念の可能性が実践理性の要請によって演繹されなければ、私とは別の時空間に存在する対象を私のものとしてもつということは法的に可能ではなかっただろう（例えば、居座っていた土地から離れた瞬間に、その土地は誰のものでもなくなってしまう）。叡智的占有の概念は、対象の空間と時間における位置という経験的条件を捨象して、ただ主体とその対象の「知性的な」関係（RL 6:253）だけを法的にレレヴァントなものとするのである。外的なものを自分のものとしてもつということは、主体の身体と対象をではなく、「単に法によって主体の意志とその対象を結合するということ」（RL 6:253f.）である。

こうして叡智的占有、外的な私のものの概念が経験に依らずに演繹されることで、それは普遍妥当的な立法として効力をもつことになる。すなわち、私が「この外的対象は私のものである」と宣言すれば、他のすべての人はその対象の使用を差し控えるように拘束されるのだ。今や「あなたの選択意志の自由な使用がすべての人の自由と普遍的法則にしたがって両立しうるよう、外的に行為せよ」（RL 6:231）という法の法則のなかに、選択意志の対象をその人のものとして扱えという格率が組み込まれ、法の法則が拡張される。他者のものに手を出さないようにするという保障、これは「すでに外的で法的な義務付けの概念のなかに、その普遍性のゆえに含まれている、それゆえまた普遍的規則に由来する拘束性の互酬性のなかに含まれている」（RL 6:256）。外的な私のものの概念の演繹によって、私が占有した外的対象についても、私の自由という観点から、他者の行為に対して正当化を求めることができるようになる。いわば、自由の観点が内（主体）から外（客体）へと拡張されて捉えられるのだ。

こうした自由の観点の拡張は同時に、外的な対象を私のものとしてもつということもまた、内的な私のものの正当性の条件に縛られなければならないということを意味している。生得的な自由（内的な私のもの）が認められる条件は、それが普遍的法則にしたがって万人の自由と両立するということであった。自由の観点の拡張に伴って、外的な私のものもまた同じ条件に即しているかぎりで認められることになる。つまり、「これは私のものである」と主張する人に対して、他者はそれが本当に万人の自由と両立するのか、正当化を求めることができるのである。外的な対象をその人のものとして扱えという法則によって、今やすべての人が万人の自由と両立しえない対象の使用を控えるように、相互に拘束しあうことが可能になる。叡智的占有の演繹によって対象の経験的条件が度外視されることで、対象と私の関係ではなく、対象を介してとりもたれる私と他のすべて人の選択意志の関係だけが法的に問題となるのだ。

整理すれば、叡智的占有の概念の可能性が演繹されることで、私の同意なく私の占有対象を使用しないよう他者に拘束が課される一方で、私が何かを占有する契機に関しては、私もまた他者から正当化を求められ、他者の自由を侵害しないように占有しなければならない。占有の開始となる契機は取得と呼ばれ、その正当な仕方が「第二章・外的なものを取得する仕方について」で論じられる。正当な取得の仕方は、外的な対象（物件・他者の選択意志・他者の人格）に応じて異なるが、いずれの場合でも、万人の自由と普遍的法則にしたがって両立する仕方で取得がなされなければならないことに変わりはない。

第一に、物件を正当に取得するためには、対象が誰にも占有されていない無主物であるということ、つまりその占有が最初の占有（先占）であるということが必要になる。そうでなければ、その物件を取得することで、その物件を占有していた人の自由が侵害されてしまうだろう。第二に、誰かのものを正当に取得するには、その人と契約を結ぶ必要がある。この場合、二人の意志が統合される（同意）ということに加えて、契約に基づいて対象が実際に譲渡されなければならない。それゆえ、カントは契約を通じた取得を物権ではなく、対象を私に譲渡するという他者の選択意志をもつという意味で、対人権（債権）として理解する。契約によって私は他者の選択意志を拘束するが、しかしそれは他者の同意に基づくものであり、他者のものを侵害したということにはならない。最後に、他の人格を正当に取得するためには、婚姻契約によるか、出産によるか、奉公契約によるしかない。

妻は夫を、夫は妻を、夫婦は子を、家族は奉公人を、あたかも物件であるかのように取得する。他者が物権のように取得されるということの意味は、家から彼らが逃げ出したとしても、彼らを連れ戻すことができるということである。こうした権利は家社会を構成する権利（家族権）だが、カントによれば家社会は「自由な存在者の共同体」（RL 6:276）である。すなわち、私は他者を物件のように取得しながらも、他者を自由な存在者、人格として扱わなければならない。夫が妻や子供、奉公人を物件のように使用することは認められない。[7]

このように、物権・債権・物権的債権のいずれにせよ、正当な取得は法の普遍的原理に適った仕方でしか可能ではない。しかしこうしたことは、完全に正当な取得にいたる行程の三分の二しか歩んではいない。カントによれば「外的取得の原理」の全容はこうである。

〔第一に〕私が（外的自由の法則にしたがって）ある対象を支配し、そして〔第二に〕、それを選択意志の客体として使用する能力をもち、最後に、（可能的な統合された意志の理念に適った仕方で）それが私のものであることを意志するもの、そのようなものは私のものである。（RL 6:258）

法の法則をカントは上のようにしばしば外的自由の法則と呼ぶが、外的取得の第一の契機は、こうした外的自由の法則にしたがって何らかの特定の対象を実際に（現象的に）占有することである。他のすべての人の自由と両立する仕方で何かを占有するとすれば、物件であれば先占、他者の選択意志であれば契約、他者の人格であれば婚姻契約や奉公契約が必要になる。これらは、私の選択意志が何らかの特定の対象を私のものとしようとする最初の契機として、必ず現実の空間と時間のなかでなされなければならない。言い換えれば、この契機によって、単に一般に可能的であった選択意志の外的対象が特定の物件や選択意志や人格に具現化される。こうした選択意志の法的な作用の契機と同時に生じるのは、第二の契機であるが、それはまさに実践理性の要請から帰結することである。つまり、私の選択意志の対象を私のものとして扱えという命令である。私の選択意志の対象は、私がそれを好きなように使用する能力をもつものであった。こうした対象から空間と時間の条件を捨象して、ただ私の選択意志とその対象の知性的関係だけをレレヴァントなものとみなすこと、これが実践理性の要請からの帰結である。それゆえ、第一の契機によって私の選択意志の対象とされた具体的なものが、第二の契機によって私によって叡智的に占有されるということになる。ここにおいて、他者は私の同意なく私の選択意志の具体的な対象を使用することを差し控えるように拘束される。

ここまでが外的取得の原理の三分の二の行程である。こうした行程はすべて主観的な判断によってなされている。つまり、私は誰の自由をも侵害することはないと自ら考えて正当な取得の契機を踏むわけである。しかし、いくら私が主観的に正しいと思える仕方で何らかの対象を取得するとしても、他者もまた生得的な自由権を有している以上、その取得が本当に正しいものであったのか、誰の自由とも両立するのかどうかを問い返すことができる。例えば、土地をどこまで占有していいのか、その土地をどちらが早く占有したのか、遊牧民と農耕民が隣り合って暮らしている場合にそれぞれは土地を好き勝手に使用してよいのか（遊牧によって農業がだめになるかもしれない）（RL 6:265f.）。こうしたことについて各人は主観的な正しさに基づいて対象を占有し、他方で他者からその占有の正当化を求められる。実践理性の要請によって叡智的占有の可能性は演繹されたが、それが各人の自由な選択意志の作用によって特定の対象に現実化されれば、占有者とその拘束を被る人々のあいだで主観的判断が相克しかねない。叡智的占有概念のア・プリオリな演繹によって空間と時間の条件は捨象されたが、「外的

（7）物権的債権について有益な解説として、樽井正義「私法における権利と義務」。

に取得可能な客体の量と質に関する非規定性」（RL 6:266）のために、実際の具体的な対象については主観的な正しさ同士が拮抗するのである。つまり、私が「これを占有した」と一方的に宣言しただけでは、それによって他者に課せられることになる拘束が正当なものであるかどうかは確定しない。

そこで必要になるのが取得の原理の最後の契機、「(可能的な統合された意志の理念に適った仕方で）それが私のものであることを意志すること」（RL 6:258）である。取得の第一の契機が特定の具体的な対象の現象的占有として「取得の経験的権原」、第二の契機がその対象の「知性的占有の権原」であるのに対して、この第三の契機は「取得の理性的権原」と呼ばれる。

〔…〕取得の理性的権原は、ア・プリオリに統合された（必然的に統合されねばならない）すべての人の意志という理念のなかにしかない。これはここでは不可避の条件（必要条件 conditio sine qua non）として暗黙のうちに前提されている。というのも、一方的な意志を通じては、他者はそうでなければ課せられることのなかったであろう拘束性を課せられるということはありえないからである。（RL 6:264）

私の取得は、それが確かに普遍的法則にしたがって万人の自由と両立しうるものであると他のすべての人によって承認されなければ、正当なものとはならない。他者が私の一方的な宣言によって課される拘束に同意できなければ、その拘束は他者の自由を毀損することになるだろう。言い換えれば、私が何らかの対象を占有することで他者に課される拘束性が、にもかかわらず私だけの意志によって立法されたものであってはならず、むしろすべての人の意志によって立法されたものでなければならない。そうでなければ、私の意志が課す拘束性は私の主観的に制約された正しさに限定されて、普遍的な法則とはなりえないだろう。つまり、こうした〔一方的な〕意志によって外的取得を正当化することができるためには、必ずそれがア・プリオリに統合された（すなわち、互いに実践的に関係しあう可能性のあるあらゆる人の選択意志の統合を通じて）絶対的に命令する意志のなかに含まれていなければならない。というのも、一方的な意志〔…〕はそれ自体偶然的な拘束性をすべての人に課すことはできず、拘束性をすべての人に課すためには全面的な意志が、偶然的にではなくア・プリオリに、したがって必然的に統合され、それゆえにのみ立法する意志が必要となるからである。実際、こうした全面的な意志の原理にしたがってのみ、各人の自由な選択意志は万人の自由と一致するのであり、したがって権利というもの一般が、それゆえにまた外的な私のもの・あなたのものが可能になるのである。（RL 6:263）

私が対象を私のものとしてもつためには、主観的に法の法則を満たしていると考えさえすればよいのではなく、それが客観的にも正当な仕方であったと承認されることが必要である。ここには、生得的な自由権と同様、権利についての客観的な理解が見られる。生得的であれ取得的であれ、それが権利として認められるのは、私が他のすべての人にその権利によって拘束を課すのと同様に、私にも他者から同等の拘束が課せられ、そして私を含めたすべての人の意志がそうした拘束を課す法則を立法するかぎりでのことなのだ。

ところで、すべての人に対して他者のものを侵害しないよう拘束を課すことができる唯一正当な意志、法則を立法することができる万人の統合された意志は、自然状態においては存在しえない。というのも、自然状態には人々の意志を統合する契機が存在しないからである。それはただ市民状態にしか存在しない。「権力を備えた普遍的かつ外的（すなわち公的）な立法の下での状態は市民状態である。したがって、市民状態においてのみ、外的な私のもの・あなたのものは存在することができる」（RL 6:256）。市民状態において結合した人々の普遍的意志の立法する法則の下でのみ、人々は自分のものを完全に正当な仕方で享受する。その法則は実定法として公的に周知され、人々は何らかの対象を取得しようとする際に、それにしたがった手続きを踏む。もし私の取得について他者が異議を申し立てるとすれば、第三者、すなわち法廷が実定法にしたがって争いを調停し、どちらの主張が合法なのかを決定する。

普遍的意志という理念が取得の理性的権原をなしているということが意味するのは、市民状態におけるこうした法的な手続きに沿っていなければ、正当な取得はありえないということである。カントはこうした市民状態における占有のあり方を確定的（peremtorisch）占有と呼んでいる。それに対して「〔…〕こうした体制を期待しまたそれに備えるなかでなされる占有は、暫定的に provisorisch 法的な占有である」（RL 6:256f.）。自然状態においても外的な対象の占有は正当でありうるが、その正当性は単に占有者の主観によるものでしかなく、占有は他者からの正当化要求に常に曝されている。それに対して、市民状態における占有はもはや他者からの正当化要求に曝されてはおらず（もしそれに曝されるとしてもどちらが合法的なのかを決定する法的審級が存在する）、客観的にその正当性は確定している。この意味で、市民状態における占有が確定的な正しさをもつのに対し、自然状態における占有は暫定的な正しさをもつにすぎない。

第二節　自然法学における所有

しかし、何かを自分のものとしてもつという、ごく当たり前に思えるようなことについて、なぜこのような複雑な議論が必要なのか。一般に所有（Eigentum, property）と呼ばれている物権に関して、先行する学説と対照させてみれば[8]、カントが問題にしていることが理解可能になる。第一節冒頭で見たように、ホッブズは自然状態での自己保存権から自己保存に資する手段への権利を導出した。「純然たる自然状態にあっては、つまり人々がある約定によって互いに束縛しあう以前には、〔…〕各人が所有・使用・享受することを欲し、かつそうすることが可能であるような、あらゆるものを所有・使用・享受することも許されていた」。ホッブズによれば、「俗に自然は万物を万人に与えたと言われているのは、このことである」[9]。こうした共有のあり方はしばしば原始的共有と呼ばれてきた。トマス・アクィナスの『創世記』解釈によれば、神は人にこの世界とそれより劣った被造物を支配することを許したが、この世界は本来は創造主によって所有されており、人が許されているのはそれを自らの益するところにしたがって使用することだけである。世界は人間が使用可能なものとして共同所有されている[10]。

（8）ロックとそれに先行する自然法学者の議論については、J. Tully, *A Discourse on Property*, 64–77. 桜井徹「私的所有の道徳的根拠」二八―三九頁を参照。

（9）T. Hobbes, *De cive*, 1. 10

（10）J. Tully, *A Discourse on Property*, 65. ただし、私的所有は自然的なものではなく自然的には本来はすべてが共有物であるとする考えは、キリスト教のみならずすでに古代ギリシア（キケロ、セネカ）にも見られる。桜井「私的所有の道徳的根拠」二八―九頁。

ホッブズが自然状態における共有を各人が各人のものをめぐって争うことになる戦争状態の原因とみなし、私のものが生じるのは人々が合意によって国家支配を設立した後でしかないと主張するのに対して、プーフェンドルフは国家の設立以前の自然状態においても、人々は合意によって私的所有を確立していたと論じている。プーフェンドルフによれば、自然状態においても、万人は万物に対して権利をもつと言うことはできない。人間は自然状態において何かを使用する平等な力をもっているとしても、それを即座に権利と呼ぶことはできないからである。それが適切な権利であるためには、「ある人がこうした物や動物を望み通り使用するのを邪魔したり、争ったりしないようにするという道徳的効果が、他のすべての人間に対して生じる場合だけである」。こうした道徳的な効果によって権利とそれに対応する義務が生じるには、「明示的あるいは想定上の同意」が必要である。「いかなる人間の行為にも先行する万物に対する権利は〔そういうものがあるとしても〕、排他的に理解されてはならず、ただ未規定のものとして理解しなければならない。すなわち〔…〕人々がある特定のものを割り当てたり分割したりすることに自分たちで合意するまでは、それがどの程度ある人に属しまた別の人に属すのか、自然は規定していない[11]」。こうした状態は、「行為や合意によって、事物がこの人のものでありあの人のものでないと宣言される以前」の状態であり、事物が「まだどんな特定の人にも割り当てられていない」、すなわち「誰のものでもない」状態だとされる[12]。神はこうした消極的共有状態を人間に許可したが、しかし神の許可は「所有権の第一原因ではない」。むしろ所有権は社会の平穏を求めて締結される「暗黙のないしは明示的な契約」から生じる[13]。そうした最初の契約は「誰でも、自分自身の利益に供することを意図して、事物の共同の蓄えから、あるいはその果実から摑みとったものについては、他の人はそれを奪い取ってはならない」というものである[14]。こうしてプーフェンドルフは、原始的共有状態から人々の合意によって、先占した対象についてはその人の排他的権利が認められるにいたったと論じる。

これに対してジョン・ロックは、対象を自分のものとするために明示的・黙示的な契約を参照しなければならないのは、理に適っていないと反論した。ロックの直接の論駁対象はロバート・フィルマーであるが、自然法学のコンテクストからすれば、それは一七世紀を通してヨーロッパ中で非常に影響力をもったプーフェンドルフの議論にも向けられていたと解することができる。[15] ロックによれば、確かに地上のものはすべて神から人間に与えられた共有物である。自然は人間の生存を維持し、それを快適にするために与えられたものであるかぎり、これらに対して本来は誰も他者を排除する私的な支配権をもたない。しかしロックによれば、対象を専有する（appropriate）何らかの手段はありえたはずである。それは人々の契約や同意によるものではなく、「自分自身の身体に対する所有権」から帰結する「労働」である。自分の身体は自分のものであるのだから、「身体の労働と手の働き」もまたその人に固有のものである。「したがって、自然が供給し、自然が残しておいたものから彼が取り出すものは何であれ、彼はそれに自分の労働を混合し、それに彼自身のものである何ものかを加えたのであって、そのことにより、それを彼自身の所有物とするのである」。このようにして「他人の共有権を排除する何かが賦与されたことになる」[16]（TTG:27）。例えば、森で団栗や林檎を拾った人は、それを自分のものとして専有するが、これ

(11) S. Pufendorf, *De jure naturae et gentium*, 3. 5. 3.
(12) S. Pufendorf, *De jure naturae et gentium*, 4. 4. 2.
(13) S. Pufendorf, *De jure naturae et gentium*, 4. 4. 4.
(14) S. Pufendorf, *De jure naturae et gentium*, 4. 4. 5.
(15) その次第は、J. Tully, *A Discourse on Property*, 95ff.
(16) J. Locke, *Two Treatises of Government*, II. 27. 以下、このようにTTGの略記とともに、後編の節番号を文中に記す。翻訳は適宜改めた。

はその人が自ら採集という労働をそれらに賦与したからである。

もし、最初に採集したときにそれらが彼のものとなったのでなければ、それ以外の何によってもそれらが彼のものとなりえないことは明らかである。つまり、その労働が、それらと共有物とを分かったのである。労働が、万物の共通の母である自然がなした以上の何ものかをそれらに付加し、そのようにして、それらは彼の私的権利となったのである。では、彼は、団栗や林檎を自分のものにすることについて全人類の同意を得なかったのだから、自らが専有するそれらに対するいかなる権利ももたないなどという人がいるであろうか。万人に共有物として属するものをこのように自分のものと主張するのは、窃盗に当たるのであろうか。もし、そうした同意が必要であったとすれば、神が人間に与えた豊かな恵みにもかかわらず、人間は餓死していたことであろう。（TTG:28）

ロックの議論は、なされたかどうか分からない契約・合意を参照しなくても、所有権が自己の身体の所有権とその労働によって正当化されうることを示す点で、明快であり説得力があるように見える。もしこうした労働投下による所有権の正当化が成功しているとすれば、所有権の権原として合意（プーフェンドルフ）や普遍的に統合された意志（カント）を必要とする手間が省けるだろう。しかし、ロックの議論がカントの議論と違っていかに「我々の道徳的直観に訴えかける」ように見えても、(17) カントの立場からすれば二つの重大な難点がある。

第一に、仮に対象に労働を加えたとしても、叡智的占有の可能性が論証されていなければ、その労働は所有権の根拠としては用をなさないだろう。しかしロックはこうした証明を省いている。カントは『法論』のなかで、ロックの名前を挙げることなく労働投下説に反論している。「土地の加工（開墾や耕作、排水など）は土地の取得のために必然的なことか。そうではない」（RL 6:265）。その理由は単純である。私が一度経験的に占有し、次いでその場所を離れたときに、それでもその土地が自分のものであると言うことができなければ（すなわち叡智的占有の可能性が証明されていなければ）、その土地にどれだけ労働を加えるとしても無益だからだ。カントによれば、土地とその加工は、あたかも実体と偶有性の関係と同様に捉えられ、「土地の最初の加工、区分け、あるいは一般に造形はその土地の取得の権原とはなりえない、つまり、偶有性の占有は実体の法的占有の根拠となることはない」（RL 6:268）。というのも、「実体に関して誰かのものである外的対象が、その人の所有（dominium）であり、（偶有性が実体に内属するのと同様に）所有にはこの物件におけるあらゆる権利が内属している」からである（RL 6:270）。たとえ加工が取得の権原となるとしても、無主の土地を取得する場合にそれを加工することは、「占有の外的表示でしかなく、それはより少ない労苦で済むであろう他の多くの手段で代替可能である」（RL 6:265）。つまり、わざわざその土地が私によって先占されているということを他者に示すために、その土地に労働を加えるのは無駄な労苦だというのである。にもかかわらず労働投下説が受け入れられてきたのは、「物件を人格化するという、密かに生き続けている錯覚が原因だと考えるよりほかにない」。すなわちその錯覚とは、「物件に労働を投下することによって、あたかもその人が物件を拘束し、その人以外の人に奉仕させないようにできるとでも言うかのように、物件に対して直接的に権利を考える」という錯覚である（RL 6:269）。これは、私が労働を投下した物件がまるで人格をもつかのように、その物件自らが他の人の勝手な使用を拒み、私の拘束下にあると主張してくれることを期待する、明らかに不合理な想定である。

第二の難点は、ロック説では権利の正当化が主観的にしかなされていないということである。先に引用したロ

（17）森村進「ヒュームとカントのロック所有論批判」四八頁。

ックの説明は、労働によって（一）その人自身のもの（人格）が対象へと刻印されるか、あるいは（二）価値が付与されることによって、排他的な所有権が正当化されると主張していると解釈できる。しかしいずれにせよ、こうして正当化された権利によって拘束される側からすれば、それは一方的な主張でしかないだろう。（一）の説明を好意的に解釈し、労働を先占の表示の一つの形態として認めるとしても、カントの立場からすれば、その先占が万人の自由と両立するかがなお問われなければならない。

（二）の説明であれば、行為の帰結の価値は主観的に異なり、取得を客観的に正当化することはできない。ロックによれば、神は人間に世界を共有物として与えたが、それは「人間の利益になるように、またそこから生活の最大限の便益を引き出すことができるように」なるためである（TTG:33）。しかし、私がその土地を取得したのは私自身の利益あるいは生活の便宜のためであると強弁したからといって、他者が同じ土地について同様の理由をもちだして、私の取得に異議申し立てするとすればどうなるのか。確かにロックはいわゆる但し書き――「少なくとも、共有物として他人にも十分な善きものが残されている場合には」（TTG:27）――を付け加えてはいる。しかしカントの立場からすれば、これはあまりに経験的な内容を含むがゆえに普遍妥当性を欠き、外的な私のものの正当性条件としてふさわしくない。他人に十分なものが残されているかどうかもまた、主観的判断によらざるをえないだろうからである。カントの場合、ロックの但し書きに当たるものは、普遍的法則にしたがって他のすべての人の自由と両立するという、法の法則の極めて形式的な条件であり、形式的であるがゆえに普遍妥当的である。

実際、ロックの但し書きが正当な取得の条件として十分でないことは、彼が植民地政府をいかにして正当化しているのかを見れば明らかだろう。ロックによれば「統治体は、土地に対してのみ直接的な支配権をもち」、統治体の下に暮らす人々は統治体が支配する土地については統治体が定める法律にしたがってのみ、その部分を専有し使用することができる（TTG:121）。ところで、土地に対する所有権は土地への労働投下に由来する。それゆえ、統治体の設立はその土地に労働が投下されているということを前提としている。また、人間は他者にも十分なものが残されているような状況では、他者に損害を与えることなく、自らの労働を投下することで自分が利用できるだけのものを専有することができる。さらに「自分自身の労働によって自ら土地を専有する人間は、人類が享有する蓄えを減少させるのではなく、むしろ増加させる」（TTG:37）。それゆえ、誰かを「例えばアメリカの未開の土地に入植させた場合」、「彼のその所有物は他の者に損害を与えるものでもなく、また、他の者が彼の侵入によって権利を侵害されたと不平を言ったり考えたりする理由をもたないものでもないことがわかる。否、土地はどんなに広大であっても労働を投下することなしにはほとんど価値のないものである〔…〕」（TTG:36）。ロックにしたがえば、アメリカの原住民は自分たちが放置している荒れ地に対して支配権を主張できず、そこへイングランド人が入植し統治体を形成するのは正当であるということになる。[18]「神の意図が、世界をいつまでも共有物で未開拓のままにしておこうということにあったとは到底考えられない」（TTG:34）。

しかし、カントからすれば、たとえ荒れ地として放置されていたとしても、その土地の原住民の意を介さずに植民地を形成することは決して正当なものとは言えない。

自然にでも偶然にでもなく、単に我々自身の意志で、共に市民的に結合する見込みがない民族と隣り合わせになり、市民的結合を設立するつもりもなければ、こうした人間（未開人、例えばアメリカの未開人やホッテントット、オーストラリア原住民）を法的状態に移し替えるつもりもないけれども、ひょっとすると暴力

(18) ロックの植民地論について R. Tuck, *The Rights of War and Peace*, 175ff.

> によってかあるいは詐欺的な買収によって、我々が植民地を設立し、彼らの土地の所有者となって、彼らの最初の占有を無視して、我々の優勢を利用することができると言えるのかどうか。しかも、このことは（無主物を嫌う）自然が自ら促進しているようにみえ、さもなければ文明化した住民にとっては別の大陸の広大な領域が、今は素晴らしく植民地化されているけれども、無主地のままになるか、あるいは永久に無主地のままになってしまうに違いなく、それゆえ創造の目的を台無しにしてしまうことになるとすれば、どうか。しかし、善き目的のためにはあらゆる手段が是認されるとするこうした不正義の仮面（イエズス会主義）を通して分かるのは、こうした土地の取得の仕方は非難すべきものだということである。（RL 6:266）

もちろんカントも近隣に住民のいない無主地の占有は適法的になされうると考えるが、しかし「（ホッテントット、ツングース、多くのアメリカ民族のような）遊牧民や狩猟民が広大な荒れ地によって生計を立てているのであれば、これ〔開拓〕は暴力によってではなく、ただ契約によってしか〔…〕なすことはできないだろう」（RL 6:353）。開拓によっていかに価値ある結果がもたらされようとも、目的は手段を正当化しない。荒蕪地の原住民らには、開拓者の土地の取得が正当であるのかどうか問い返す権利があるし、開拓者の側はそれを正当化できないとすれば、彼らと市民的結合を結び、普遍的な意志のもとへとそれぞれが統合されるようにしなければならない。そうでなければ、彼らの開拓地はあくまで暫定的な正しさしか認められないということになるだろう。

カントからすれば、ロックの労働投下説は単に一方的な意志を他者に押し付けるものであり、権利の根拠として少なくとも必要十分なものではない。カントがロックとこうした実践的問題についてかけ離れた結論に至り、ヨーロッパの植民地に対する急進的な批判をなすことができたとすれば、それは実践理性の法的要請という例の議論のおかげである。叡智的占有の概念の可能性が演繹されなければ、所有の正当性を問うにあたって、主体と対象の関係だけが取り沙汰されることになっていたであろう——あるいはプーフェンドルフのようにあったかどうかさえわからない人々の間の合意を参照しなければならなかったであろう。(19) しかし、この概念の演繹によって占有の経験的条件が一切捨象されることで、占有対象を介した主体と他者の選択意志の関係性が正当であるのかどうかを問う視座が開かれるのである。

第三節　自然状態からの脱出義務

極めて単純化して言えば、自然状態における占有は暫定的なものであるにすぎず、市民状態における占有だけが確定的なものである。市民状態においてのみ、万人を等しく拘束することができる——それでいて万人の自由と両立する——強制法則を立法する普遍的意志が存在し、そのもとではじめて各人の占有は客観的に正当なものとして享受されることになる。本節では、こうした自然状態と市民状態の二分法において、前者から後者への移

(19) プーフェンドルフによれば、原始的共有(消極的共有)状態は、人々の間の合意によって先占者に所有権が与えられることが認められることで、失われる。カントによる変更は二点において窺える。第一に、人々の合意によらずとも、対象を自分のものとしようとする選択意志があるだけで、他の人はその対象に手を出さないよう拘束される。しかし第二に、これは取得の経験的権原の契機をなすにすぎず、理性的権原としては法的状態における普遍的な意志の立法のもとで、その取得が合法的であると承認される契機が必要であり、ここではじめて人はその対象について権利を有すると言うことができる。

行がどのようにして導かれているのかということを明らかにしたい。『法論』は、第一部で私法、第二部で公法を論じるという構成になっており、それぞれがちょうど自然状態と市民状態の法のあり方に対応している。こうした二分法に基づいて法の体系を構築するという点において、『法論』は近世自然法学における社会契約論の伝統に連なるものであると言える。しかし重要なことに、カントの議論は伝統的な二分法の枠組みに則りながらも、それを超出している。『法論』は、社会契約論の伝統のうちにありながらも社会契約そのものを不要にしてしまうのだ。この点を見極めるため、以下では前節と同様に近世自然法学との対比を行いながら、カントにおいて私法から公法への移行がどのように果たされるのかを見ていこう。

近世社会契約論においては、国家への服従義務を説明するために、支配者（として選ばれた一人ないし複数の人々）への服従に関係者すべてが合意するという契約が想定されていた。そして、この契約の締結が妥当的・合理的なものであると証明するために、何らかの自然状態が仮構されていた。概ね共通しているのは、自然状態が人々の生にとって不利な状況であるがゆえに、人々は自発的に社会契約を結ぶことになるという議論である。ここにおいて、契約は二重の規範を導き出すものとして機能する。すなわち、一方で支配者は人々の交わした契約内容に即して支配しなければならず、他方で人々は契約において合意した以上、支配者への服従を義務付けられる。社会契約論には、支配の正義（justice）と支配の正統性（legitimacy）が賭けられている。

他方カントの場合、もはやこうした国家設立のための契約や合意というものは一切問題にならない。市民状態への移行は、人々の好みや意志によるものではなく、端的に法義務として提示される。移行が法義務であるということは、言い換えれば、それは正当に強制されうるということである（強制されるから義務なのではない）。これは社会契約における合意の重要性をまったく否定する見解である。というのも、契約論が利用されたのは、国家支配を臣民の（契約時の）同意に基礎付けるためであったからだ。しかしカントにおいて、国家支配を基礎付けるために、社会契約の原初の同意を想定することは余計である。同意しようがしまいが、市民状態への移行は義務として強制されうるのだ。だがいったいどうやって、自然状態にあり、しかも生得的な自由の権利を認められた人々を、強制的に市民状態へと包摂するということが可能なのか。

自然状態を脱出する義務は、まさしく自然状態における占有の暫定的性格から帰結する。自然状態において私は自分が正しいと思う仕方で外的対象を取得してもよいし、他者もまた私の取得を尊重しなければならない。しかし、私の取得は他者からの正当化要求に常に潜在的に曝されているのであって、そのかぎりで自然状態での取得は単に暫定的なものにすぎない。それゆえ、私は自分の取得が客観的にも正しいものであると強弁し、私の選択意志の対象に手をかけようとする他者を強制的に――例えば暴力を用いて――駆逐するというようなことはできない。例えば、私が見渡すかぎり一面の土地を勝手に無主地だと判断し、この土地は私のものだと宣言したとする。私の専断によって取得されようとしている広大な土地に、私の許可無く足を踏み入れて耕作を始める人がいたからといって、その人は不正をなしているということになるだろうか。その人は私の専断によって、暮らしていく場所を奪われてしまっていたかもしれない。私が暴力に訴えてこの人を強制的に立ち退かせるとすれば、それは正当なことなのか。自然状態における外的な私のものをめぐって、すべての行為者は自らの主観的判断に基づいてしか行為できないのだから、こうした形で私的な強制を加えることは決して正しいとは言えない。

外的な、それゆえ偶然的な占有に際しての一方的な意志は、すべての人に対する強制法則となりえない。そうであるとすれば、普遍的法則にしたがって自由が毀損されてしまうことになるからである〔が、これは矛盾している〕。したがって、ただ他のすべての人を拘束する意志、それゆえ集団の普遍的（共通の）かつ権力をもった意志だけが、すべての人に〔外的な私のもの・あなたのものを〕保障することができる意志である。――

しかし、権力を備えた普遍的かつ外的（すなわち公的）な立法の下での状態は市民状態である。したがって、市民状態においてのみ、外的な私のもの・あなたのものは存在することができる。（RL 6:256）

私の取得したものに手を出す人を暴力をもって阻止したり、それに手をかければ報復攻撃に訴えると予め周知して威嚇することは、自然状態においては正当な仕方ではなしえない。各人の占有対象に対して、他の人が手を出さないように正当な仕方で強制を課すことができるのは、権力を備えた普遍的意志だけである。さて、こうした意志が存在しうるのは市民状態だけであり、そこでのみ各人は公的な権力によって（すなわち裁判権と処罰権によって）各人のものを保障され、それを確定的に享受することができる。先の引用から、カントが「結論」として提示することは、極めて重大である。

結論：外的な対象を自分のものとしてもつということが法的に可能でなければならないなら、主体には、こうした客体に関して私のものとあなたのものをめぐる争いが生じることになる、他のすべての人を、自分とともに市民的体制に入るよう強制するということが、許容されている。（RL 6:256）

一見したところ、こうした議論は先行する社会契約論に比べて難点があるように思われる。例えばロックの場合、自然状態は常に他者からの権利侵害に曝され、権利の享受が不安定で不確実なものとならざるをえない状態である。それゆえ、生命・自由・財産を互いに保障しあうために、互いに結合して政治社会を形成するのは理に適っている。しかもこれはいかなる不正を犯すことにもならない。というのも「彼らは、それによって、自然状態の自由のうちにとどまる他の人間の自由を侵害することはないからである」（TTG:95）。しかしカントによれば、自然状態を脱して市民状態を設立するよう、他のすべての人を――ということはそれを望まない人でさえも――強制することは許容される。強制の正当化条件（第一章を参照）にしたがって考えれば、このことは自然状態を脱して市民状態へと入ることは法義務だということを意味している。しかし、なぜこれが法義務なのか。カントの答えは単純である。それは「外的な対象を自分のものとしてもつということが法的に可能でなければならない」からである。

カントが述べているのは、自然状態では各人の占有が他者の侵害に曝されて不確実・不安定なものになってしまうがゆえに、そこを脱出しなければならないということではない。つまり、自然状態からの脱出義務は、「あなたの占有を確実なものにしたければ自然状態を脱出せよ」というような仮言命法として理解されてはならない。もしそうだとすれば、自分の占有を確実にしたいとは思わない人々、自然状態にとどまり続けたいと望む人々を強制することはできないだろう。

この〔市民的〕体制に入る心構えをしている主体が、この体制へ入る以前に、これ〔市民的体制への移行〕を快く思わずに彼の一時的な占有を妨害しようとする人に対して、抵抗するのは正当なことである。というのも、彼以外の他のすべての人の意志が、彼に対してこれこれの占有を差し控えるように拘束性を課そうとしても、それはただ一方的であるにすぎず、それゆえ、市民的体制の導入と設立に合意することに反対することにおいて、（ただ普遍的意志にのみ見いだされるものとしての）法則的な効力をもたないからである。他のすべての人の意志が、その主体一人の意志を上回っているとしてもである。これは、後者が市民的体制の導入と設立に合意するよう主張することにおいて、法則的な効力をもたないのと同様である。（RL 6:257）

ここでカントが述べていることは、一見それまでの主張と矛盾しているように感じられるかもしれない。カントは一方で他者とともに市民的体制に入ることを強制することは許容されると言いながら、主体の意志は他者に対して市民的体制の設立に合意するよう主張することはできないと述べているからである。しかし、ここでカントが述べているのは、主体の意志だけでは、市民社会の設立に合意するよう他者に強制するための正当な理由にはならないということである。自然状態での占有は暫定的なものだから、他の人たちも私とともに市民状態へと移行して私の占有を確定的なものにすべきだ、と私がいくら主張したところで、この主張は単に私の意志のみに基づく一方的なものにすぎない。このことは、他のすべての人が私の占有を差し控えるよう拘束する場合に、それが単に彼らの（私一人の意志よりもその数で上回っているとはいえ）一方的な意志にすぎないのと同じである。

それゆえ、市民状態へと入るよう他者を強制する根拠は、私の占有を確定的なものにするという目的、単なる私の一方的な意志にあるのではない。むしろそれは、私の一方的な意志だけではなく、万人の意志によって立法される法則に根拠をもっている。どういうことか。自然状態では、各人は自分が正しいと思う仕方で何かを占有し、他者もまた自分の正しいと思う仕方でその占有に異議を唱える。それぞれは自分の占有を守ろうと、暴力によるか言葉によるかして、他者を自分の占有から手を引くように強制する。しかし自然状態には、自分の考えが同時にすべての人に同意可能な客観的な正しさをもつと主張できるような、超越的な位置にある人は誰もいない。それゆえに、逆説的なことだが、自然状態においてすべての人は自分の正しさにしたがって、他者に対して不正を犯しうる可能性を免れえないということになる。さて、強制の正当な条件は、それが普遍的法則にしたがって万人の自由と両立しえない行為に向けられるということにあった。自由の妨害の阻止が、正当な強制の条件である。今や理解されるのは、自然状態は万人の自由の両立の可能性を奪う、それ自体で不正な状態であるということ、そしてそれゆえにこそ、こうした不正な状態を是正して市民社会を設立することが法の義務となるということである。市民社会の設立は法義務であるからこそ、それを望まない人に対しても正当に強制することができるものとなる。[20]

議論の要点は、自然状態がア・プリオリに不正な状態であるということにある。[21] カントは草稿で自然状態を「ホッブズの理想」(19:99)と呼んでいる。カントにおいて理想(Ideal)とは、いかなる経験にもよらず、ア・プリオリな規則にしたがって理性のみによって規定された対象を指す。理性は理想によって「諸原理にしたがって完全に規定されねばならない対象」を思考するが、「この対象について経験においては十分な条件が欠けており、

(20) ただし、「自然によるのでも偶然によるのでもなく、単に我々自身の意志で、ある民族と隣り合わせになる〔…〕」場合、その土地を占有して植民地政府を建設することは非難に値する(RL 6:266)。これは、すでに国家に属する人民がまだ国家を形成せずに暮らす原住民に対し、植民地政府の下で暮らすよう強いるという問題である。そうした意志をもって原住民と隣接する場合、入植者の一方的な意志だけでは原住民を自然状態から脱するよう強制することは正当化できない。その適切な解説として、金慧『カントの政治哲学』一一五―七頁。

(21) カントは人類史や人間学に関する論考のなかで、別様な自然状態を記述する場合がある。例えば「世界市民的見地による普遍史の理念」(一七八四)では、非社交的社交性が支配する人類の初期段階が自然状態として記述されている(8:20)。明らかにこうした記述は経験的である。こうした記述と『法論』で示されるア・プリオリな理念としての自然状態の記述を同一のものとして解釈する必要はない。前者は人間学的に考察された場合に可能な歴史記述であり、後者は、あるべき法を探求するという役割をもつ法論において、ア・プリオリな仕方で概念化された記述である。両者は意図も内容も異なっていて当然だ。にもかかわらず、例えば片木清はこうした二つの自然状態を統合的に解釈しようとして、それができず(できないのも当然であるが)、カントは理念と現象、論理と現実との混同を犯していると執拗に主張している。片木『カントにおける論理・法・国家の問題』一三六―一八八頁。他方、こうした混同に陥らず、しかも本書では扱えない法的自然状態と倫理的自然状態という概念対について整合的な解釈を行うものとして、斎藤拓也「カントにおける自然状態の概念」。

したがってその概念自体が超越的である」（KrV 3:385）。「ホッブズの理想」においても同様である。そこでは「自然状態における法が考慮され、事実が考慮されるのではない。自然状態から出て行くということは恣意的なものではなく、むしろ法の規則にしたがって必然的であるということが示される」（19:99f.）。

　自然状態から市民状態への移行の義務は、まさにこうした自然状態そのもののア・プリオリな規定から導き出される。「自然状態における私法から公法の要請が出てくる」が、その根拠は「暴力（violentia）に対置される外的関係性における法の概念から、分析的に導出されうる」（RL 6:307）。自然状態は、公的に周知された法が存在せず、それにしたがって判決を下す裁判官を欠いた状態である。そこでは各人が主観的に正しいと思う仕方で外的対象を占有すると同時に、それが侵害されないように他者を強制する。自然状態では「他者の占有に対する侵害を差し控えるよう拘束されるのは、他者もまた同様にそうした侵害を差し控えると保障するかぎりのことである」。それゆえ「すべての人は相手に保障をあたえるまでは悪だと推定されるQuilibet praesumitur malus, donec securitatem dederit oppositi」（RL 6:307）。

　注意しなければならないが、これらは人間本性についての経験的観察による自然状態の記述ではない。確かにカントは自然状態における「人間の傾向性」や「人間の自然」について言及しているが（RL 6:307）、ホッブズのように自己保存への傾きが自然権を導き出すのでもなければ、その傾きが戦争状態を招来すると言われるのでもない。むしろ問題は、人間本性をどのように考えようとも、自然状態が法と対置される暴力の支配する場所だということであり、この規定はまさに各人の生得的な自由権から分析的に導かれることなのである。

　経験を通して、我々は人間の暴力の格率を、また権力をもった外的立法が現れる前には互いに闘いあうものだという人間の悪性を知るが、こうした経験が、したがって事実が、公的な法律による強制を必然的なものとするのでは断じてない。むしろ、たとえ人間は善であり正しさを愛するものだと考えるとしても、こうした(非・法的)状態という理性理念のなかにア・プリオリに存在するのは、公的法律の状態が設立される前には、個々の人間、国民、国家は決して暴力に対して互いに保障されえないということである。実際このことは、自分にとって正しくよいと思われることを為し、これに関して他者の見解に左右されないという各人の固有の権利から出てくる。(RL 6:312)

自然状態は確かに「自分の力の程度にしたがってのみ互いを処しあう不正義(iniustus)の状態」ではないかもしれないが、しかしそこは「正義を欠いた状態(status iustitia vacuus)」である(RL 6:312)。そこには権利をめぐる争いがあった場合に、それを裁定する当事者以外の審級が存在しない。こうした「非・法的な状態に、すなわち誰も自分のものを暴力に対して保障されない状態にとどまり続けようとするとすれば、概してその時点で最高の不正をなしているということになる」(RL 6:307f.)。

このように自然状態がア・プリオリに規定されることによって、そこからの脱出義務が強制可能な法義務として導出される。これは『法論』「法論への序論」のなかでカントがすでに予告していた進み行きを裏付けるものである。カントがウルピアヌスの公式を再解釈して提示している三つの義務は、次のようなものであった。

1 正しい人であれ〔…〕(正しさの法則 Lex iusti)。
2 誰に対しても不正を為すな。〔…〕(法の法則 Lex iuridica)。
3 〔…〕他者とともに、各人が各人のものを享受することができる社会に入れ(正義の法則 Lex iustitiae)。
(RL 6:236f. より抜粋)

我々は前章において、第一の義務が人間性の権利に、第二の義務が人間の権利に対応することを見た。前者は自分自身に向けられた法義務であり、生得的自由権の主体としての地位を喪失するような振る舞いを自らに禁止する。後者は、他者に向けられた法義務であり、他者の外的自由を毀損することを禁じる。そして第三の義務は「前者の原理〔第一の法義務〕から包摂を通して後者〔第二の法義務〕を導出することを含む義務」と説明されていたのだった（RL 6:237）。ここでカントが示唆している三段論法において、大前提（「正しい人であれ」）に包摂される可能な行為とは、外的な対象の取得である。つまり、先ほどの「結論」の中で「外的な対象を自分のものとしてもつということが法的に可能でなければならないなら」（RL 6:256）ということが示しているのは、この包摂である。大前提では私は生得的な自由の権利をもつ者として振る舞うことを義務づけられるが、実践理性の要請によって私の選択意志の対象を私のものとしてもつことの可能性が示された以上、自然状態にとどまり続けることは大前提に対する違背である。というのも、それは各人が常に不正をなし、またなされうる状況に身を置き続けるということであり、外的対象に関して私の選択意志の自由を自ら剝奪することになるからである。したがって、法義務における三段論法の大前提における「正しい人であれ」、すなわち「人間の権利の主体であれ」に、自然状態に留まるということが包摂されれば、「自然状態に留まるということは人間の権利の主体であることに反する、したがって自然状態を脱出せよ」という結論が引き出されることになる。自然状態を脱出した先に待ち受けるのは、各人が他の人のものへの侵害を公法による正当な強制を通じて差し控えるような状態であり、それはまさしく第二の法則「誰に対しても不正をなすな」を含んでいる。

法義務に関する三段論法は、『法論』「第一部・私法」において外的対象の取得に関して、法義務に対応する三つの法則――正しさの法則（lex iusti）・法の法則（lex iuridica）・正義の法則（lex iustitiae）――と対応させられて説明されている。カントによれば、「あらゆる人間は根源的には地上すべての土地を共有しており（土地の根源的共有communio fundi originaria）、土地を使用する（各人の）意志をもつが、それは生得的に各人に認められている（正しさの法則lex iusti）」（RL 6:267）。「根源的」が意味するのは、「選択意志の法的作用の一切に先立つ」ということである（RL 6:262）。それゆえ根源的共有は、「人々の間で法的関係性が打ち立てられた最初のときに始められた」原始的共有（communio primaeva）とは区別されなければならない（RL 6:258）。後者は歴史の初めに（明示的であれ暗黙のであれ）契約がなされ、それを通じて「すべての人は私的占有を断念し、各人は自らの占有を他者の占有と統合して自分の占有を共同占有に変換することになった」というプーフェンドルフ流の合意による共有を意味する（RL 6:251）。それに対して、根源的共有はいかなる法的作用にも先立つものであり、何らかの契約から始められた「派生的共有communio derivativa」（RL 6:258）ではない。人々は自分が生まれ落ちたその場所を否が応でも占拠せざるをえないが、「球面としての地表のあらゆる場所が一続きになっているがために」、その占拠は人々の共有として考えざるをえない（RL 6:262）。それゆえこの共有は、各人が生まれ落ちた場所を占拠することによって使用することを可能にするア・プリオリな根拠であり、「客観的（法的・実践的）な実在性をもった一つの理念」であると言われる（RL 6:251）。このように、各人に生得的に外的対象を占有する資格を与えるのは、正しさの法則である。

しかし、「ある人の選択意志と他者の選択意志の対立が避けられないことは自然であるため」、「もし共有された土地の特定の場所を占有することを各人に規定しうる、各人の選択意志のための法則（法の法則lex iuridica）が各人の意志に含まれていないのだとしたら、各人の意志によって一切の土地の使用が放棄されなければならなかったことだろう」（RL 6:267）。各人が実際にある特定の外的対象を占有することを可能にする法の法則は、私の選択意志の対象を私のものとして扱えという拘束を他者に課す。これによって、私の同意なく私の対象を使用することは私自身の自由に対する侵害となる。だが、各人に自分のものを「配分する法則」は、「外的自由の公理にしたがえば、根源的でア・プリオリに統一された意志（この統一のためにはいかなる法的作用も前提する必要がない）以外からは生じない、したがって市民的状態においてしか生じない（配分的正義の法則lex iustitiae distributivae）。このア・プリオリに統一された意志だけが、何が正しくrecht、何が法的でrechtlich、何が合法かrechtensを規定するのである」（RL 6:267）。

このように、正しさの法則（lex iusti）は根源的共有の状態、法の法則（lex iuridica）は各人が何かを取得しようとする状態、正義の法則（lex iustitiae）は市民状態――普遍的に統一された意志によって立法された公法に基づいて各人が自分のものを権利としてもつ状態――に、それぞれ対応している（前二者が自然状態、後者が市民状態である）。また、これらの三つの法則は、可能性・現実性・必然性という様相論理に基づいて規定されている[22]。根源的共有の状態はいかなる選択意志の作用にも先立つ状態であり、そこでは各人に正しさの法則によって生得的な自由権の保持者としての地位が認められているにすぎない。各人はいまだ自由を可能性としてしかもたない。それを現実に特定の行為（特定の対象の取得）へと移すことを可能にするのは、実践理性の法的要請によって演繹された法の法則である。しかし、自然状態では各人は単に主観的な仕方でしか何らかの対象を実際に取得することはできず、各人は互いに互いが考える仕方で強制を課すことになる。ここでは現実化されたはずの自由な選択意志の対象が、かえって自由を不可能にしてしまうのである。この隘路を脱することができるのは、すべての人の統一された意志が立法をなす市民状態だけである。そこでは公法に基づいて取得がなされ、公法に基づいて権利をめぐる争いが調停される。ここではじめて各人は自らの選択意志の対象を各人の侵害から保障され、それを自分のものとしてもつことになる。すなわち、ここでは公法が各人に各人のものを、争う余地のない必然的なものとして配分するのである。

こうした配分的正義を司る状態こそ、まさにカントがア・プリオリに規定する法的市民状態である。

法的状態は、各人が各人の権利を享受することを唯一可能にする諸条件を含んだ、人間相互の関係性である。この可能性の形式的原理は、普遍的な立法意志という理念からすれば、公的正義と呼ばれる。公的正義は、法則にしたがった(選択意志の質料としての)対象の占有の可能性、現実性、必然性に関して、保護的正義(iustitia tutatrix)、交換的正義(iustitia commutativa)、配分的正義(iustitia distributiva)に区別されうる。——ここで法則は、第一に、形式にしたがえば内的にどのような振る舞いが正しいrechtのかということを告げ(正しさの法則lex iusti)、第二に、質料にしたがえば外的にも法則となりうるものはなにか、すなわちどのような占有状態が法的なものrechtlichかということを告げ(法の法則lex iuridica)、第三に、何が、また立法された法則の下でなされる特定の事例についての法廷のどのような判決が、この法則に適合しているか、すなわち合法かrechtensということを告げる(正義の法則lex iustitiae)。それだからまたこの法廷そのものが一国の正義だとも呼ばれるのであり、こうした法廷が存在するかどうかということがあらゆる法的な事柄のなかで最も重要なものとして求められうるのである。(RL 6:305f.)

最後の契機、一国の正義を象徴する、正義の法則を司る法廷が存在するということが法的状態の条件であり、それに対置されるのが自然状態である。「非・法的状態、すなわち配分的正義が存在しない状態は、自然状態(status naturalis)と呼ばれる」。これに対して、「配分的正義の下にある社会」は市民状態(status civilis)である。プ

(22) S. Byrd and J. Hruschka, *A Commentary*, 58–62.

ーフェンドルフやロックは自然状態においても社会的結合は可能であると考えていたが[23]、自然状態に真に対置されるのは法的市民状態である。「というのも、自然状態においても適法的な社会はある（一般に婚姻社会、父権社会、家族社会などがあるが他にも任意に多数のものがある）が、「この状態に入らなければならない」というア・プリオリな法則はそれらには妥当しないからである〔…〕」（RL 6:306）。

こうして、外的な私のものの概念の演繹を通じて得られた自然状態のア・プリオリな規定から、その状態を脱出し法的市民状態へと移行する義務が論証される。市民状態への移行がア・プリオリな法義務として論証されることの理論的な利得は、二点において看取される。

第一に、自然状態から脱出したいと望むとか望まないとかいった人々の主観はもはや問題にならない。言い換えれば、自然状態における主体のあり方を歴史的・人間学的に前提する必要はない。例えばホッブズのように、人間は自己保存欲求に突き動かされるものであるとか、あるいはプーフェンドルフのように、人間にはそれだけではなく社交性もあると論じる必要はもはやない。つまり、どのような記述が人間本性に適った自然状態の記述なのかという問いはもはや余計である。ホッブズのように考えれば、自然状態は「孤独で貧しく、つらく残忍で短い」[24]かもしれないし、プーフェンドルフやロックにおいては、自然状態にあっても人々は契約に基づいて共同体を形成し、勤労をなしてある程度の文化をもちえただろうということになる。

しかし、『法論』はこうした人間学的考察からも、あるいはそれに基づいて推論された各種多様な自然状態の記述からも解放されている。カントは確かにあらゆる義務の根拠を実践理性に求めているが、『法論』ではすべての人が実際に完全な理性的存在者かそれとも悪意に満ちた非道な人格かというようなことはまったく問題になっていない。そうではなくて、各人の外的自由が万人の自由と両立する条件がいかにして整えられるのかということが、あらゆる経験的前提を——人間本性だとされるいかなる経験的認識をも——排除して考えられているにすぎない。すなわち、すべての義務の根拠を実践理性に求めるという方法論的態度は、人間を完全に理性的な存在者として表象するものではなく、むしろ人間を何らかの仕方で（社交的であるか利己的であるか理性的であるか等々）表象することを必然的に退けるものなのである。

さらに、自然状態を単なる仮想のものとして捉えるのか、それとも過去に（あるいは新大陸に）実在した状態として捉えるのかにかかわらず、近世自然法論の肝は、市民状態と対比したときにその相対的な悲惨さを示すことにあった。それゆえ、自己保存であれ、所有権であれ、市民状態で実現される何らかの目的のために、自然状態からの脱出が有利なものとして提示されていたのである。それに対して、ここでもカントは帰結主義とは一切無縁である。つまり、自然状態と市民状態のあり方が人々の権利に対してもたらす帰結を比較衡量し、その上で後者の状態を優先するという計算がなされているわけではない。むしろ、自然状態そのものが不正な状態であるとア・プリオリに規定されるがゆえに、それを脱出することが定言的な法義務として導出されるのだ。

自然状態の脱出を義務として提示することの理論的利得の第二は、国家支配を基礎付けるために、人々の原初の同意というものを想定する必要がないということである。実際、カントは「第一部・私法」の最後の二節（四一・四二節）を「第二部・公法」へと繋がる部分として、「自然状態における私のもの・あなたのものから法的状態一般における私のもの・あなたのものへの移行」と題しているが（RL 6:305）、そこでさえ社会契約については何一つ語られていない。むしろ、社会契約は「第二部・公法」のなかでのみ言及される。根源的契約は「人民

（23）カント自身はゴットフリート・アッヘンヴァルの名を挙げている（RL 6:306）。カントはその『自然法』を講義のテクストとして用いていた。
（24）T. Hobbes, *Leviathan*, 13. 9.

が一つの国家へと自らを構成する行為」であるが、「しかし本来、それにしたがって国家の適法性が考えられうるだけの理念でしかない」(RL 6:315)。ここには一つの大きな転換がなされている。社会契約は、国家支配の正統性をではなく、その適法性、すなわち正義を基礎づけるものとしてのみ用いられるのだ。

この学説史上の重要性を認識するためには、カント以前の社会契約論が逢着することになる、原初の同意の困難さに思い至るだけでいい。確かに、王権神授説に対抗して提出されてきた社会契約論は支配の正統性が人々の同意にしか由来しないということを示した点で、一つの画期をなしているだろう。しかし、国家設立の起源に人々の同意を置くことは、相応の困難を招来することにもなる。カント以前の社会契約論では、(矛盾しているように聞こえるかもしれないが)契約の場に加わりながらも同意しようとしない人が純理論的に厄介な存在とならざるをえない。別の言葉で言い換えれば、人々全員の同意をどのように調達するのかが問題となるのである。

なぜ人は支配者に服従しなければならないのかという問いに対して、ホッブズは二段階の解答で応じている。戦争状態を脱するには、人々は互いに争いをやめるよう合意しなければならない。しかし、単に合意しただけでは、実際に他者が自らの自然権を執行するのをやめ、私に対する侵害を慎むかどうかは定かではない。それゆえ、合意した内容が実現されるためには、さらに各人の意志を特定の人物ないしは団体へ服従させるという、合一の契機が必要である。人々の意志の合一によって主権(imperium)が創設され、それを担う支配者は恐怖をもって自然権の私的な執行を差し控えるように各人を強制する。[25]

しかし、この合一の局面に難問が控えている。一般にホッブズ以降の(特にドイツの)社会契約論では、自然状態を脱し政治共同体を設立するために結ばれる契約(結合契約)に加えて、どのような国家(どのような主権・政府の形態)を創設するのか、つまりどのような条件で誰に対して服従するのかということに関する契約(服従契約)が論じられてきた。[26] 問題が生じるのは後者に関してである。定義上、結合契約において市民社会を設立することにすべての人は同意するが、誰にどのように服従するのかという点で、他者と見解を異にするということは当然ありうる。もし自分が同意できない内容が服従契約において提示されるとして、それでもやはり服従を義務づけられるのだろうか。ホッブズによれば、もちろんそうである。「群れのなかの各人〔…〕が、集合体のなかの誰の提案することであれ、そのうちで彼らの多数派が望んだことが全員の意志とみなされる旨、残りの者（ceteri）と合意しなければならない〔…〕。だがもし誰か合意したがらない者がいれば、残りの者はお構いなしにこの者を抜きにして自分たち同士で国家を設立する。このことから、国家は合意しない者に対しては、敵に対してと同様に、その原初の権利、すなわち戦争の権利を保持するということになる」[27]。ここには「残りの者」のパラドクスが表れている[28]。ホッブズがそもそも結合への合意に加えて、支配者への意志の合一を必要としたのは、結合の合意だけでは、他の人が自然権の執行を差し控えるかどうかは定かではないからであった。しかし、支配者への意志の合一もまた同じ契約の論理に基づくかぎり、同じ問題を抱え込まざるをえない。すなわち、自分以外の人が契約にしたがって支配者に服従するという保証は支配者の設立以前にはありえないが、まさに当の支配者の設立が同じ契約に依存しているのである。しかし、ホッブズはこのパラドクスを無理矢理に断ち切ってしまう。「同意しなかった人も今や残りの者に同意しなければならない。つまり、主権者が為すであろうすべての行為を認めるのに甘んじるか、さもなければ、残りの者に正当に滅ぼされるかしなければならない」[29]。

(25) T. Hobbes, *De cive*, 5. 4ff.
(26) 二重の契約説（結合契約と服従契約）は一般にプーフェンドルフ、ヴォルフ、アッヘンヴァルらドイツ自然法学に明示的に見られる。D. Klippel, *Politische Freiheit und Freiheitsrechte im deutschen Naturrecht des 18. Jahrhunderts*, 43–8.
(27) T. Hobbes, *De cive*, 6. 2.
(28) 上野修『デカルト、ホッブズ、スピノザ』三六頁。

契約におけるこうした難点は、ロックにも看取される。確かにロックの場合、結合契約においてすでに主権が設立されており、結合契約と区別される服従契約は信託に置き換えられている。国家の最高権力は立法部にあるが、「国民の手には、立法権力が与えられた信託に反して行動していると考える場合には、それを移転させたり変更したりする最高権力が残されている」(TTG:149)。しかしロックによれば、結合契約によって設立される政治共同体は、すでに「一体となって行動する権力をもつ団体」であり、「しかもそうした行動は、多数派の意志と決定とによらないかぎり不可能である」(TTG:96)。それゆえ、こうした政治共同体を成立させる契約には、その共通の意志を成立させるために、すべての人が多数派の拘束にしたがうという、いわば附則が予め書き込まれていたのだと考えなければならない。多数派の同意への拘束は「一つの政治社会に結合することに同意するだけでなされるのであって、こうした同意が、政治的共同体に入るか、またはそれを構成する個人間に存在し、あるいは存在しなければならない契約のすべてをなす」(TTG:99)。

ホッブズの場合、主権の設立は支配者と人民の契約ではなく、人民相互の契約によってなされ、いったん主権が設立されれば、主権者の意志が人民の意志だとみなされなくてはならなくなる。これによってホッブズは支配の正統性を調達するだけでなく、支配の正義をも調達することに成功する。支配者が何をなそうと、それは人民の意志とみなされなければならず、不正はありえない。他方、ロックにおいては立法部の樹立以後も人民には潜在的に最高権力が存在し、立法部は常にその制約下に置かれている。ホッブズにおいて人民の同意があってないようなものとして支配の正統性を保障するのに対して、ロックにおいてはそれが実際に実質的な支配の正統性を左右する基準となる。しかし、このようにして人民の同意にかかる負荷が大きくなるにつれ、どのように同意を調達するのかという困難が顕在化してくるように思われる。なぜ私は多数者の意志に同意できない場合にも、それを楽観的に受け入れなければならないのか。ロックが言うように、自然状態がもしも「どんなに自由であっても、恐怖と絶えざる危険とに満ちた状態」(TTG:123) なのであれば、ホッブズの場合と同様に、やはり残りの者への恐怖からもはや同意とは呼べないような同意がなされていることにはならないか。

この困難に気付いていたのは、鋭敏なルソーであった。ルソーにおいては、もはや服従契約は存在しない。人民だけが主権をもつのであり、首長と服従の契約を交わすことは主権が最高の権威をもつということと矛盾するからである。したがって、「国家にはただ一つの契約しかない。それは結合の契約である」(CS:3.16)。

この行為は必然的に他の行為に先立つのであって、これこそが社会の基礎である。事実、もし先行する合意がなければ、選挙が全員一致でないかぎり、少数者は多数者の選択にしたがわなければならないなどという義務は、一体どこにあるのか。主人をほしいと思う百人の人が、主人などほしいと思わない数人に代わって決議する権利は、一体どこから出てくるのか。多数決の法則は、それ自体、合意によって打ち立てられたものであり、また少なくとも一度だけは、全員一致があったことを前提とするものである。(CS:1.5)

ここでルソーが理解しているのは、まさに社会契約論に胚胎する多数決の困難であるように思われる。すなわち、多数派の意志を全体の意志とみなすことそれ自体は多数決で決められず、むしろすべての人の同意を必要とするのだ。ルソーはこの社会契約における原初の全員一致の合意という問題を認識していたが、しかしその解決に成功しているようには思えない。

ルソーによれば、社会契約は「それによって各人がすべての人々と結びつきながら、しかも自分自身にしか服

(29) T. Hobbes, *Leviathan*, 13. 5.

従せず、以前と同様に自由である」ような形式を採る。そこでは、すべての人が自然状態においてもっていた自由を「一つの精神的で集合的な団体」に譲渡し、そしてそれを全体の一部として同じだけ受け取る（CS:1.6）。この契約において、各人は相互に合意し、また自らがその一部である全体に対しても合意する。前者の相互の合意から、この団体全体の、すなわち人民すべての意志として現れてくるのが一般意志であり、他方、後者の合意において各人は一般意志に平等に服従することを強制される。一般意志は、各人の特殊意志の単なる総和にすぎない全体意志から区別され、「すべての人の共通の利益だけを心がける」ものであり、常に正しい（CS:2.3）。

問題は、一般意志を創出するプロセスである「人民の議決が、常に同一の正しさをもつわけではない」ということである。人々は自らに法を与えるときに、共通の利害を見誤ることがあるし、全体の利害ではなく個別の利害の誘惑に負けてしまうことがある。すなわち、「一般意志は常に正しいが、それを導く判断は常に啓蒙されているわけではない」（CS:2.6）。そこで、一般意志が人民の議決を通じて確かに明らかにされるために、「個人については、その意志を理性に一致させるよう強制し、公衆については、それが欲することを教える」ような導き手が必要だということになる（CS:2.6）。ルソーによれば、それは立法者である。立法者は、神々にも比される存在であり、人民の「いわば人間本性を変える」ことすらできなければならない（CS:2.7）。自然状態では、人間は「本能」、「肉体の衝動」、「欲望」に動かされ、「自分のことだけを考えていた」（CS:1.8）。こうした状態から、各人がそれぞれに全体の利益となることを考えた上で議決する、一般意志の指導の下にある社会状態へと移行するために、立法者が要請されるのである。

ルソーが逢着している困難は明らかである。一般意志が正しく表明されることを可能にする制度を初めて導入する際に、立法者、それも神的な立法者が、理論上必要とされなければならないのだ。一般意志によって人民が導かれなければならないにしても、その一般意志をもたらしうる最初の制度をどのように導入するのか、全員の始原の合意をどのように調達するのか。ここに、社会契約論の理論上の難点が立法者の形象を取って極大化して現れている。自然状態における自由な人々の自発的な同意に、国家成立の起源を見出そうとする社会契約論は、蓋然性の極めて低い想定を正統かつ正当な国家の根底に置かざるをえなくなってしまう。

　これに対してカントの場合——カントにおいてもいっそう人民の意志は重要な契機になるが——もはや自然状態から市民状態へ、すなわち国家の支配の下へ入るということは、契約の論理によって正当化される必要のない事柄である。カントにとって、自然状態から脱出する際にどのような契約が結ばれうるかという想定は、理論上余分なものなのだ。国家支配の正統性は人民の同意からではなく、自然状態のア・プリオリな規定のみから導かれ、そうすることで、最初の同意の想定を不要なものとするのである。実際、カントはこうした最初の同意の想定が、そしてルソー的な立法者の想定が困難であるということを、極めて現実的に理解していた。

> 確かに、平和の原理にしたがって法的体制に暮らそうと、個々人すべてが意志する（すべての人の意志の配分的統一）としても、それではこの目的には不十分であり、むしろ、市民社会全体が実現されるためには、すべての人がともにこの状態を意志する（統一された意志の集合的合一）という、困難な課題の解決が必要である。そして、それゆえに、すべての人の様々な個別の意志の上に、さらにこの個別意志を統一するような原因が付け加わらなければ、共通の意志はもたらされないのだが、これはどんな人の意志によっても可能ではない。したがって、（実践において）理念を実行するにあたっては、力による強制以外には法的状態の開始は考えられない。そのあとで公法は力による強制に基づくことになるのである。だとすると、（雑然とした群れが人民へと統一された後で、人民に彼らの共通の意志を通じて法的体制を実現させることを委ねるというような、立法者の道徳的な心情を考慮にいれるということはいずれにせよこの場合できないのだから）、

現実の経験においては（理論における）理念からの著しい逸脱が予め予想されうるというものである。（ZF 8:371）

自然状態を脱して市民状態に入るためには各人の意志の統一が必要だが、そのためにはすべての人にとって第三者となりうるような原因が必要である。実際の自然状態においてはその役割は力によってしか、つまり強者によってしか果たされえないだろう。そして強者が道徳的な立法者として登場するというようなことはありえないだろう。社会契約が国家設立の始原に実際に存在したなどということもありえない（TP 8:297）。

しかしだからといって、カントは社会契約を実践的に無意味だとは考えない。むしろ、社会契約は理念として、すなわち根源的契約の理念としてのみ存在し、支配を正義に適ったものへと変革するための実践性を与えられるのである。第一章で見たように、根源的契約の理念は国家の始原にではなく、やがて実現されるべき義務的な理念として、その未来に投射されているのだ。

それゆえ、我々は自然状態から法的市民状態への移行の義務を、二つに分節して理解することができる。すなわち、単に自然状態を脱する義務と、根源的契約の理念に基づいた法的状態――各人が自らの権利を享受することが唯一可能になる完全な国家――を実現する義務である。前者が支配の正統性を与えるものであるとすれば、後者は支配を正当なものにすること、正義の支配の実現を義務づける。ア・プリオリに統一された普遍的な意志が支配する国家を、カントは「規範（norma）」と呼んでいるが（RL 6:313）、自然状態から脱出した人々が次に拘束されるのは、この規範にしたがった国家を実現することである。そこでは誰も自らが同意しない強制を課されることはなく、万人の自由が調和している。カントはこうした完全な国家、理性からア・プリオリに演繹されているがゆえにどのような国家に対しても規範となるべき国家を、「純粋共和制」と呼んでいる。これは「すべての公法の最終目的」であり、「そこでのみ各人が各人のものを確定的に享受しうる状態」であって（RL 6:340）、それまではただ各人の取得は暫定的な正しさしかもたない。先に見たように、こうした完全な国家は自然状態から契約に基づいて一挙に設立されると想定することはできないし、その必要もない。むしろ、それは自然状態を脱した人々が次に実現を目指すべき義務なのである。

つまるところ、生得的な自由権から取得的権利の演繹を経て導出されたのは、自然状態を脱出する義務だけではなく、完全な法的市民状態を実現する義務である。支配の正義は常に達成されなければならない課題として存在し、それが達成されるまでは、普遍的法則にしたがった万人の自由の両立は実現されえない。こうした遠大な射程をもつ理性法の枠組みの根幹の一つをなしているのが、外的な私のものの客観的理解である。外的な対象は単に主観的に正しいと思われる仕方で取得されるだけでは、私の権利として、すなわち他のすべての人にその使用を差し控えさせる拘束を課す権能として、認められない。それは、すべての人によって、公的にすべての人の意志によって立法された法律を通じて間接的に承認されるまでは、暫定的な権利でしかない。それゆえ、外的な私のものを可能にするためには、すべての人が立法に参加するという契機がなければならない。この契機を通じて、各人は自らが同意した以外の強制にはしたがわないという自由を得るのである。そこで我々は次章で、こうした契機を備えた国家がどのように規範的に構想されているのかということを検討しよう。

第四章　共和制の理念

『法論』の二年前、『永遠平和のために』（一七九五）のなかで、カントは「人間の権利に完全に適合した」国家体制は共和主義的体制（republikanische Verfassung）だけであると初めて断言した（ZF 8:366）。この言明は、九三年の「俗言」論文では一見伏せられていた政治的立場のいよいよ決然とした表明である（ただし第一章で見たように、そこでもすでにプロイセンの政治的論調に対するカントの立場は明白だ）。我々は『永遠平和のために』を、カントの最初の共和主義宣言として受け取ることができる。しかし奇妙なことにカントは同時に、民主制は必然的に専制であり君主制の方が共和主義（Republikanismus）に合致するとも述べている（ZF 8:352f.）。カントがここで熱心に擁護しようとしている共和主義的体制とは、いったいどのようなものなのか。それは例えば、名誉革命後のイングランドのような制限された君主制ないし混合政体、いわゆる「君主のいる共和制」のようなものを指しているのか。[1]

（1）イングランドの君主のいる共和制については、F. Venturi, *Utopia and Reform in the Enlightenment*, chap. 1. 佐々木武「近世共和主義」。

カントが理想としていた政治体制は、結局のところ立憲君主制であったとする理解は、長らく支配的であった。例えば、日本の西洋政治思想史研究の偉大な先達である南原繁は、根源的契約の理念が社会契約論から決別している点を正しく理解しつつも、カントの共和制を立憲君主制としてしか理解しない。「共和政の理念から彼が導き出したものは、権力分立の理論にほかならなかった。〔…〕立法権は主権の下に結合された国民意志にあるとされたが、それは必ずしも人民主権を意味せず、また民主政を理想とするものでなかった。その真意は、むしろ立憲君主政を理想的形式とするもののごとくである(2)」。カントの理想を立憲君主制に見出す解釈者が念頭に置くのは、啓蒙君主フリードリヒ大王である。福田歓一によれば、「カントの契約説が、大陸自然法学のそれのごときたんなる既成権力関係の解釈原理ではないまでも、その歴史的所与への依存は、これを構成原理となしえたホッブズよりも深く、主権の民主的構成なきかぎり、所与の国家に義認を与えないルソーの革命性をまったく蒸発させて、むしろ形式的保守主義に格好の正当化を与えている〔…〕。この保守性がドイツ絶対主義との妥協であることは、たとえば臣民の平等を説いて、しかも法律上拘束できる権能を認められた元首を例外とし、さらに政体論においてフリードリヒ二世を例として君主政は民主政よりも共和政的であり得るとするとき、最も遺憾なく示されるであろう(3)」。

『永遠平和のために』がフリードリヒ大王の亡きあと、もはや啓蒙的とは言いがたいフリードリヒ・ヴィルヘルム二世の統治下で発表されており、その文脈においてカントが大王を賛美するとすれば、それはどのような行為遂行的効果をもちえたのかということなどを考えることもなく、カントは啓蒙君主による立憲君主制を妥協的に正当化したと解釈してそれを批判するなら、あまりに非歴史的な言いがかりだが、これについては今は措こう。『永遠平和のために』では共和主義は君主制においても可能だと述べられているが、さらに我々を困惑させるのは、その二年後の『法論』では、今度は「真の共和制」は「人民の代表制」以外にありえないと断言されている点である[4]（RL §52, 6:341）。こうした説明からは、少なくとも君主の存在する余地はなさそうに見える。いったいカントは共和制や共和主義をどのようなものと考えていたのか。

八〇年代以降のカント研究では、南原と福田とは異なり、「真の共和制」こそがカントの求める共和制であると理解されてきた。とりわけケアスティングとランガーの先駆的研究は、カントが君主制の共和主義的形態をただ暫定的に認めていたにすぎず、人民の代表制をもった政体こそが改革を通じて目指されるべき規範的体制だと考えていた点を説得的に示した。[5] 我々も本章でこの解釈を支持することになる。しかし、それでもいまだ解明されざる問題点は残っている。『法論』には「真の共和制」以外にも「純粋共和制」や「設立された共和制」が登場するのだ。すなわちカントは『永遠平和のために』以来、「共和主義的体制」、「純粋共和制」、「真の共和制」、「設立された共和制」と、共和主義の原理に適っているとされる体制に様々な形で言及しているのである。これらはそれぞれ何を意味し、どのように区別され、また関係しているのか。

本章が示すのは、このように一見すると無思慮に恣意的に語られているかのような様々な共和主義的体制には、しかし首尾一貫した関係が存在するということである。事実、カントは共和主義を分有する体制を複数構想しており、それらのあいだには位階秩序が存在する。事の次第を明らかにするにあたって見逃せないのは、共和主義が代表制（Repräsentatives System）と関係付けられている点である。『永遠平和のために』によれば、共和主義は執

（2）南原繁『政治理論史』二七一頁。
（3）福田歓一『近代政治原理成立史序説』三八三頁。
（4）本章で扱われるのは、主に『法論』「第二部・公法・第一章・国法」である。その議論構成は非常に重要であるため、本章ではこの箇所について節番号がある場合にはそれを示す。
（5）W. Kersting, *Wohlgeordnete Freiheit*. C. Langer, *Reform nach Prinzipien*.

行権を立法権から分離する原理、すなわち代表制をもつ統治形式である（ZF 8:352）。他方、『法論』によれば、真の共和制は人民の代表制である。このように共和主義と代表制は深い関係にあるが、しかしこうした着目はさらなる謎を誘発しもする。たいていの場合、『法論』の代表制は前者とは異なり、今で言うところの代議制民主主義、立法の代表議会を意味していると解釈されてきた[6]。しかしそもそも、執行権を立法権から分離する原理がすなわち代表制であるとする『永遠平和のために』の言明もまた、現代の理解からは疎遠である。共和主義が代表制と関係をもつにしても、その内実こそが理解されねばならない。

　このように共和制や代表制について混乱を招く状況にあって、我々が採用するアプローチは、カントの理念的な国家構想の最も基本的な原理を基準にして概念を整理していくということ、そして共和制と代表の概念について同時代の見解を参照するということである。後者が有用であるのは、一八世紀後半においてさえ、共和制や代表の概念は民主主義の概念と同様に[7]、いまだ現代で用いられているのと同じ文法で書かれてはいなかったからである。そこでまずは、体系的に国法が論じられている『法論』「第二部・公法・第一章・国法」において、国家の理念の基本原理を確認しよう（第一節）。立法権・執行権・裁判権の特殊な制度化と、法律の正義という二つの原理によって構成された〈理念の国家Staat in der Idee〉は、純粋共和制と呼ばれる。次に、この二つの原理にはそれぞれ、権力の分立－代表と法律による一般意志の表象－代表という、二つの代表概念が含意されているということを、同時代の言説に照らしながら理解する（第二節）。これらを代表概念として理解するには説明が必要だが、いずれにせよ通説に反して、カントの共和主義における代表概念は立法の代議制とは直接は無関係である。最後にこれらの理解を踏まえ、『法論』第五二節に登場する複数の共和制の構想を弁別する（第三節）。そこでカントは、〈理念の国家〉と対比された〈現象の国家Staat in der Erscheinung〉において目指されるべき共和制を、三つの類型（君主による共和主義的統治・真の共和制・設立された共和制）によって示している。近年、カントの共和主義は注目を集めつつあるが、理念としての純粋共和制とこれら現象における三つの共和制の区別と関係を包括的に整理したものはいまだ見当たらず、特に設立された共和制はその存在自体が看過されてきた。(8) しかしカントは純粋共和制という理念だけでなく、現実において実現可能な三つの共和制を段階的に構想してもいる。これが見落とされるなら、〈理念の国家〉は現実離れしたまさに「プラトン的理想」(SF 7:91) へと頽落し、カントを現実離れした夢想家としてか、あるいは理念と現実の乖離に目を背け、啓蒙絶対主義に妥協した矛盾の人として誤認してしまうことになるだろう。

---

(6) 代表的なものとして S. Byrd and J. Hruschka, *A Commentary*, 175–81. K. Herb und B. Ludwig, „Kants kritisches Staatsrecht." B. Ludwig, „Kommentar zum Staatsrecht (II)." A. Pinzani, "Representation in Kant's Political Theory." 両者はともに執行権を立法権から分離する原理であると捉える少数の解釈として I. Maus, *Zur Aufklärung der Demokratietheorie*. U. Thiele, *Repräsentation und Autonomieprinzip*.
(7) 森政稔「民主主義を論じる文法について」。
(8) O. Dann, "Kant's Republicanism and Its Echoes." P. Hölzing, *Republikanismus und Kosmopolitismus*. W. Kersting, „Die bürgerliche Verfassung in jedem Staate soll republikanisch sein." W. Mager, „Art. Republik," 608–12. 斎藤拓也「民主政のパラドクスとカントの共和制概念」。

第一節 〈理念の国家〉あるいは純粋共和制

カントが最も体系的に国家について論じているのは、『法論』「第二部・公法・第一章・国法」においてである。この章の構成は、カントが語る複数の共和制の構想を理解する上で重要である。が、『法論』は残念なことに議論の順序に明らかに不自然な箇所が散見され、その理由として、カント自身がバラバラのまま原稿を出版社に届けたとか、出版社から印刷所へ持ち運ばれた際に順番のミスが生じたといったことが想定されてきた[9]。「第一章・国法」は四三節から五二節までの一〇節からなるが、四九節と五〇節のあいだには極めて不自然なことに「市民的結合の性質から生じる法的帰結についての一般的注」が挿入され、また五〇節は「市民の祖国と外国に対する法的関係」と題され、前後の節との関連も欠いている。そのため、一九八六年にベルント・ルートヴィヒは独自に『法論』を再編集し、五〇節を「一般的注」に組み込み、四九節を二つに分け、四三節から五二節までを一続きに配列したあとに、「一般的注」を置いた[10]。我々の議論にとって重要なのは、こうした再編集が妥当であろうとなかろうと、五一―五二節がそれまでの節とは内容的に大きく区別されうるということである。すなわち、四五―四九節では〈理念の国家〉が、他方五一―五二節では〈現象の国家〉が論じられているのだ。章の冒頭[11]（四三節）では国家や公共体（Gemeinwesen）といった基本概念が定義され、続く四五から四九節では〈理念の国家〉、とりわけその立法権・執行権・裁判権が論じられる。これに対して、最後の二節（五一・五二節）の主題は〈理念の国家〉ではなく、現象においてありうる国家の様態である。五一節では国家形式（Staatsform）として独裁制・貴族制・民主制が、五二節では根源的契約の理念に適った統治様式（Regierungsart）、そして真の共和制と設立された共和制が論じられる。

確かにルートヴィヒが言うように、こうした〈理念の国家〉（四五―四九節）と〈現象の国家〉（五一―五二節）という対比は、近世自然法学がその著作の終盤で国家の崩壊を論じていたのとは対照的であるかもしれない。[12] 例えば、ホッブズは『市民論』の主権について論じた箇所の最後で「国家を解体する内的諸原因について」（一二章）という章を設け[13]、プーフェンドルフは『自然法と万民法』の最終章を「国家の変容と解体について」と題し（第八巻一二章）、ロックもまた『統治二論』の最終章を「統治の解体について」と題した（第二巻一九章）。しかしだからといって、『法論』四五―四九節と五一―五二節の対になるような構成が「カントへ至る自然法の伝統には見いだせない道[14]」であるわけではない。五一―五二節では、仮に国家の崩壊が論じられてはいないように見えるとしても、これから我々が論じるように（プーフェンドルフの言葉を借りれば）国家の変容が論じられている。そ

（9）B. Ludwig, „Einleitung," XXVIIIff.

（10）ルートヴィヒはそれ以外にも四三節と四四節を入れ替え、四五節以下の配列も変更している。その理由についてはB. Ludwig, „Einleitung," XXXIVff. この修正は説得的なものだと思われるが、以下では参照の簡便さのためルートヴィヒ編集版ではなくアカデミー版の節番号を付し、我々の論述においてはルートヴィヒ版の編集が極めて参考になったということを付記しておくにとどめる。また、「第一部・私法」についてもルートヴィヒは修正を加えているが、これについては異論が提起されている。石田京子「カントにおける外的対象の占有の正当化と自由について」一四一―七頁。

（11）四四節では、自然状態は正義を欠いた状態であり、それゆえに法的市民状態への移行が義務であることが論じられている。そのためルートヴィヒは四三節と四四節を入れ替えるべきだと主張している。B. Ludwig, „Einleitung," XXXIV.

（12）B. Ludwig, *Kants Rechtslehre*, 170.

（13）『リヴァイアサン』第二部でも同様に、主権について論じた後、「コモンウェルスを弱め、またはその解体に役立つものごとについて」という章が置かれている（二九章）。

（14）B. Ludwig, *Kants Rechtslehre*, 170.

れだけではない。理念と現象という対による構成は、法を絶対的法と条件的法（ius absolutum et hypotheticum）に区分し、それに基づいて自然法論を組み立てていたドイツ自然法学の伝統に連なるものだろう。

絶対的自然法と条件的自然法をおそらく初めて明確な仕方で区別したのはプーフェンドルフである[15]。プーフェンドルフは、自分に向けた義務と他人に向けた義務を区別し、後者を命じる自然法を絶対的自然法と条件的自然法に区別する。「前者〔絶対的自然法〕はどのような制度が形成され、また導入されているかにかかわらず、どのような状態であってもすべての人間を拘束するものであり、後者〔条件的自然法〕は何らかの状態か制度がすでに人々によって形成されるか受け容れられていることを前提としている」[16]。原始的共有状態としての自然状態に妥当するのは絶対的自然法であり、（暗黙のものであれ明示的なものであれ）なんらかの合意が必要とされる行為については、つまり取得、所有の移転、家社会や父権社会の成立、そして国家の設立については、条件的自然法が妥当する。ヴォルフもまた二つの法を区別し[17]、絶対的自然法が妥当する状態を根源的状態（status originarius）、条件的自然法が妥当する状態（何らかの合意によって生じる状態）を附加的状態（status adventitius）と呼び、二つの法とそれに対応する状態を区別していた[18]。

とりわけカントとのつながりで興味深いのは、ゴットフリート・アッヘンヴァルの『自然法』（一七五八―五九）である[19]。カントはこの著作を長年講義用のテクストとしていた。アッヘンヴァルも絶対的・条件的自然法という区別を採用しているが、プーフェンドルフやヴォルフと違って、この区別を自然法論全体の構成に用いているところが注目に値する。『自然法』は第一巻「狭義の自然法」、第二巻「一般的社会法」、第三巻「一般的国法」、第四巻「一般的万民法」からなっており[20]、第一巻では絶対的自然法と条件的自然法の区別が導入される。「人間の自然の状態はそれ自体として、したがって絶対的なものとしてか、あるいは、同時に何らかの法的行為、すなわちそこから権利と義務が引き出され、そうして新しい権利と新しい義務が打ち立てられることになる人間の行為がなされるものとして、したがって条件的なものとして考えられうる」[21]。条件的自然法は、婚姻・父子・主奴の関係においては社会法として考察され、国家においては国法として考察される。我々にとってとりわけ興味深い

(15) ホッブズは「理性の戒律すなわち一般法則」としての基本的自然法と、そこから導き出される複数の特殊的自然法という区別を設けていたが、以下で見るようにこれはドイツ自然法学の用いている絶対的・条件的自然法の区別とは異なっている。T. Hobbes, *Leviathan*, 14. 4f. プーフェンドルフに影響を与えたのはグロティウスだろう。グロティウスは人間の行為以前に自然に由来する普遍的法と、社会的・人為的に形成された法を区別している。新村聡『経済学の成立』三五―六頁。

(16) S. Pufendorf, *De jure naturae et gentium*, 2. 3. 24.

(17)「絶対的法は人間の行為を前提とすることなく人間そのものと一致するものであると言われるが、それに対して条件的法は人間のある種の行為の条件のもとでしか人間そのものとは一致しないものであると言われる」。C. Wolff, *Ius naturae methodo scientifica pertractatum*, pars. 1, 32.

(18) C. Wolff, *Institutiones juris naturae et gentium*, §102. プーフェンドルフ以降（次に見るアッヘンヴァルにおいても）、ドイツ自然法学では、自然状態に何らかの合意が発生する以前の状態と以後の状態が区分されている。自然状態のこうした分節化については、S. Byrd and J. Hruschka, *A Commentary*, 45–51.

(19) アッヘンヴァルは一七五〇年に法学者ヨハン・ステファン・ピュッターとの共著で『自然法の原理 *Elementa iuris naturae*』を出版したが、五五―五六年にはその内容にかなりの修正を加えた上でタイトルも『自然法 *Ius naturae*』に変えて単著とし、しかも前後編（*Ius naturae in usum auditorum*, *Iuris naturalis pars posterior*）の二分冊として出版した。本書ではこの前後編版を『自然法』として記載する。書誌情報についてはP. Streidl, *Naturrecht, Staatswissenschaften und Politisierung bei Gottfried Achenwall*, 273. また、カントは六三年版『自然法』を講義に使っていると推定されている。S. Byrd and J. Hruschka, *A Commentary*, 15–19. そのため我々も同版を参照する。後編はアカデミー版カント全集（19:325–442）に不完全な形で収録されている。

(20) G. Achenwall, *Iuris naturalis pars posterior*, conspectus. 以下『自然法』については前編後編ともに節番号を記す。

(21) G. Achenwall, *Ius naturae in usum auditorum*, §62.

のは、こうした絶対的法と条件的法のあり方が第三巻「一般的国法」の構成にも用いられているということである（第一部「一般的国法」、第二部「絶対的国法あるいは国家の支配について」、第三部「一般的条件的国法あるいは公共体の形式の違いについて」、第四部「国家において自分のものを追求する仕方」）。[22]絶対的一般国法は「単純かつ一般的に見られた国家と主権の本性から」、条件的一般国法は「特殊な国家の規定、したがって様々な公共体の特殊な形式とその変化から」引き出されたものである。[23]アッヘンヴァルは前者について支配権として立法権・執行権・査察権を論じ、次いで後者について国家形式として君主制・貴族制・民主制・連邦制などを論じている。

こうした絶対的法と条件的法の区別に基づく構成は非常にシステマティックであり、そのためか体系化を求める他の論者にも採用されている。例えば、カントが好意的な書評を寄せた『自然法の原則についての試論』[24]（一七八五）の著者ゴットリープ・フーフェラントは『自然法の諸命題』（一七九〇）のなかで、絶対的・条件的自然法の区別を踏襲している。[25]フーフェラントによれば、「一般的国法の教説があらゆる国家一般に合致するのか、そのなかの特定の種類だけを前提としているのかに応じて、それは絶対的一般国法（jus publicum universale absolutum）か応用的一般国法（jus publicum universale hypotheticum）を構成する」。[26]フーフェラントもまたアッヘンヴァルと同様に、前者において国家における支配者の権利と臣民の権利を論じ、後者において「国家の特別な種類すなわち統治形式 Regierungsform」を扱っている。[27]まったく同様の区別は、カントの蔵書リストに含まれているテオドア・シュマルツの『純粋自然法』（一七九二）と『自然的国法』（一七九四）にも見いだされる。[28]ただし、アッヘンヴァルやフーフェラントと比較したときにシュマルツに特徴的なのは、『自然的国法』の条件的国法の箇所で「統治形式」（一六章）に加えて「その変更」（一七章）が論じられているという点である。[29]

このように、しばしば後期自然法論と呼ばれるアッヘンヴァルやフーフェラント、シュマルツの自然法の構成を見てきただけでも理解されるのは、絶対的・条件的国法という言葉は使わないにせよ、カントもまた同様の構成を引き継いでいるということである。四五―四九節では〈理念の国家〉の立法権・行政権・裁判権が、他方、五一―五二節では君主制・貴族制・民主制という支配形式とその変更が論じられているのだ。しかしこうした構成を引き継ぎつつも、カントにおいて絶対的・条件的という区分は理念と現象の対に移され、一般と特殊の対以上の意義をもつことになる。つまり、これから見ていくように、四五―四九節では〈現象の国家〉の規範として

---

(22) 第四巻「一般的万民法」でもこの区別が用いられている。確かに、前注で言及したピュッターとの共著でも第一巻では絶対的自然法と条件的自然法が区別されているが、国法の箇所ではその区別は用いられていない。J. Pütter und G. Achenwall, *Elementa juris naturae*, § 234.

(23) G. Achenwall, *Iuris naturalis pars posterior*, §111.

(24) カントはこの書物について「どのような条件で、普遍的な法の原理に矛盾することなく強制を課すことができるのか」という問題を著者は正しく理解していると評している（8:128）。しかしカントによれば、フーフェラントは「どのような客体をも考慮せず、ただ自由な意志の形式だけを規定する諸原理は、実践的法則にとっては、すなわちそこから拘束性を導出するためには不十分である」と主張し、そのために「完成化」を「理性的存在者の最高の目的」として持ち出している（8:128）。この点で、フーフェラントの試みはカントの『法論』とは根本的に異なるものであると言える。

(25) 第一部「本来的自然法」は第一編「自然法の基礎と一般的展開」、第二編「絶対的あるいは根源的自然法」、第三編「条件的自然法」（所有と社会権が論じられる）からなり、第二部「一般的国法」は第一編「序」、第二編「絶対的一般国法」、第三編「応用的国法」からなる。G. Hufeland, *Lehrsätze des Naturrechts und der damit verbundenen Wissenschaften*, Inhalt.

(26) G. Hufeland, *Lehrsätze des Naturrechts*, 172.

(27) G. Hufeland, *Lehrsätze des Naturrechts*, 201.

(28) T. Schmalz, *Das reine Naturrecht*. Ders., *Das natürliche Staatsrecht*. カントの蔵書についてはA. Warda, *Immanuel Kants Bücher*, 41.

(29) T. Schmalz, *Das natürliche Staatsrecht*, Inhalt.

〈理念の国家〉が提示され、五一―五二節では〈現象の国家〉を〈理念の国家〉へと改革していくための論理的方途が探求されているのだ。

カントによれば、「外的な権利一般の概念自体から帰結する〔…〕ア・プリオリに必然的な法則」に基づいた国家は、「理念の国家」である。それは「純粋な法原理にしたがえば国家はどうあるべきか」を指示し、「あらゆる現実の公共体の統一の（したがって内的な）規範（norma）となる」（RL §45, 6:313）。純粋な法原理とは、すでに見たように、「どんな行為でも、その行為が、もしくはその行為の格率にしたがった各人の選択意志の自由が、すべての人の自由と普遍的法則にしたがって両立しうるなら、正しい」という法の普遍的原理である（RL 6:230）。『法論』「第一部・私法」では、外的な対象を自分のものとしてもつことが、実践理性の要請を通じて法の普遍的原理のなかに包摂された。取得的権利は生得的な自由権と違って、自然状態では暫定的な妥当性しかもたない。自然状態では私が適法的だと考える仕方で何かを取得しようとしても、それは主観的な根拠によるものでしかなく、権利主張は他者への一方的な意志の押し付けになってしまう。私の取得が権利として確定するためには、それが万人の自由と両立していると万人が承認する契機が必要となる。その契機は、人々の統一された意志が公的な法律の形をとって現れ、法廷がそれに基づいて争いを調停する国家（法的状態）の下でのみ与えられる。法律に即して何かを取得すれば、それは人びとの承認を得たものとみなされ、争いが生じても法律に基づいた裁決が下される。これによって外的権利は暫定的な権利ではなく確定的な権利として享受される。

こうした観点から、国家（Staat, civitas）は「法的状態にいるという万人に共通の関心によって結合されたものとして、形式上、公共体 Gemeinwesen（広義の res publica）と呼ばれる」(30)（RL §43, 6:311）。ドイツ自然法学において、公共体は自然法が命じる自他の完成を促進するための共同体、すなわち公共の福祉（人民の生の充足・平穏・安全）を実現するための共同体と考えられたが(31)、カントにおいて公共体はこうした実質的関心ではなく、各人の権利の確定的な享受という形式的関心に基礎づけられている。この関心を完全に満たす国家こそ、純粋な法原理からア・プリオリに導出された〈理念の国家〉である。それは「経験におけるいかなる対象も適切な形で与えられることはない」理念、「物自体そのもの」だが（RL 6:372）、それゆえにこそ現象におけるあらゆる国家の規範として機能する。実際、カントにおいて公共体の福祉（salus reipublicae）は、旧来のドイツ自然法とは違って国家設立の目的ではなく、むしろ〈理念の国家〉の実現そのものである。ドイツ自然法学は「公共体の福祉は最高の法である salus reipublicae suprema lex est」という法諺を好んだが[32]、これをカントは共通善の促進ではなく、「体制が法原理と最大限に一致した状態」の促進を命じるものとして読み替える。この状態へ向かうことは「理性によって定言命法を通して義務付けられている」（RL §49, 6:318）。

こうした〈理念の国家〉を構成する原理は二つある。それらは、万人の自由の両立を可能にし、権利をめぐる争いを終結させるために考えられた、必然的な原理である。第一に、立法権・執行権・裁判権の三権が実践推論（三段論法）として機能するよう組織されなければならない[33]（RL §45 6:313）。こうした組織化を導くのは、カントが法体系の区分として挙げた三つの法義務のうちの第三のものである。それは第一の義務（権利主体たれ）から

（30）狭義の res publica（res publica strictus dicta）についてカントは言及していないが、アッヘンヴァルは民主制と貴族制、すなわち君主のいない体制をそう呼んでいる。G. Achenwall, *Iuris naturalis pars posterior*, §110.
（31）ドイツ自然法学の res publica 概念については W. Mager, „Art. Republik," 571–80.
（32）Vgl., G. Achenwall, *Iuris naturalis pars posterior*, §91.
（33）三権力がこうした関係に基づいて組織されているということについて、極めて説得的な解釈を提示しているのは、S. Byrd and J. Hruschka, *A Commentary*, chap. 7. A. Pinzani, „Der systematische Stellenwert der pseudo-ulpianischen Regeln in Kants Rechtslehre," 89–92.

包摂を通じて第二の義務（誰にも不正を為すな）を導出するという三段論法を含む義務だった。私法においてこの三段論法は自然状態からの脱出を結論として導出したが、公法においてはそれが立法・執行・裁判という三権力の関係性に反映されることになる。

法的市民状態は「各人が各人の権利を享受することを唯一可能にする諸条件を含んだ、人間相互の関係性」であり、この原理は「普遍的な立法意志という理念からすれば、公的正義と呼ばれる」。公的正義は「保護的正義 iustitia tutatrix」、「交換的正義 iustitia commutativa」、「配分的正義 iustitia distributiva」に区別され（RL 6:305f.）、それぞれが立法権・執行権・裁判権に具現化される。

> あらゆる国家は自らのなかに三つの権力を、つまり三重の人格において普遍的に統一された意志を含んでいる（政治的三位 trias politica）。すなわち、立法者の人格における支配権（主権）、（法律に基づいた）統治者の人格における執行権、そして裁判官の人格における（各人のものを法律にしたがって是認するものとしての）裁判権である（立法権・行政権・裁判権 potestas legislatoria, rectoria et iudiciaria）。これらは一つの実践的理性推論における三つの命題と等しい。つまり、普遍的に統一された意志による法律〔法則〕を含む大前提、法律にしたがった手続きの命令を含む小前提、言い換えれば、法律の下へ包摂する原理を含む小前提、そしてもちこまれた事例において何が合法かを決定する司法（判決）を含む結論である（RL §45, 6:313）。

道徳的実践推論は、大前提で言明された法則（「嘘は正しくない」）のもとに、小前提が個別事例（「私のこれこれの発言は嘘である」）を包摂することで、その正・不正を結論する（「私の発言は正しくない」）という判断の過程である。三権はこれとよく似た仕方で、実践的判断を構成するように組織されている。(34) 第一に、大前提は立法権がすべての人の意志の法則として制定した法律である。法律によって各人の保障されるべき権利が規定されるのであるから、それは保護的正義と呼ばれるのだろう。第二に、小前提は執行（行政）権の命令であるが、それは法律にしたがった手続きを各人に命令する。この命令は「布告Dekrete」であり「法律ではなく」、「各人が国家において法律に適った仕方で（ある事例を法律の下へと包摂することを通じて）何かを取得したり、あるいは自分のものを維持したりすることができるようになる規則」である（RL §49, 6:316）。例えば、布告には登記簿の作成や婚姻届の提出義務、市場の整備などが含まれるだろう。[35]こうした執行権が交換的正義と呼ばれるのは、まさにそれがカバーする人々の行為が交換に関わるからである。国家において何かを取得するという場合、それは先占ではありえない。というのも、すでにして国家には領土が存在し、無主地であるとしても国家の管理の下に置かれているからである。したがって、何かを取得するのであればそれは債権として取得されなければならない。言い換えれば、執行権が司る交換的正義はすべて契約による行為に関わっている。最後に、結論である裁判権は、法律にしたがった手続きとして実行された何らかの行為が争いを招いた場合に、法律と行政命令を踏まえて争議に判決を下す。これによって、各人は自らのものを他者の侵害から守られて、確定的に享受することができる。それゆえ、裁判権は配分的正義を司っている。

(34) 両者の違いは次の点にある。実践推論において小前提は個別事例を大前提の法則へと直接包摂するが、三権の実践推論的組織において小前提にあたる執行権は「法律にしたがった手続きの命令、つまり法律の下へ包摂する原理」（RL §45, 6:313）の機能を果たし、各人が法律に即した行為をなすように命じる。

(35) バードとフルシュカが指摘するように、カントは『法論』「第一部・私法」「第三編・主観的に制約された仕方で、公的判決によって取得すること」において、法則にしたがった手続きが客観的に周知されていないために生じる諸々の問題を論じている。S. Byrd and J. Hruschka, *A Commentary*, 154–7.

三権力によってこうした実践的三段論法のプロセスが形成されるためには、それぞれが人格的に分離され、互いに並列し（beigeordnet）相互に補完し合う関係であると同時に、執行権・裁判権が立法権へと従属して（untergeordnet）いなければならない（RL §48, 6:316）。例えば立法者が同一人格において執行権ないし裁判権を担えば、大前提における一般性と小前提・結論における特殊性が混交し、三段論法は機能しない。このようにして、三権が実践的判断の過程をなすよう論理的に組織されることで、自然状態では単に主観的でしかないために暫定的な正しさしかもたなかった外的対象に関する行為が、客観的に正しい（合法な）ものとして判断されうるようになる。三権の実践推論的制度化によって、〈理念の国家〉の公的正義が保障されるのである。

〈理念の国家〉の第二の原理は、法律の正義である。三権による疑似実践推論が適正であるためには、大前提としての法律がそもそも正しくなければならない。法律は処罰を伴う強制である。それが万人の同意に基づくのでなければ、法律が課す強制によってむしろ各人の自由は毀損されてしまうだろう。「それゆえ、各人が全員に対して、全員が各人に対して同じように決定するかぎりで、ただ意見の一致した統合された万人の意志、つまり普遍的に統合された人民意志だけが立法をなしえる」（RL §46, 6:313f.）。道徳的実践推論において、大前提の法則が自らの意志によって立法された定言命法として与えられるのと同様に、〈理念の国家〉において、法律は万人の統合された意志によって立法された法則として与えられ、それを通じて法律は正義を獲得する。ここにおいて、生得的な自由権において可能性として看取されていた、各人が共に平等に共通の強制法則の立法者であり同時にその名宛人であるという自律の形態が、立法権へと制度化されることになる。「立法のために統合された〔…〕国家の成員」は、自由・平等・自立を法的属性としてもつ国家市民（Staatsbürger）である（RL §46, 6:314）。普遍的に統合された人民意志は国家市民による投票を通じてしか創出されない。というのも、人間は完全な理性的存在者ではなく、自らが考えることは主観的な正しさしかもたないからである。法律の正義を確保するためには、各人が主観的に正しいと考えることを客観的な正しさへ、各人の一方的な意志を万人の統合された人民意志へと変換する、自然状態には存在しえなかった、立法制度が必要になるのだ。

インゲボルグ・マウスが強調しているように、こうして、法律の正義は立法過程の手続き的な正統性に依存することになる。[36] ここにはホッブズの狡猾な論理を全般的に覆す仕組みが働いている。ホッブズは「意志するものに対して不正はなしえない volenti non fit iniuria」という法諺を社会契約に当てはめることによって、主権者は臣民に対して論理上、不正を為しえないと主張した。[37] 各人は主権者と服従契約を交わすのではなく、むしろ主権者として選出される第三者に平等に服従するということを相互に同意しあうのである。ホッブズはこの論理によって支配の正統性のみならず支配の正義をも調達しようとする。これに対してカントの場合、ルソーとともに「意志するものに対して不正はなしえない」を立法の契機に当てはめることで、正義の支配が確保される。「誰かが何かを他者に逆らって命じる場合、それによってその人が不正をなしてしまうということは常にありうるが、しかし、自らが自分自身について決定したことに関して、この可能性は存在しない（というのも、意志するものに対して不正はなしえないからである denn volenti non fit iniuria)」(RL §46, 6:313)。すなわち、各人がそれによって強制されることになる法律の共通の立法者となることで、各人の主観的な正しさが客観的な正しさへと変換され、正義の支配が可能になるのだ。

こうした三権の実践推論的組織と法律の正義という二つの原理をもった〈理念の国家〉は、根源的契約によって設立されると観念される。それと同様に理念、「国家の適法性を考える〈理念の国家〉を設立する社会契約は、

（36）I. Maus, *Zur Aufklärung der Demokratietheorie*, 155–9.（邦訳一三二—五頁）

（37）T. Hobbes, *De cive*, 3. 7. Cf. *Leviathan*, 15. 13.

ためだけ」の理念にすぎない。言い換えれば、カントにとって社会契約は、国家の歴史的起源を印し付けるものではなく、むしろ〈理念の国家〉の理性的根拠をなしている。[38] それゆえ、根源的契約の理念にしたがって観念されるのは、次のことである。すなわち、「人間は野生の、法を欠いた自由を完全に捨て去り、自らの自由一般を、法律への依存によって、すなわち法的状態において、再び減らすことなく見出すことになるが、それはこうした〔法律への〕依存が、自分自身の立法意志から発現しているからだ」（RL §47, 6:315f.）。

ここで、〈理念の国家〉の理性的根拠としての根源的契約の理念は、正義を満たした支配の基準となる全員の合意を形象化したものである。したがってこの理念は、第一章で見たように、合意不可能な支配を不正義なものとして退ける基準を与えることになる。言い換えればそれは「法的共同体の動的・政治的構造」を内包している。他方さらに、契約の形象は各人を契約の参加者、それも自由・平等・自立という属性をもった参加者として規定することを可能にする。それゆえ、根源的契約の理念は〈理念の国家〉のための「静的・立憲的」構造をも同時に提供することになる。[39] すなわちこの理念は〈理念の国家〉の立法の正義を可能にするために、自由・平等・自立という法的属性の立憲的保障を要求するのだ。

さて、このようにして構想される〈理念の国家〉は、経験によらず理性から、すなわち純粋な法原理からア・プリオリに導出されているがゆえに、「唯一適法的な体制、つまり一つの純粋共和制 eine reine Republik」と呼ばれる。

> これが唯一存続する国家体制であり、そこでは法律が自己支配し、どんな特殊な人格にも依存することがない。それはあらゆる公法の最終目的、すなわち各人に各人のものが確定的に配分される唯一の体制である。（RL §52, 6:340f.）

これは実に驚くべき理念である。ここでは普遍的な人民意志が、立法・執行・裁判を担うどのような人格によっても汚染されることなく透明なまま支配し続け、誰も自分が同意しない法の支配下に置かれず、支配される者が支配するという純粋な循環が現れる。ここでのみ私は、私とすべての他者の共通の意志による立法に、他者とともに服従することで法的に自律し、自らの権利を確定的に享受することができる。普遍的法則にしたがった万人の自由の両立が創出されるのだ。法外な要求を課すこうした国家の理念は、『諸学部の争い』（一七九八）では「プラトン的理想（叡智的公共体 respublica noumenon）」と呼ばれている。

> 人間の自然の権利に合致した体制の理念、すなわち、法律に服従する者がまた同時に、統合され、立法をなすということ、この理念はあらゆる国家形式の根底に置かれている。そして、純粋な理性概念を通じてこの理念に適合するように考察された、プラトン的理想（叡智的公共体 respublica noumenon）と呼ばれる公共体は、空虚な妄想ではなく、あらゆる市民的体制一般の永遠の規範であり、あらゆる戦争を遠ざける。この規範にしたがって組織された市民社会は、自由の法則にしたがって経験（現象的公共体 respublica phaenomenon）における実例を通してこの規範を表示 Darstellung する〔…〕。この体制は一度全体的に獲得されれば、あらゆるもののなかで最善のものとして評価され、あらゆる善の破壊者である戦争を遠ざけ続けることになる。したがって、この体制に入ることは義務であるが、しかし（これはすぐには実現しないので）暫定的に君主の義務となるのは、一人で autokratisch 支配していようともそれでも（民主的に demokratisch ではなく）

(38) W. Kersting, *Die politische Philosophie des Gesellschaftsvertrags*, 198f.
(39) W. Kersting, *Wohlgeordnete Freiheit*, 34.

> 共和主義的に統治すること republikanisch zu regieren、すなわち、文字通り人民が同意を求められないとしても（成熟した理性をもつ人民が自らそれを定めたかのような）自由の法則の精神に適合した原理によって人民を遇することである。（SF 7:91）

カントはここで、あらゆる国家の規範となる〈理念の国家〉を叡智的公共体と言い換えている。しかし、カントは夢想的にすら思える理念を提出して満足していたわけではない。確かに、叡智的公共体は経験において完全に対応する対象をもたない理想であるが、この規範にしたがって〈現象の国家〉すなわち現象的公共体を組織することは可能であると主張されているのだ。〈現象の国家〉が〈理念の国家〉を規範として組織されるとき、それは叡智的公共体を経験における実例によって表示する体制となるだろう。そして、この体制の実現までは、君主が暫定的に共和主義的に統治するものとされている。したがって、ここでは現象的公共体（〈現象の国家〉）のなかに、規範的に優位にある体制の可能性が二つ指摘されているということになる。

つまり、第一に、経験（現象的公共体）において叡智的公共体の規範を表示する、実現可能なもののうちで最も規範的な体制と、第二にその実現までの暫定的な義務とされる、君主による共和主義的統治である。これらは同書の別の箇所では、「国家形式 Staatsform による」共和主義的体制と「単に統治様式 Regierungsart による」共和主義的体制として言い換えられている。後者は「統治者（君主）による統一に際し、人民自身が普遍的な法原理にしたがって立法したかのような法律と類比的に、国家を運営させるもの」である（SF 7:88）。これらの実現可能な二つの共和制は、『法論』では〈現象の国家〉が扱われる五二節に登場する。〈現象の国家〉において〈理念の国家〉を表示する体制、すなわち国家形式による共和主義的体制は、そこでは「人民の代表制」としての「真の共和制」と呼ばれているのだ。それを具体的に見る前に、その準備として、〈理念の国家〉を構成する原理を今度はそこに伏在する代表概念の下で捉え直しておこう。これによって、五二節で言われる「人民の代表制」としての「真の共和制」の意味が明確に理解されるからである。

第二節　代表の概念

これまでの議論に代表（Repräsentation）の語は出てこないが、語と概念は異なるものであり、実際、〈理念の国家〉を構成する二つの原理にも代表概念を看取することができる。[40] そもそもカントの国家一般の定義には、ホッブズのものと似た代表概念が含まれている。それは主権者による人民の表象という意味での代表である。カントによれば、国家は「法の法則の下での人間の群れ Menge の統合」である（RL §45, 6:313）。主権者としての統治者に対して、個々人は臣民として服従し、また全体としては人民（Volk）という集合的人格へと構成される（RL §47, 6:315）。主権者たる統治者は「人民全体を表す vorstellen」（RL §51, 6:338）。このように、個々人は臣民として統治者に服従する一方、統治者は人民全体を表象する。法的状態において統治者によって表象されることではじめて、人民という集合的人格が創出され、それ以前にはただ人間の群れがあるだけで人民も人民意志も存在しえない。

（40）A. Pinzani, "Representation in Kant's Political Theory" は vorstellen や darstellen の語法を調べてはいるが、それに拘泥しているために〈理念の国家〉がもつ代表概念に到達できないでいる。

これは国家一般に内在的な代表概念だが、〈理念の国家〉では統治者（主権者）と臣民はどちらも同じ人民である。「自由の法則に沿って考えるなら」、統治者は「統合された人民自身でしかありえない」（RL §47, 6:315）。というのも〈理念の国家〉の原理の一つ、法律の正義は人民の普遍的意志による立法に依存しているからである。ただし注意すべきなのは、統治者と臣民はどちらも同じ人民ではあっても、人格としてのカテゴリーは異なるという点である。統治者が統合された人民という集合的人格であるのに対して、臣民は人民に属している個別の人格である。したがって、人間の群れ（バラバラの個人が単に集合した状態）が法の法則の下に統合されると、この統合の契機によって、集合的な一人格として全体が表象され、この（全体として）統合された人民に、人民のなかの各個人は臣民として服従することになる。さらに正確に言えば、人民のなかの個々人が服従するのは、集合的人格としての人民そのものというよりもむしろ、自らがその一部をなしている普遍的人民意志によって立法された法律である。各人は普遍的人民意志の立法による法律に服従することで、間接的にその意志に服従する。こうした政治的な自律のあり方を、カントは次のようにまったくルソー的に表現している。根源的契約にしたがって「人民のなかのすべての人（各人すべて omnes et singuli）は自らの外的自由を放棄するが、それはその自由を再び、公共体の構成員、すなわち国家として見られた人民（全体 universi）の構成員として取り戻すためである」（RL §47, 6:315）。

ここにはホッブズ的代表とは異なる、〈理念の国家〉に特有の代表概念が見出される。それは法律による人民の普遍的意志の完全な表象（Vorstellung, representation）である。ホッブズにおいて、個々人は自らの代わりに行為する権威を主権者に与え、そうすることで主権者に国家としての人民全体を代表させる。[41] ホッブズによれば人格は、言葉や行為がその人自身のものとみなされるか、あるいは他者のものとみなされるかによって、自然的人格と人為的人格に分類される。人為的人格の言葉や行為は、その人格が表象‐代表する人に帰属する。「この場合、その人格は行為者であり、彼の言葉と行為が帰属する人は本人authorであって、行為者は権威authorityによって行為する」[42]。自然状態においてはバラバラの個人が集合したとしても、それは単に群れ（multitude）でしかなく、そこではそれぞれが自らの自然的人格で行為するために、集団として一つの行為をなすことができない。群れが一つの人格になるためには代表の契機が必要である。「群衆は自然においては一ではなく多であるから、それは一としてではなく多くの本人として理解され、あらゆることについて彼らの代表が、彼らの名において言ったり行ったりする」[43]。したがって国家設立の契約においては、群れをなす個々人が相互に同意しあい、「一人の人か、あるいは人々の合議体かに、多数派が彼らすべての人格を表す（すなわち彼らの代表者となる）権利を与え」、「すべての人はこの人あるいは合議体の行為と判断の一切を権威付ける」[44]。こうして各人は主権者に権威を与え、個々に臣民として服従すると同時に、主権者に自分たちを一つの国家という集合的人格として表象‐代表させる。代表者としての主権者は、自然法に縛られているとはいえ、その行為はいかなるものでも個々人の権威を受けたもの、つまり人民自身の意志によるものとみなされねばならない。この意味で、主権者が意志するものに対して不正をなす可能性はない（volenti non fit iniuria）。

　他方、カントの〈理念の国家〉の主権者（統治者）は、単なる人民意志を表象するのではなく、普遍的に統合された人民意志を表象する法律を制定しなければならない。人民は立法を行う国家の成員としては国家市民と呼ばれ、個々人すべてが同意しうる法律のみに投票するものと想定されている。この想定が〈理念の国家〉におい

（41）ホッブズの代表理論については、D. Runciman, "Hobbes's Theory of Representation."
（42）T. Hobbes, *Leviathan*, 16. 4.
（43）T. Hobbes, *Leviathan*, 15. 14.
（44）T. Hobbes, *Leviathan*, 18. 1.

て必然的なのは、現実においては、投票結果を人民意志を表象するものだとみなされなければならないとしても、それが実際に普遍的に統合された人民意志であるとはかぎらないから、言い換えれば、投票結果としての法律に個々人すべてが同意しうるとはかぎらないからである。

カントが能動市民と受動市民を区別しているのは、このことに関係する。カントによれば、国家市民として認められるのは「投票能力」をもつ者だけである。「人民に属する他者の選択意志のおかげによらず、公共体の一員として、自らの権利と力によって自らの生計を立てている」ということが国家市民の法的属性としての自立(Selbstständigkeit)である。それに対して、受動市民は「自分で仕事を営むことによってではなく、他者の〔…〕命令にしたがって、自らの生存(生存と保護)を維持しなければならない」人――例えば親方や商人の下で働く職人、使用人、未成年者、女性――であり、投票権は認められない(RL §46, 6:314)。こうした区別は、すでに同時代にカントの影響を受けた著作家から批判を受けてきた。(45) また、カントが常に女性を受動市民として数え入れていることは、批判哲学の肝である理性がすでにして男性中心主義的なものに侵されているのではないかと疑わせるのに十分である。しかし、こうした区別がいかに恣意的であり、あからさまに不適切であるとしても、そこからむしろ、カントが立法においてどのような代表概念を要求しているのかが理解できる。

それはすなわち、他者に従属するのでも自己利益だけを考慮するのでもなく、主観的にであっても、人民のなかの個々人すべてが同意可能だと考えられる法律に、各国家市民(能動市民)が投票しなければ、法律は普遍的人民意志を表象しえないという考えである。この場合、人民のなかの個々人すべてというカテゴリーに数え入れられるのは、単にその都度の能動市民だけではなく、その国家に属して人民を構成する(可能性のある――ということは将来世代をも含む)すべての人である。例えば、「受動的状態から能動的状態へと上昇していくことができるという、人民すべてがもつ自由とそれに適った平等、この自然的な法則」に反する実定法が制定されるとしても（RL §47, 6:315）、その法律は受動市民の側からすれば同意できず、ただ能動市民にとって同意可能であったにすぎないだろう。〈理念の国家〉において、国家市民（能動市民）は自分だけの利益のために投票するのでもなければ、他人に従属して投票するのでもなく、むしろ普遍的に同意可能な法律に対してのみ同意の投票を行わなければならない。カントが投票権の要件として自立を挙げるのは、普遍的な同意が得られるかどうかということを自ら吟味して投票できるかどうか、つまり自らの理性を自立して用いることができるかということを問題にしているからであろう。それゆえに、他者の命令や保護に従属せざるをえない人々は投票権からア・プリオリに排除され、反対に、能動市民は「権利に関する事柄について、その市民的人格性が他の人によって表され vorgestellt werden てはならない」（RL §46, 6:314）と言われるのである。

確かに、カントがとりわけ女性を受動的市民として規定し、政治参加から排除しているのはまったく保守的であるし、時代的制約を感じさせる。さらに言えば、政治参加によってむしろ経済的・社会的自立が可能になる点[46]に考慮が及んでいないのも先見の明を欠く。しかし能動市民・受動市民という区別は、カントが逡巡しつつも挙げている社会経済的階層を度外視しても、つまりア・プリオリにも、どの国家であっても妥当せざるをえないだろう。あれやこれやの職業や性別の人だから受動市民なのではなく[47]、自立していないから受動市民として遇されるのである。つまり、受動市民というカテゴリーの中にどのような人を経験的に充填するかという点でカントは

（45）明らかに恣意的で、プロイセンの現状を追認するしかないこうした区別に対する同時代からの批判については、R. Maliks, *Kant's Politics in Context*, 95–101.
（46）例えば階級立法への危惧を表明しつつも、ジョン・スチュアート・ミルは経済的に最下層の国民が立法過程へと参加することの教育的効果を主張している。J. S. Mill, *Considerations on Representative Government*, 326ff.
（47）カントはそう考えていた節もあるが、彼は受動市民として考えられる「例」を挙げているにすぎない（RL §46, 6:314）。

保守的だったのであり、そのカテゴリー自体を採用することにおいてそうだったのではない。典型的には未成年者(48)や、将来国家市民となりうるまだ生まれていない人々のことを考えてみればよい。〈理念の国家〉では想定上、自立した各国家市民が、このように受動市民や将来世代を含めた万人の同意が得られる法律に投票することで、法律が人民の普遍的意志を完全に表象‐代表するのである。

さらに、〈理念の国家〉の三権の制度についても、立法権と執行権・裁判権のあいだに代表概念が見いだされる。実践推論においては、大前提の一般法則へと小前提が個別事例を包摂することで結論が下される。大前提と小前提・結論の関係と同様、執行権・裁判権は、普遍的人民意志として表象‐代表された法律を前提にしていなければならない。つまり、執行権・裁判権を担う人格は、立法権を担う人民の普遍的意志によって制定された法律に従属して行為するという意味で、人民の代理でなければならない。一方で、執行権は法律にしたがった手続きを可能にする制度を、政令や布告によって創り出す。執行権の長は元首（Regent, rex, princeps）であり、それは国家の代理人（Agent）である。法律と政令・命令を取り違えてはならない。法律が一般性をもった内容を含む大前提をなすのに対して、政令・布告は小前提として一般的でなく「特殊な状況における決定」に関わり、状況に応じて変更可能である（RL §49, 6:316）。反対に、立法権者は行政を監督し、場合によっては「元首から権力を取り上げ、罷免し、あるいはその行政を改革する」（RL §49, 6:317）。他方、裁判権については、立法権者ではなく、立法権者によって任命された裁判官が法律に基づいて個々の事例の合法性を判定する。立法権者である人民は「自由投票」によって選ばれた「陪審員」を自らの代理人（abgeordneter Stellvertreter）とし、それを通じて「ただ間接的に」判決に参加することしかできない。立法権者と執行権者は裁判官を任命できはするが、判決を下す権能はない。裁判官は大前提たる法律と小前提たる規則を踏まえ、かつ両者の権力からは独立して結論を下さなければならない（RL §49, 6:317）。

このように、立法権に対して執行権と裁判権はそれが制定する法律に従属しつつ、かつそれから独立して独自の機能を果たす。この関係において、執行権と裁判権は、立法権が帰属する人民を代理－代表している。権力間にこうした関係が成り立つには、各権力が人格的に分立していなければならない。政府が同時に立法する、逆に立法者が法律を執行するとすれば、個別的な状況に応じて、一般性をもつはずの法律が命令・政令のように改廃されたり、法律の解釈・適用にすぎないものが法律そのものになってしまうだろう。法律と布告（命令）・判決の区別が消え、法律の一般性が毀損されれば、恣意的な支配、すなわち専制が現前するとカントは言う。「同時に立法をする統治は専制 despotisch と呼ばれうる」し、他方で「立法権と執行権が、各人のものについて争われている事例に関して臣民に決定を下すとすれば、臣民に対して不正をなしうるであろう」（RL §49, 6:316f.）。

さて、『法論』の二年前に出版された『永遠平和のために』では、こうした三権の分立関係に見られる代理－代表原理を備えた国家が、共和主義的（republikanisch）だと呼ばれていた。『永遠平和のために』では国家が、一方で最高権力をもつ人格の違い（支配形式 Form der Beherrschung）によって独裁制・貴族制・民主制へと区分され、他方で国家が権力を使用する仕方（統治形式 Form der Regierung）によって共和主義と専制に区分される。共和主義は「立法権から執行権（統治）を分離する」原理、専制は「国家が自らが与えた法律を独断的に執行する」原理である。後者には「元首によって自らの私的意志として扱われるかぎりでの」公的意志しかない。すなわち代表的 repräsentativ でない統治形式はすべて本来、形式ではない Unform。というのも（理性推論における大前提の一般が、同時に小前提において特殊を自らへ包摂するのがありえないように）、立法者が同

(48) この点を正しく指摘したものとして、木原淳『境界と自由』一四六頁。

一人格において同時に自らの意志の執行者になってしまうからである（ZF 8:352. 強調は網谷）。

ここでカントは、共和主義を立法権と執行権の分離[49]によって特徴付け、またそうした統治形式を代表的だと呼ぶ。現代から見ればこうした呼称は奇異に映るが、歴史的に見ればそれは同時代の言説、とりわけルソーとシィエスのそれに沿ったものである。前者の『社会契約論』において、立法権は常に人民にあり、国家形式は執行権（統治・政府）を担う人の数によって区別される。政府は主権者の代理（agent）として、一般意志の指導の下に行為する。ルソーは「行政形式がどのようなものであろうと」――君主制であろうと――「すべて法〔一般意志〕によって支配されている国家を共和制と呼ぶ」（CS:2.6）。一般的なものに関わる立法と、個別的なものに関わる執行は区別されなければならず、「主権者が統治しよう、行政官が法を与えようとすれば」専制になる（CS:3.1）。この観点からすれば、執行権の形態に関して民主制は劣位に置かれる。というのも、貴族制・君主制では主権者（人民）と統治者が必然的に区別されるが、民主制では「区別されねばならないものが区別されておらず、統治者と主権者とがまったく同一人格でしかない」からである。そこでは、人民が立法者であると同時に執行者でもあり、執行という「公務において私的な利害が影響を及ぼす」可能性、また他方で「立法者が私的な見地に立つことの当然の結果として腐敗する」可能性、すなわち定義上専制に至る可能性がある（CS:3.4）。これを避けるには、立法と執行の契機が分離されなければならない。「法律は一般意志の宣言にすぎず、立法権において人民が代表されえないことは明らかである。しかし、執行権においては代表されうるし代表されなければならない」（CS:3.15）。

このような主権と統治（執行）の区別、そして統治（執行）が主権たる一般意志に従属するという関係性を、代表の概念で捉え返しているのがシィエスである。ルイ一六世のヴァレンヌ逃亡直後、フランスでは国王の役割をどのように規定するのか、あるいは王位を廃止するのかという論争が巻き起こっていた。そのさなかにシィエスはトマス・ペインと執行権の在処である政府の組織について、新聞紙上で公開書簡を交わしている（それはドイツ語にすぐに二度も翻訳された）[50]。ペインやコンドルセ、ブリソーらが王制の廃止を主張するのに対し、シィエスは君主が政府の長となるべきことを主張している。ここにはまさに共和制の文法の揺らぎが見られる。シィエスはルソー流の共和主義の理解、すなわち主権と統治が分離された政体こそを共和制と呼び、他方で、ペインら反王制派のことを共和主義者とも呼ぶのだ。

一方で、シィエスは共和主義を代表を通じた政府（gouvernement par représentation）、すなわち代表制（système représentatif）だとするペインの理解を共有する。「どんな社会体制であっても、その本質が代表に存するのでなければ、

（49）『永遠平和のために』では裁判権も含めた広義の執行権が考えられていると解される。

（50）最初にシィエスの論考がMoniteur紙に掲載され（1791/7/6）、これに対するペインからの応答がLe Républicain紙第一号（1791/7/10）に掲載された。シィエスの再返信はMoniteur紙に載せられ、一つ前のペインの応答も付録として再録された（1791/7/16）。一連のやり取りはE-J, Sieyès, *Œuvres de Sieyès*, tom. 2, no. 30. に再録されており、以下の引用は全てこれによる（頁数無し）。論争の背景についてはC. Fauré, "Representative Government or Republic? Sieyès on Good Government." 論争はすぐに独訳された。T. Paine und E. J. Sieyès, „Einige Briefe von Herrn Em. Sieyes [sic] und Thomas Paine über die Frage: Ob die republikanische Staatsverfassung den Vorzug vor der monarchischen habe?" 最後のシィエスの回答は「真の君主制概念について」という題を付けて抄訳されている。E. J. Sieyès, „Über den wahren Begriff einer Monarchie." マーガーはこの抄訳版をカントが参照した可能性を指摘するが、確証はない。W. Mager, „Art. Republik," 608. 我々としてはカントが（ルソーは読んでいたにしても）シィエスの論考を読んでいたのかどうかは問わない。執行権と立法権の分離が「代表」概念として流布していたこと、そしてそれが共和制の条件（の少なくとも一つ）として認識されていたことの状況証拠として、シィエスならびに直後に引き合いに出すロベスピエールの議論を提示する。

それは誤った体制である。あらゆる社会的結合について言えば、それが君主制であろうがそうでなかろうが、その構成員がいっせいに一度には公共体の行政に従事できない場合には、代表者か支配者か、適法的な政府か専制かのいずれかを選択するほかはない」。他方、シィエスによれば、代表制はペインが言う（王がいないという意味での）共和制政府のみならず君主制政府によっても可能であり、それゆえ後者もまた共和主義に合致する。したがって正しい問いは「良き共和制では、政府は〔ペインらの言う〕多数支配的 polyarchique か君主制的かどちらなのか」というものである。ペインら反王制派が主張する政府では、執行権が人民あるいは国民議会によって任命された合議体に委ねられ、多数決で物事が決定される。これに対して、シィエスは君主制的な政府を支持する。そこでは君主が実質的に行政を担う大臣六名を任命し、「政府の恒常的統一を代表する」。反王制派の主張する政府は「この団体〔政府を構成する合議体〕のなかで様々な諸関係が生じるゆえに、統一はうまく構成されない」。「活動の統一がなされ、しかもその利点を逃さないためには、その統一は個人による統一と切り離されてはならない」。

さらにシィエスは反王制派の政府形態を遠回しに権力の未分化状態、すなわち専制と等置しようとしさえする。曰く、目下必要なことは「憲法を完成させ、最終的にいつか完全に斉一的に、また法の支配を確証する効力によって、憲法を確定する」ことである以上、反王制派の主張する政府のように「時宜に乗じて論争の種を各省のなかに投げ入れ、布告 décret のなかに限界の定かではないほどの多様性を生じさせるということが、理性的であるはずがあろうか。〔…〕〔政府形態としての〕君主制における三角形 triangle monarchique の方が、〔ペインらの意味での〕共和制の台形 plate-forme républicaine よりも権力の分割のためには優れており、権力の分割は公的な自由の真の堡塁である」。シィエスの論考と前後するように（一七九一年七月一三日）、あのロベスピエールもまた驚くべきことに次のように述べ、反王制派を牽制している。「共和制という語は、いかなる特別な政府の形態を意味するのでもない。それは祖国をもつ自由人たちのすべての政府のものである。さて、元老院とともにあろうと君主とともにあろうと、人は自由でありうる。現在のフランスの体制はどのようなものか。それは君主のいる共和制 une république avec un monarque である。したがって、それは君主制でも共和制でもない。それは一方であり他方でもある」[51]。

ルソー、シィエス、そして（遅くとも九二年八月の人民蜂起数週間前までの）ロベスピエール[52]と同様に、『永遠平和のために』のカントも、権力の分立‐代表の観点から執行権の民主的形態を批判している。「三つの国家形式のうち、語の本来の意味での民主制は必然的に専制である。なぜならそれは全員が（同意していない）一人について決定し、ひょっとすると一人に反してまでも決定する執行権、つまり、全員ではない全員が決定する執行権を設立するからである」（ZF 8:352. 強調は網谷）。ここでは「語の本来の意味での民主制」が、全人民が立法権と執行権をともに行使する体制として理解され批判されている。カントはこの民主制を直後で、代表制を知らずそのために「専制に融解してしまった」「古代のいわゆる共和国 Republik」と言い換えているが（ZF 8:353）、この非難はジャコバン独裁への当てこすりかもしれない[53]。シィエスはジャコバン独裁の始まる前、九一年にすでに反

（51）M. Robespierre, *Œuvres Complètes*, tom. 7, éd. M. Bouloiseau et al, Paris, 1910, 552. 引用は W. Mager, „Art. Republik,“ 596 による。

（52）ロベスピエールの変節については、辻村みよ子『フランス革命の憲法原理』二六二―六頁。

（53）『ベルリン月報』の編者ビースターは、仏革命期に支配的になった古代ギリシア賛美に対して、古代の民主制は代表制をもたず立法・行政・裁判すべてを人民が集合して行ったと批判している。J. E. Biester, „Einige Nachrichten von den Ideen der Griechen über Staatsverfassung,“ 517f. ビースターの古代ギリシア批判は興味深いことに、ジャン＝ジャック・バルテレミーの小説『若きアナカルシスの旅』（Jean-Jacques Barthélemy, *Voyage du jeune Anacharsis en Grèce*, 1772–88）に依拠している。この書物は当時広くヨーロッパで読まれたが、そこにはアテナイの民主政とプラトンを代表とする哲学者に対する批判が含まれていた。

王制派の政府案を多様な布告によって法的安定性を損なうものとして批判していたし、カントとも知己のあったプロイセンの法典編纂者エルンスト・フェルディナント・クラインは、ジャコバン独裁がすでに終焉していた九六年、少なくともカントの議論を同趣旨のものと理解した。「最近のたいていの国法学者とカント（『永遠平和のために』）はともに自由な国家体制の本質を、立法権と執行権、とりわけ裁判権の分離に置いている。彼らは疑いもなく正しい。彼らは自由を民主制にのみ認められる利点としてはみなさないし、さらに、国民議会は自らを法律に拘束させないがゆえに自由を危険に晒すとも主張している。法律そのものが人民の恣意に依存している場合、なぜ人民は自らが法律を超越していると考えるに至るのか、非常に判然とする」(54)。

実際のところ、カントがどのような議論ないし現実を対象にして、「語の本来の意味での民主制」を批判しているのかは分からないが、いずれにせよその批判の理由こそが重要である。「語の本来の意味での民主制」が批判されるのは、そこでは全員でない全員が決定する執行権が設立されているからである。この場合、人民は立法権と執行権のどちらをも担うために、執行権を担う者は立法権をもつ人民の代理であるという、権力の分立－代表原理が麻痺してしまう。法律をどう執行するか、あるいは執行するかしないか、どのような判決を下すかということが、特殊利害の関係する個別の状況において決定される。それらが多数決にかけられるなら、人民の普遍的意志が法律を立法していたとしても、法律が執行される場面において、多数派の特殊意志が法律にすり替わって機能することになるだろう。しかも、個々人すべてが同時に立法権と執行権の担い手であるとすれば、立法権による執行権の監視・罷免も不可能である。法律が表象するべき人民の普遍的意志は、執行の場面で多数派の特殊意志へと歪曲され、実践的三段論法は機能不全に陥る。これは「一般意志の自己矛盾、自由との矛盾」（ZF 8:352）にほかならない。そこでは権力の分立－代表原理が機能せず、厳密な意味で、立法権者たる人民を代表して執行権を行使する政府は存在しなくなるのだ(55)。これに対して、民主制以外の体制は「こうした〔共和主義的〕統治様式への余地を残している点で常に欠陥がある」が、「それでも少なくとも可能なのは、代表制 repräsentatives System の精神に適った統治様式へと接近する」ことである。「国家権力の人員（支配者の数）が少なくなればなるほど、それにひきかえその代表が大きくなればなるほど、国家体制は共和主義の可能性に合致する」（ZF 8:353）。

ところが、こうした統治形式による共和主義と専制の区別は『法論』では（少なくとも明示的には）用いられなくなる。それはフリードリヒ・フォン・シュレーゲルの『永遠平和のために』書評を受けてのことかもしれない。(56) シュレーゲルは共和主義を統治形式によって特徴づけることに反対した。それは見たところ、彼が立法権と執行権の関係を権力の分立－代表概念の下で理解できなかったためであるが、その指摘は『永遠平和のために』の表現のまずさを明るみに出すものでもある。

シュレーゲルによれば、例えば世襲君主が執行権を、世襲貴族が立法権を担うなら、確かに権力は分立しているが、この体制は代表的ではなく共和主義と合致しない。(57) こうした体制はむしろモンテスキュー流の身分制と結合した権力分立に等しいだろう。プロイセンでは一六五三年以降、等族議会はほとんど開催されず、中央権力からも等族が排除されていくが、群や州では等族会議や等族的機関がいまだ影響力を保持していた。それらを通して等族は地域の特権的利害を代表し、中央の行政に意見を表明した。(58) さらにフランス革命後のドイツでは、革命

E. Andrew, *Imperial Republics*, 126f. カントはこの書物を入手している（11:454）。

（54）E. F. Klein, „Über das Verhältniß der gesetzgebenden und richterlichen Gewalt," 324.

（55）それゆえにルソーは、民主制を政府なき政府（Gouvernement sans Gouvernement）と呼んだ（CS:3.4）。

（56）シュレーゲルのカントへの影響を指摘するものとして、例えば K. Herb u. B. Ludwig, „Kants kritisches Staatsrecht," 470ff.

（57）F. Schlegel, „Versuch über den Begriff des Republikanismus," 13.

（58）阪口修平「プロイセン絶対主義」九四―六頁。

の成果を脱文脈化し、制限君主制の観点から等族の統治への参加を国民代表（National-Repräsentant）として正当化する言説も現れていた[59]。シュレーゲルはこうした状況でカントの議論がどのように読まれうるかを危ぶんだのだろう。彼は共和主義の本質的な徴標として、統治形式に代えて、一般意志の擬制（Fiktion）のあり方を挙げる。個人の自由と平等の理念は、一般意志による支配を唯一正当なものとして要求するが、一般意志は理念であり、現実にはそれは擬制によって代用されなければならない。平等の理念からすれば、君主や貴族の私的意志をその擬制とみなすことはできない。そこで「多数者の意志が一般意志の代用Surrogatとして認められなければならない。それゆえ共和主義は必然的に民主的である[60]」。

カントはこの書評の書誌情報をメモしており（18:666）、実際『法論』ではシュレーゲルの指摘が活かされているように見える。『永遠平和のために』では、共和主義が権力の分立‐代表原理のみによって特徴づけられ、法律の正義とそれを可能にする国家市民による立法との関連がうまく表現されていない。ルソーにせよシィエスにせよ、またある時期までのロベスピエールにせよ、立法権が人民（ないし国民）に帰属するということを前提とした上で、そこからの執行権の分離を論じているのだが、『永遠平和のために』の議論ではこの前提が抜け落ちているとは言えないまでも、明確に表現されているとは到底言いがたい。だが『法論』においては、法律の正義の条件である普遍的人民意志の完全な表象‐代表、そして三権の実践的組織と権力の分立‐代表、この二つの原理が論理に統合され、〈理念の国家〉すなわち純粋共和制の原理として深く考察されるようになるのである。

第三節　〈現象の国家〉における複数の共和制

以上をもって、いよいよ『法論』五二節に登場する、複数の共和制の構想を弁別する準備が整った。これまで明らかにしたことを確認しておけば、法律の正義と三権の実践推論的制度化という二つの原理にしたがって、理性によってア・プリオリに構成された国家は〈理念の国家〉と呼ばれる。〈理念の国家〉と〈現象の国家〉、叡智的公共体と現象的公共体の対において、前者は後者の規範であり、普遍的人民意志が自己支配する国家の理念として純粋共和制と呼ばれていた。こうした〈理念の国家〉(=叡智的公共体=純粋共和制)を、経験において実例を通じて表示する体制は可能であり、それが実現されるまでは、暫定的に君主による共和主義的統治がなされなければならない。〈現象の国家〉のうち、これら二つの規範的に優位な体制は、『諸学部の争い』では国家形式による共和主義的体制と、単に統治様式による共和主義的体制と呼ばれていた。『法論』では五二節で、現象界において実現可能なこれら二つの体制が論じられている。四五―四九節が〈理念の国家〉の原理を論述するのに対して、五一―五二節はこれから見るように〈現象の国家〉を取り上げている。

理念と現象という批判哲学的二分法に基づいて『法論』「第二部・公法・第一章・国法」が構成されているということは、しばしば留意されてきた。しかし現象的公共体を論じている五一・五二節のうち、後者がどのようなトピックを扱っているのかは問われてこなかった。参考になるのは、第一節冒頭で触れたシュマルツの『自然

(59) H. Hofmann, *Repräsentation*, 406f.
(60) F. Schlegel, „Versuch,“ 17.

的国法』である。シュマルツはドイツ自然法学の伝統に沿って、絶対的国法と条件的国法を区別し、後者をさらに君主制・貴族制・民主制といった「統治形式」（一六章）と、「その変革」（一七章）に分けている。自然法の著作が統治形式の変革を扱い、そしてそれが著作の最後に置かれるということはシュマルツに特有のことではない。ドイツの自然法学者（例えばヴォルフ、アッヘンヴァル、フーフェラント）が統治形式の変革について論じることは稀だが、プーフェンドルフの『自然法と万民法』の最終巻・最終章は「国家の変容と解体について」と題されていた。同様のトピックはロックとルソーにも見出される。

プーフェンドルフによれば、国家は三通りの仕方で変容する。国家が同じままであるか、もはや同じではなくなってしまうか、そして国家が国家であることをやめるかのいずれかである。第二のケースは、例えば内戦によって一国が複数の国々に分かれてしまうか、あるいは戦争後、複数の国々が一国に併合される場合である。第三のケースは、大災害などによって人民が物理的に一気に消滅するか、あるいは疫病や不和によって離散し、その人々が別の国家に服従する場合である。これらは、結合契約によって生成する人民の集合体（coetus）の精神的人格としての統一性が変化するか失われる場合だが、我々にとって興味深いのはその統一性が変化しないにもかかわらず国家が変化すると言われる第一のケースである。それは王国が貴族制へ、あるいは民主制や貴族制が王国になる場合である。しかしこうした「国家の形態civitatis forma」が変わっても、「国家の本質的な形態は持続しており、ただ主権の固有の実体（subjectum proprium summi imperii）から帰結する形態が変わっただけである」[61]。要するにこの場合、主権の担い手が変わるだけで、人民は同じままだというのである。

プーフェンドルフはこれ以上のことを論じているようには見えないが、名誉革命期を生きたロックにとっては、まさに国家の変容こそが重要な問題であった。『統治二論』の最終章「統治の解体について」によれば、政治共同体（commonwealth）そのものの解体と、統治（government）の解体は区別されなければならない。前者を帰結させるのは他国による征服である。他方、後者が引き起こされる条件は、主に立法部の信託違反である。この場合、統治が解体されるとしても、自然状態から人々が結合契約によって結合した状態である政治共同体は解体されない。むしろ「その至高の権力が社会に戻る」。すなわち、政治共同体は「立法権を自分たちのうちに置き続けるか、新しい形態の統治を打ち立てるか、それとも、古い形態の統治の下でそれを新たな人々に委ねるかを、自分たちがよいと考えるところにしたがって決定する権利をもつことになるのである」[62]。我々が以下で見るように、ルソーはロックの議論を引き継ぐ形で、統治すなわち執行権の形態の変更について論じている。こうした理論的な系譜においてカントの『法論』五二節は読まれる必要がある。実際、カントは五一節で国家形式を分類し、五二節でその変革の適法的な仕方・手続きを論じている。

五一節によれば、国家の三権は「ア・プリオリに理性に由来する統一された人民意志の三種の関係性」であり、「国家統治者Staatsoberhauptという純粋な理念」である（RL §51, 6:338）。ここでは、国家統治者は三権すべてを保持する主権者として考えられている[63]。〈理念の国家〉では、国家統治者は人民の普遍的意志である。しかし「最高の国家権力を表象する自然的人格がなお欠けているかぎり」、これは「人民意志に対する効力」をもたず、「人民全体を表す思考の産物」にすぎない（RL §51, 6:338）。つまり、国家が現実に人民意志を権力として発動させる

（61）S. Pufendorf, *De jure naturae et gentium*. 8. 12. 1.

（62）J. Locke, *Two Treatises of Government*, II. 243.

（63）カントは主権者をホッブズと同様に三つの権力すべてを統括するものとして論じている場合もあれば、単に立法権者という意味で論じている場合もある（Vgl., RL §45, 6:313）。カントにおいて主権者（Souverän）、国家統治者（Staatsoberhaupt）、統治者（Oberhaupt）が曖昧に使用されていると指摘し、その用法を分類するものとしてP. Burg, *Kant und die Französische Revolution*, 215ff. しかしこの研究では〈理念の国家〉と〈現象の国家〉の区別が理解されていないために、無用の混乱が生じている。

ためには、主権が自然的人格によって担われていなければならない。そのため〈理念の国家〉、純粋共和制が経験に完全に対応する対象をもたない唯一のものであるのに対して、〈現象の国家〉は、主権を担う人格（一者・複数・全員）と人民の関係に応じて、国家形式（Staatsform）として独裁制・貴族制・民主制へと分類されることになる。『法論』ではこのように、国家形式が価値中立的に分類されるだけで、『永遠平和のために』のように民主制が専制だと断じられることはなく、共和主義と専制という統治形式の区分自体にも言及はない。『永遠平和のために』とは違って、国家形式上劣位に置かれるのはむしろ独裁制である。法の運用・処理については、独裁は立法者が同時に執行者でもあるため最も効率的であるが、「権利そのものについて言えば、人民にとって最も危険であり専制となる傾向が非常に大きい」（RL §51, 6:339）。

これに続く五二節では、国家体制が適法的でない場合に、それをどう適法的に変革するかということが問題にされている。純粋共和制は完全な理想であり、体制変革の必要も可能性もありえないが、〈現象の国家〉では三つの国家形式の一方から他方への変革が生じうる。「主権者は、現存の国家体制が根源的契約の理念とよく一致していない場合には、それを変革することが可能でなくてはならない」（RL §52, 6:340）。では体制変革はいかにして適法的になされるのか。もし人民によって体制が変革されるなら、それは「徒党を組んだ人民によってなされるに違いない」が、彼らはカントの論理では人民の意志を代表することはできない。人民意志を表象‐代表できるのは、言い換えれば、人々の群れを人民という集合的な一人格に構成できるのは、主権者（国家統治者）だけである。もし徒党によって人民意志が代表されるとすれば、そのときにはいわゆる国家のなかの国家（imperium in imperio）が現出することになるだろう。したがって「人民暴動」は「あらゆる市民的法的関係の転覆であり、すなわちあらゆる法の転覆であって、市民的体制の変革ではなく、市民的体制の消滅である」（RL §52, 6:340）。

それでは適法的な体制変革はいかにして可能なのか。論理的な可能性としては、一見それは人民によって下からではなく、主権者によって上からなされるよりほかにないように思われる。[64] しかしカントによれば、「この変革の旨とするところは、国家が自らこの三つの形式の一つから他の二つのうちの一つへと自分で構成するということ、例えば貴族らが独裁制に服従しよう、民主制へと融合しようといったことに合意したり、あるいはその逆であったりということではない」(RL §52, 6:340. 強調は網谷)。というのも、これではまるで「人民をどの体制に服従させたいかという主権者の自由な選択や好み」によって体制が変革されてしまうことになるからである。もしそうなれば「主権者は人民に不正をなしうるだろう」。というのも「人民自身がこの体制を嫌悪し、残りの二つの体制のうちの一つの方が自分のためになると考えるかもしれないからである」(RL §52, 6:340)。したがって、「(欠陥のある)国家体制の変革が必要になるときもあるかもしれないが、それは主権者自身によってのみ、改革を通してなされうるし〔…〕、立法権にではなく執行権にのみ該当する」(RL 6:321f.)。

すなわち、根源的契約の理念と一致しない体制に関して、既存の主権者(国家統治者)に可能なのは、国家形式の変革ではなく、単に執行権に関する変革だけだというのだ。国家形式は「根源的立法の単なる文字(littera)」にすぎず、「古くからある慣習によって(つまりただ主観的に)必要だと考えられているかぎり存続してもよい」。

しかし根源的契約の精神(anima pacti originarii)は構成的権力に対する拘束性を含んでいる。それは、統治様式を根源的契約の理念に適したものにし、一度にではなくとも徐々に継続的に統治様式を変革し、唯一適法

(64) 拙稿「カントの共和制の諸構想と代表の概念」七〇頁では、国家体制の変革は主権者によって上からなされなければならないと書いたが、正確さを欠いていた。以下で詳述するように、主権者に可能なのは統治様式の変革か、国家形式変革のための合議体(設立された共和制)の招集だけである。

的な体制、すなわち一つの純粋共和制という体制に、統治様式が作用の上で一致するようにすること、そして、ただ人民を臣民にするためだけに用いられてきた旧来の経験的（実定的）な諸形式が消えて根源的（合理的）な形式になるようにすることである。この根源的な形式のみが自由を原理とする、それどころかすべての強制の条件となるものである。このことが国家の本来の意味での法的体制にとっては必要であり、それによって最終的には文字の上でもこの〔純粋共和制という〕法的体制へと行き着かせるだろう。(RL §52, 6:340f.)

『法論』において統治様式は、この箇所でいきなり何の定義もなく言及される。明らかなのは、主権者（構成的権力）は統治様式の変革によって、純粋共和制を作用上実現するよう拘束されているということだけである。だとすれば、ここでの統治様式は『永遠平和のために』のそれ、立法権と執行権の分離以上のものであるに違いない。というのも、立法者が自ら立法した法律に厳密に即して統治するか、あるいは執行権を別人格に委ねて権力の分立－代表を貫徹させたとしても、純粋共和制のもう一つの原理である法律の正義を保障するものは何もなく、純粋共和制が作用上もたらされるかは定かではないからである。[65] したがって、ここで統治様式の変革は立法にも関係するもの、[66] すなわち『諸学部の争い』で言われていた、君主による共和主義的統治に対応すると考えられる。それは「成熟した理性をもつ人民が自らそれを定めたかのように」立法すること（SF 7:91）、言い換えれば「人民自身が普遍的な法原理にしたがって立法したかのような法律と類比的に、国家を運営させるもの」であった（SF 7:88）。

このように、統治様式の変革（共和主義的統治）は権力の分立－代表原理だけでなく、人民の普遍的意志を表象－代表するような立法、人民の同意可能性を考慮した立法をも君主に求めることになる。カントは五一節で君主（Monarch）と独裁者（Autokrator）を区別しているが、前者はこうした共和主義的統治を行う国家統治者である。

「君主は最高の権力をもつが、独裁者あるいは一人支配者Selbstherrscherはあらゆる権力をもつ。後者は主権であるが、前者は単に主権を代表するにすぎない」（RL §51, 6:339）。共和主義的な統治において、君主は行政権と裁判権を別人格に委ね、しかも本来的には立法を行うべきである普遍的な人民意志を表象‐代表するかのように立法することになる（法学的に見れば、君主はやはり立法権者として主権者であることに変わりはないが）。

しかし、このように統治様式の改革によって純粋共和制を作用の上で実現するということの成否は、法律の正義を保証し、三権の実践推論的組織を具備した制度による担保がない以上、君主の有徳さに依存せざるをえないだろう。つまり共和主義的統治は、純粋共和制を可能にする制度的な保障なしで、にもかかわらずその作用を君主の有徳な人格に期待する体制、国家形式による共和主義的体制の代用物でしかないのだ。それゆえにこそカントにとって、「一人で支配していようともそれでも共和主義的に統治すること」はあくまで暫定的なものでしかなく、それは単なる共和主義を模したもの、「共和主義の精神において、共和主義との類似《アナロギー》にしたがった」ものでしかない（SF 7:87, Anm.）。

それだからさらに、最終的には統治様式の変革を超えて、人民を臣民としてしか扱わない現行の国家形式が変更され、根源的契約の理念と一致した体制が実現されなければならない。その体制はどのようなものなのか（それがどのように実現されるべきかはすぐ後に述べる）。「一つの純粋共和制」（RL §52, 6:340）は、人格ではなく法律が自己支配し、各人の権利が確定的に享受されるというまったき理念である。

（65）W. Kersting, *Wohlgeordnete Freiheit*, 425–8.（邦訳三二五—六頁）

（66）カントが権力分立の原理としての統治様式と、それに加えて、立法にも関わる包括的な政治の原理としての統治様式に言及していることについて、U. Thiele, *Repräsentation und Autonomieprinzip*, 76ff.

しかしあらゆる真の共和制 alle wahre Republik は人民の代表制 repräsentatives System des Volks でありそれ以外にありえない。人民の代表制は、人民の名において、全国家市民を通じて統合され、国家市民の代表 Abgeordnete（Deputierte）を介して、国家市民の権利に配慮するためのものである。（RL §52, 6:341）

ここでは、理念としての一つの純粋共和制に対して、〈現象の国家〉において実現可能な共和制、『諸学部の争い』で言われていた叡智的公共体を経験において表示する体制が、「あらゆる真の共和制」として記述されていると考えられる。君主による共和主義的統治（統治様式の改革）は、これが実現されるまでの暫定的な義務にすぎない。

ところで、真の共和制が備えているとされる人民の代表制は、これまで一般的に立法の代表議会として解釈されてきた。しかし、なぜ直接立法ではなく代議士による間接立法でなければならないのか、『法論』にはその ア・プリオリな理由は見当たらない。(67) 確かに「人間愛から嘘をつく権利と称されるものについて」（一七九七）という小論では、「巨大な社会」において「代表制を介して」、「自由と平等の原理にそった調和を作り出す」ことへの言及がある。しかし社会の規模は経験的な事柄であり、それを理由にして立法の代表議会が真の共和制のア・プリオリな条件だと考えることはできないだろう。実際この小論では、代表制は法の形而上学的概念を「経験的事例に適用する」ための「政治の原則」であり、「人間の経験的認識から引き出された」命令によって可能になると言われる（8:429）。つまり、こうした代表制は『法論』での人民の代表制とは異なり、真の共和制にア・プリオリに構成的なものではない。

しかしそれでも、Abgeordnete や Deputierte という言葉遣いから、カントが代表議会を意図していることは明らかではないかという反論もありえるだろう。一般的な事実として、ドイツではこれらの言葉は当時は議会代表だけに用いられていたわけではなく、何かを委託・委任された者を指す言葉として広く用いられていた。(68) だが、カント自身は、『法論』「一般的註解」のなかでグレイト・ブリテンの国制について論じていると思しき箇所で、明らかにDeputierteを議会代表の意味で用いている（RL 6:319, Vgl., 6:325）。我々がこうした観点から主張したいのは、人民の代表制は立法の代表議会の意味にしか取れないということではなく、むしろ、立法の代表議会の意味にも取れるということである。

同じく言葉遣いに着目するなら、「権利に配慮するRecht besorgen」という表現が果たして立法権だけに該当す

(67) 立法の代表議会の必要性を、主権者と臣民が同一であってはならないという、少なくとも『法論』には見出だせない理由に求める解釈もある。が、それでは真の共和制と他の体制はエリート選出の仕方が異なるにすぎず、なぜ前者が（例えば）君主の共和主義的統治よりも規範的に優位にあるのか分からなくなる。K. Herb u. B. Ludwig, „Kants kritisches Staatsrecht,“ 465ff. さらに、立法権と執行権が全人民に帰属する『永遠平和のために』での民主制を避けるために、立法の代表議会が必要となるという理由を挙げる解釈もあるが、なぜそれが理由になるのかは理解に苦しむ。A. Pinzani, "Representation in Kant's Political Theory," 215. 斎藤「民主政のパラドクスとカントの共和制概念」一〇二頁。立法議会の代議士全員が執行権を担うとすれば同じ問題は避けられないだろう。

(68) 例えば、『プロイセン一般ラント法』（*Allgemeines Landrecht für die Preußischen Staaten von 1794*, hg. H. Hattenhauer）第二部第六章「結社一般について、そしてとりわけ団体と地方団体について」一四九項では、「団体は法律顧問官を指名するのを強制されることはないが、法律顧問官が三人以上であれば、裁判官によってそのなかから選出された二人か三人のDeputirteによって権利問題が処置されるよう、勧告される」。また、第二部第九章「貴族階級の義務と権利」第四九項では「貴族の宮廷財産を所有している貴族の居住者の後見人、また市参事会のDeputirteは、市民身分の一人格に属していたとしても、こうした会議から排除されることはできない」。Abgeordneteについては、第二部二〇章「犯罪と刑罰について」第一六六項によると、「在職中の元首あるいはその命令を執行するAbgeordneteに対して暴力によって抵抗する者は、抵抗の行状にしたがって、そしてその場合に用いられた暴力にしたがって、二ヶ月から二年の禁錮刑・懲役刑・城塞禁錮刑が課される」。

るのかということも疑問である。カントが『法論』のなかでbesorgenという表現を用いることは稀であるが、[69]草稿では「自らの幸福に配慮するseine eigene Glückseligkeit besorgen」といった表現が旧来のドイツ自然法学を批判する文脈で現れる。アッヘンヴァルの『自然法』によれば、「内的かつ外的な公共の福祉の配慮curaが国家の支配者の前にある」。「こうした国家の支配者の義務から、公共の福祉を実際に配慮するためにut salutem publicam actu curet〔…〕市民を服従させる権利が出てくる」[70]。カントはこれに次の批判的なコメントを寄せている。「国家の至福は人民のそれとはまったく異なる。前者は法律の下への人民の服従と正義を管理するという点で全体に関わるが、後者は各人の私的な幸福に関わる。人民の私的な幸福に配慮することは、君主の〔義務ではなく〕功績である」(19:372, Vgl. 19:535, 560)。ここから明らかなのは、人民の正義への配慮が人民の幸福への配慮と対置されているということ、そしてそれは単に立法行為のみに関係する文脈ではなく、国家の目的と国家活動のすべてに関連する文脈において現れているということである。

さらに、代表制自体についても、これを素直に立法の代表議会の意味に取ることはできないだろう。実際『永遠平和のために』の代表は単に権力の分立を意味するにすぎなかった。また、しばしばカントに影響を与えただろうと取り沙汰されるシュレーゲルの書評においても、代表概念は立法議会の意味を超出している(この点に関して先行する解釈は無視を決め込んできた)。シュレーゲルにとって、立法の代表議会が存在するかどうかということは、単に技術上の問題にすぎない。確かに「人民の多数が人格として政治的に活動すること」は難しく、「代議士Deputierteや委員Komissarien」による「政治的代表」が共和主義には不可欠である。しかし「代表と政治的擬制を区別するなら、代表なしでも(技術的には極めて不完全だとはいえ)共和主義はありえる」し、「代表が擬制としても理解されるなら、擬制が古代の共和国には認められないと不当に非難することになる」[71]。シュレーゲルにとって、人民の普遍的意志という理念がどのような制度を通じていかにして擬制として表現されうるのか、つまり代表されるのかということが共和主義の核心的課題である。それは世襲の君主や世襲の貴族によって表現されてはならず、人民自身によって表現されなければならない。

共和主義においては、確かにただ一つの政治的擬制の原理があるが、しかしこの一つの原理には二つの異なる方向性がある。そしてこれらの方向が可能なかぎり最大限に異なるがゆえに、共和主義的体制の二つの純粋な様式があるというよりもむしろ、二つの対立する極があるということになる。つまり、一方は貴族制的な体制であり、他方は民主制的な体制である。代表の形式には無限に多様な形式が存在する（例えば民主主義と貴族主義の混合）が、純粋な様式も、ア・プリオリな分類の原理も存在しない。[72]

ここでシュレーゲルは代表の概念を政治的擬制の意味で用いている。シュレーゲルがここで言う貴族は、世襲貴族ではなく「政治的貴族」、「選出された貴族」である。それは、普遍的人民意志を実質的に代表する能力をもつ選良であり、その投票は「個人が絶対的な意志の普遍性にどれだけ近似しているかによって」加重されてカウントされる。[73] これは現代の言葉で言えば、立法の代表議会における代議士を指しているだろう。しかしシュレー

（69）国家権力と関係するものとして、「ポリツァイ〔…〕は公的安全・快適・風紀に配慮する」（RL 6:325）。もちろんポリツァイは立法権ではなく執行権の管轄下である。
（70）G. Achenwall, *Iuris naturalis pars posterior*, §102f.
（71）F. Schlegel, „Versuch,“ 17f. Vgl. 21.
（72）F. Schlegel, „Versuch,“ 19. 強調は網谷。
（73）F. Schlegel, „Versuch,“ 17.

ゲルによれば、それは共和主義の一方の極でしかなく、他方の極には民主制、つまり人民一人ひとりの投票が平等にカウントされ、多数派の意志が普遍的人民意志の代用として擬制の役割を果たすという代表制もありえる。カントはこうした見解に概ね同意したことだろう(74)。

これらの点を踏まえて、『法論』での人民の代表制を解釈しなければならない。現代の語法にとらわれることなく、むしろカントが〈理念の国家〉の原理として挙げた二つを基準にして解釈する必要がある。すなわち、法律による人民の普遍的意志の完全な表象‐代表と、執行権（行政権・裁判権）による立法権の代理‐代表である。人民の代表制を立法の代表議会として即座に解釈することは、ア・プリオリな根拠の点からも、また当時の語法からも疑わしい。〈理念の国家〉すなわち純粋共和制の原理の一つである法律の正義に関して言えば、立法権は国家市民に帰属していなければならない。そうでなければ、いかにして法律が普遍的な人民意志を表象‐代表するということが可能であろうか。しかしさらに、もう一つの原理である三権の組織に関しては、（『永遠平和のために』の民主制のように）執行権は全国家市民によって行使されることがあってはならない。権力の分立‐代表原理に反することになるからである。そこで、立法権が国家市民に帰属し、かつ、三権力が分立‐代表的であるということ、この条件を満たしたあらゆる体制が人民の代表制として真の共和制の資格をもつと考えられる。純粋共和制が理念として経験に完全に対応する対象をもたないただ一つのものであるのに対して（一つの純粋共和制）、真の共和制はこれを経験において表示するものとしてヴァリアントがありえるのだ（あらゆる真の共和制）。

具体的に言えば、人民の代表制は人民の人民による代表であり、君主あるいは貴族による代表ではない。立法に関して、このことは立法権が人民のうちの国家市民によって担われるという以上のことを意味しない。カントはルソーと違って代議士による間接立法を排除しないが、しかし人民の直接立法を否定してもいない。「人民の名において、全国家市民を通じて統合され」が意味するのは、立法のために統合された国家の成員として、国家市民（能動市民）が受動市民も含めた人民全体の代わりに立法を行うということである。他方、直接立法であれ間接立法であれ、執行権は立法権から人格的に分離され、国家市民の代理者によって（「国家市民の代表を介して」）担われなければならない。排除されるのは全国家市民が執行権を同時に行使する可能性だけであり、それ以外に当然多くの形態がありうる。例えば、大統領制や選挙君主制であれば、行政府の長は国家市民から直接選ばれた代表（Abgeordnete）であろうし、あるいは議院内閣制ならそれは代議士（Deputierte）から選ばれるだろう。(75)行政府の長は一者なのか合議体なのかという、シィエスとペインが問題にしていた選択肢もある。つまるところ、人民の代表制はこうした制度的可能性すべてを包摂する広い概念である。これによって小国、例えば直接民主制的な形態をもったスイスのカントン制も記述できるだろう。カントにとって、これらのうちのどれが最適な制度的組み合わせかはア・プリオリには決められず、国家をとりまく経験的な状況を考慮して実用的に決定されるべきものにすぎない。(76)より重要なことは、真の共和制が君主の家産的利害でも貴族の地域的利害でもまた個人の特

（74）ただしカントはシュレーゲルの古代ギリシア賛美を共有しないだろう。シュレーゲルいわく、「実際、古代の共和国はいわゆるなどというもののみならず、真性の共和国であり、多数の意志によってすべての人が有効な形で擬制されていることに基づいていたのである。人倫の共同体については、現代の政治文化はいまだ古代に比べて幼年期にあるにすぎない」。F. Schlegel, „Versuch," 17f.

（75）ただし三権の分立－代表原理を貫徹させるならば、現代のイギリスや日本の議院内閣制は、カントの真の共和制の構想には当てはまらないだろう。というのもそこでは首相以下の内閣は、もっぱら立法を担う代議士によって構成されており、立法と執行の人格的分離が不完全だからである。カントの構想を貫徹させるなら、議会から首相以下内閣が選ばれるとしても、選出された人々は立法権者の単なる代理となるために、少なくとも代議士の資格を喪失する必要があるだろう。

（76）この点を先駆的に主張してきたのは、I. Maus, *Zur Aufklärung der Demokratietheorie*, 197f.（邦訳一六九頁）とU. Thiele, *Repräsentation und Autonomieprinzip*, 89–95 である。ただし両者は執行権の代表形態のオプションを考慮していない。

<table>
<tr><td>理念の国家＝叡智的公共体</td><td colspan="2">現象の国家＝現象的公共体</td></tr>
<tr><td rowspan="3">純粋共和制</td><td>共和主義的体制</td><td>非共和主義的体制</td></tr>
<tr><td>統治様式による共和主義的体制
＝（君主による）共和主義的統治</td><td rowspan="2">専　制</td></tr>
<tr><td>国家形式による共和主義的体制
＝真の共和制</td></tr>
</table>

殊利害でもなく、人民（国家市民）の権利に配慮するための制度として、国家市民による立法とその代理による執行を要求しているということである。純粋共和制を君主の人格的徳によって実現しようとする統治様式の改革（共和主義的統治）に対して、真の共和制はそれを制度によって実現しようとするのだ。

最後に、それでは——これが五二節の問題であったが——既存の体制から根源的契約の理念を満たした体制、真の共和制への変革はいかにして適法的になされるのか。それは人民によって下からなされるのでもなく、さらに国家統治者（主権者）によって上からなされることもできなかった。それではいったいいかにして国家形式の変革はなされるというのか。論理的な可能性として真に残されているのは、既存の体制における「上から」あるいは「下から」といったヒエラルヒッシュな比喩が成り立たない状況でしか、その変革はなされえないということである。すなわち、国家統治者が人民を招集して、ともに——すなわち水平的に——体制変革について決議することである。このようにすれば、国家統治者の単なる恣意によって人民の意志に反した体制変革がなされることはなくなる。シュマルツの『自然的国法』一七章はまさにこれを論じている。「服従契約が結ばれているなら、主権者の権力は国家体制を変革できない。というのも主権者は、権力が委譲された際の条件の下でのみ権利を保持しているからである」[77]。「しかし国家体制は主権者と人民が合意すれば変更されうる」[78]。真の共和制について書かれた先の引用の直後の箇所も、同様に読まれるべきである。

しかし、人格の点で見られた国家統治者（国王、貴族、人民の全体数、つまり民主的団体）が自らをも代表させるやいなや、統合された人民は単に主権者を代表するだけでなく主権者そのものである。というのも、根源的には人民に最高の権力が存在し、そこから単なる臣民としての（場合によっては国家官吏としての）個々人の権利すべてが導出されなければならないからである。そして今や設立された共和制 **errichtete Republik** は統治の手綱を手放す必要はなく、以前統治を指揮していた人、そして絶対的な恣意によって新しい指令のすべてを再度無にしようとする人に、統治を再び委ねる必要もない。（RL §52, 6:341）

人民を（ホッブズ的な意味で）表象‐代表していた既存の統治者が、国家形式変革のために人民を招集すれば、統治者は招集された人民に自らを代表させることになる。招集された人民の合議体（「統合された人民」）を、カントは「設立された共和制」と呼んでいる。既存の研究はこの極めて特殊な共和制のカテゴリーを無視してきた[79]。例えばケアスティングは、君主による共和主義的統治から真の共和制への移行の規範的必然性を正しく理解して

（77）T. Schmalz, *Das natürliche Staatsrecht*, 126f.
（78）T. Schmalz, *Das natürliche Staatsrecht*, 129.
（79）五二節の主題を理解できずにいる解釈者は、人民がどの体制を望むのかを突き止める方策についてカントが沈黙していると主張している。K. Herb u. B. Ludwig, „Kants kritisches Staatsrecht," 465, Anm. (135). それに対して同時代のコメンタリーはこれが体制変革に関わる場面であると正しく理解している。J. S. Beck, *Commentar über Kants Metaphysik der Sitten*, 480.

いるが、両者を媒介するこの共和制を見落としている。[80] カントによれば、既存の統治者（主権者）が人民を招集すると、今や招集された人民自らが主権者となる。というのも、人民のなかに根源的に存在する最高権力が今や現前しているからである。この人民の合議体は、臣民のみならず国家官吏の権利をも含めた今後の国家のあり方の一切を決議しなければならない。こうした根本法（Grundgesetz）、すなわち憲法の制定のために、今や共和制が設立されているのだ。設立された共和制では、主権者として現前した人民が今後の国家体制と保障されるべき個人の権利を規定することになる。これはシィエスの言葉を借りれば、構成する権力（pouvoir constituant）の現前である。しかも設立された共和制では、驚くべきことに人民は同時に執行権をも手にしている。彼らは統治の手綱を握り、指令を発するというのだ。

ここには明らかにルソーの声が残響している。『社会契約論』によれば、「人民が主権をもつ団体として合法的に集合するやいなや、政府の裁判権はまったく停止され、執行権は中絶される〔…〕。というのは、代表される者が自ら出ているところには、もはや代表者は存在しないからだ」（CS:3.14）。集合した人民は現政府を存続させるかどうかを決議し、もしそれが否決されれば新政府について決定する。これは「政府を設立する行為」であり、そこには政府の形態を規定する法の制定と、政府の長の任命という法の執行が含まれる。後者は（誰かを指名するのであるから）個別的行為としてそれ自体「政府の一つの機能である」。

再びここで、一見矛盾している働きを調和する政治体の驚くべき性質の一つが明らかになる。というのは、この性質は、主権の民主制への速やかな転換から生まれるからである。したがって、目立った変化は全然なしに、ただ万人の万人に対する一つの新しい関係のみによって、市民は行政官になり、一般的行為から個別的行為へ、法からその執行へと移るのである。一般意志の単一の行為によって、現実に政府が設立されうるということ、これが民主制の政府に特有の長所である。その後で、この仮の政府は、採用される形態がそう〔民主制〕であればそのまま政権を取り、そうでなければ法律によって規定された政府を主権者の名において設立する。こうしてすべてが合法的に運ばれる。これ以外のいかなる合法的方法によっても、また以上に述べた諸原則を破ることなしには、政府を設けることは不可能である。（CS:3.17）

カントにおいて設立された共和制は権力の分立－代表原理を欠いているが、それはルソーと同様、新政府設立までの間、旧政府に代わって指令を発するためである。また、ルソーが政府の設立のために集合した合議体をそれ自体で民主制と呼ぶのと同様に、カントも根本法の制定のために集合した合議体をそれ自体で設立された共和制と呼ぶ。というのも、そこでは根本法の立法の権利、すなわち「公共体における最高の立法の権利」（RL §52, 6:342）が人民の合議体に帰属しているからである。人民の合議体は単なる法律ではなく根本法の立法、公共体の最高の立法を行うのであり、それをなしえるかぎりで一つの共和制とみなされなければならないのだ。

五二節の最後には、フランス革命の国民議会への言及があるが、この歴史的な出来事をカントはルソーやシュマルツを通して理解しえただろう。設立された共和制に歴史的形象を与えるのは国民議会、正しく言えば憲法制定国民議会である。カントによれば、国家債務を転嫁するために人民を招集したことは、フランス国王の「判断力の大きな誤り」だった。というのも、債務問題の解決のために招集されたとはいえ、人民は「臣民の課税に関するのみならず政府に関しても立法権を手に入れた」のであり、「君主の支配権は（単に停止されたのではなく）完全に消滅して人民に移行した」からである（RL §52, 6:341）。これによって国王の権力は無となり、自らが担っ

（80）W. Kersting, „Die bürgerliche Verfassung...“ 73ff.

ていた人民の表象－代表という役割も消失することになったというのだ[81]。こうして、カントは三部会の招集と国民議会の設立という革命の始まりを、逆説的なことに、国王自身によって国王の意図せざる仕方でなされた改革の最終段階として解釈する。君主による共和主義的統治（統治様式の改革）は、適法的な体制変革の手続きを踏むために人民の合議体を招集することで、つまり設立された共和制において、その役割を終えるのである。

このような議論をもって、カントが直接民主制のみを擁護していたと解釈すること[82]はもちろんできない。実際、その歴史的形象である国民議会は第三身分の代表者からなっていたのである[83]。しかしカントは、例えばシィエスが前提しているような、広大な地域に多数の人々が住むがゆえに「代表的な共通意志」を必要とする状態[84]をア・プリオリに想定せず、人々が自ら集合して審議しうる程度の「ごく少数の個人から構成される」場合[85]をも含意できる表現に留めている。人民の数がどのような規模で、どのような土地に住んでいるのか、これらはカントにとってア・ポステリオリな問題にすぎない。これらがどうであったとしても、ここで「公共体における最高の立法の権利をもつ者」は「人民の全体意志Gesamtwilleによって人民を采配できるにすぎず、あらゆる公的契約の根源である全体意志自体を采配することはできない」(RL 52, 6:342)。

これはシィエスばりの口吻だが[86]、シィエスとは違って、カントにとって〈理念の国家〉を設立する社会契約、すなわち根源的契約は国家の適法性を考えるためだけの理念である。現実の設立された共和制において現出するのは、せいぜい全体意志であり普遍的意志ではないだろう。この点でカントは、人民に憲法制定権力を見出しながらも、それを必ずしも正義を満たした法律の司る〈理念の国家〉を創設する権力と同一視したわけではない。構成的権力が発露する革命的契機に正義の理念の顕現を見出すとすれば、それはカントにとって理念と現象の混同、いわば理性が引き起こす避けがたい錯覚であっただろう。社会契約論をもちだして、革命政府の正統性のみならずその正義を基礎づけようとするシィエスとは異なり、カントにとって正義の支配は将来実現されるべき根源的契約の理念によってしか担保されず、あらゆる国家がそれを目指して漸次改革を続けていかねばならないものである。カントは『法論』の序文で「(公法に関係する)最後の数節について今まさに多くの議論がなされており」、「当座決定的な判断を延期して」詳細を省く旨を釈明している(RL 6:209)。フランスでは憲法制定の試みが繰り返され、『法論』が出版された一七九七年でも——数年前までのジャコバン独裁を思いやれば当然——九五年憲法の安定性は疑わしかったに違いない(実際九九年にナポレオンのクーデターをもってその体制は終わる)。国家体制を適法的に変更する手続き上、必ず設立された共和制を経なければならないとはいえ、そこで全人民にとって同意可能な体制が決定され、真の共和制が実現されるかどうか、しかもそれが安定的に持続するか

(81) 草稿によれば、「フランスでは国民議会が体制を変更することができた。もちろん国民議会は国民の借金を整理するために招集されたのではあったけれども。というのも、国王が無規定の全権にしたがって決定することを許可した後で、国民議会は全人民の代表となったからである。国王はそうでなければ人民を代表していた。したがってこの場合、国王は無化されたが、それは人民自身が現前していたからである。〔…〕主権者は自らが代表していた者が現れていると認めることはできない。主権者は全体を代表しているのだから、主権者が、自らがその一部ではなくその代表者 Stellvertreter であるにすぎない人民全体自身に自らを代表させるとすれば、主権者は無になるのである」(19:595f.)。
(82) I. Maus, *Zur Aufklärung der Demokratietheorie*, 199.(邦訳一七一頁)
(83) K. Herb u. B. Ludwig, „Kants kritisches Staatsrecht," 466, Anm. 133.
(84) E-J. Sieyès, *Qu'est-ce que le tiers état?*, 66.(邦訳一〇二頁)以下、訳は改めた。
(85) E-J. Sieyès, *Qu'est-ce que le tiers état?*, 72.(邦訳一一一頁)
(86)「国民は自らの共通意志が自らの共通意志であることをやめるよう布告できない」。E-J. Sieyès, *Qu'est-ce que le tiers état?*, 74.(邦訳一一八頁)カントは『永遠平和のために』を読んだシィエスから公開書簡を打診されるが、結局断っている。A. Ruiz, „Neues über Kant und Sieyès."

どうかはまったく分からないのだ。

カントは共和主義を代表概念のもとに理解していた。しかし、真の共和制としての人民の代表制を、即座に立法の代表議会として解釈することは困難であるし、カントは選挙制度や議会制、政党、有権者と代議士の関係といったことをまったくと言っていいほど考察していない。マウスやルートヴィヒはカントのテクストを通じて直接民主制（ラディカル・デモクラシー）あるいは代表民主制を擁護しようとしており、こうした現代的関心からカントを読むのはもちろん自由だが、彼を直接民主主義者あるいは議会制民主主義者だとみなしたところで得られるものは少ない（先述したように、カントは大国においては立法の代議制が不可避だとみなしただろうが）。むしろ、カントの代表原理に関する根本的な洞察は、法律による普遍的な人民意志の完全な表象と、権力の分立－代表の原理に向けられている。人民意志は主権者の立法によって表象されなければ存在しえないが、しかし〈理念の国家〉はその表象が人民の普遍的意志と完全に一致すること、そうして立法された法律が忠実に――いかなる人格的固有性によっても汚染されることなく――解釈され履行され執行されることを求めるのだ。

これらの契機をもっぱら君主の統治だけに関連付ける解釈傾向は不適切である。確かに『永遠平和のために』によれば、「代表制度の精神に適った統治様式」を採用することは、「例えばフリードリヒ大王が、私は国家の最高の従僕であると少なくとも言ったように」可能である（ZF 8:352）。こうした文言からしばしばカントは立憲君主制の擁護者とみなされてきた。[87] しかし「代表制度の精神」という言葉の含意は、そしてこの文言の直後に付されている注は、不思議なことにあまりにもたやすく無視されてきた。そこでカントは「良き統治の例が示されたところで、それは統治様式については何も証明しない」（ZF 8:353, Anm.）と述べている。たとえカントがフリードリヒ大王を賞賛したのだとしても（それは疑わしいが）、フリードリヒ大王の統治下での制度、その統治様式を賞賛しているのではなく、大王個人の統治に現れていた「精神」をこそ賞賛しているのだ。つまるところ、せいぜいそれは（ありうるとしても）大王個人の有徳性の評価であり、立憲君主制の評価ではない（次章二節も参照）。

確かに、君主国プロイセンの現実を考えれば、まずもって実現可能であるのは君主による共和主義的統治だったろう。しかしそれはあくまで暫定的なものである。万人の自由と権利のために、最終的には設立された共和制を経て、真の共和制が実現されなければならない。真の共和制が、国家市民による立法制度と権力の分立－代表制度によって、純粋共和制を経験において表示するのに対して、共和主義的統治ではすべてが君主の有徳な人格、君主の道徳性にかかっている。立法に関して言えば、確かに君主も全人民が同意可能な法律を立法するよう努めなければならないが、それはせいぜい君主一人が主観的に正しいと思う仕方での立法にすぎない。それに対して真の共和制は、国家市民による投票を通じて一人ひとりの主観的な正しさを客観的な正しさへと変換する立法制度を備えている。人民の自由と権利が君主の人格に左右される体制から、それが制度によって保障されうる体制へ、この変革のために君主は――仮にも共和主義の精神で統治しようとするのであれば――人民を招集し、そのために設立された共和制へと自己を揚棄しなければならないのだ。

他方で、純粋共和制と真の共和制の距離を狭めてしまう解釈[88]もまた問題である。純粋共和制は、人民の普遍的意志を完全に表象－代表する法律、すなわち正義を満たした法律が権力を担う人格によって恣意的に捻じ曲げられることなく支配するという、途方もない理念である。しかし真の共和制においては、制度上その可能性が担保されているとしても、実際に国家市民が全人民に同意可能な法律に投票するかどうか、また実際に法律に即した

(87) 立憲君主制と言っても、一八世紀イギリスや革命直後のフランスのように、国家市民（の代表者）に少なくとも立法権の一部が帰属していることが前提となっている体制を指すのか、それとも前三月期のプロイセン改革で目指されたように、単に憲法に君主の権力が拘束されている体制を指すのか、幅がある。
(88) W. Kersting, „Die bürgerliche Verfassung...," 73ff.

執行がなされるかは分からず、依然として国家は権力を担う人格に依存し続けるだろう。簡潔に言えば、理念そのものと理念を経験において表示するものは異なるのである。しかしそれゆえにこそ、純粋共和制という理念は真の共和制にとっても規範であり続ける。国家市民は可能なかぎり普遍的に同意されうる法律に投票し、また執行権を監視してその専横を防がなくてはならない。そうしてはじめて、万人の自由と権利の確定的な享受を可能にする純粋共和制への展望が開かれるのである。

確かに純粋共和制は、理性からア・プリオリに導出された国家の理念、経験に完全に対応する対象をもたないまさにプラトン的な理想である。だが、カントは理想のうちに午睡し安らいでいたわけではない。君主による共和主義的統治、真の共和制、設立された共和制——これら三つの共和制は、純粋共和制への無限の途上において目指されるべき実現可能な体制を分節化する、政治的理解のカテゴリーである。それらは「体制が法原理と最大限に一致した状態」(RL §49, 6:318) を目指して、現実の国家が改革を進めていくための段階的な道標となる。実現可能な改革の道程を提示することで、理性による批判は現実を変革する自らの力をいっそう強固なものへと鍛えあげるのだ。

このようにして、我々は今やカントの法と国家の規範的理論の全貌を明らかにすることができた。第二章からこれまでで明らかになったことを踏まえれば、カントの画期は次の三点に認められることになるだろう。第一に、カントは人間の生得的な権利が神学や経験的人間学の支えなしにア・プリオリに正当化されうる条件を提示した。すなわち、各人が生得的に自由であるのは、それが自らとすべての他者の意志によって立法される普遍的法則にしたがって、万人の自由と両立するかぎりでのことである。私が他のすべての人に対して、私の自由を侵害しないよう拘束することができるのは、他のすべての人もまた私に対して同様の拘束を課し、自由を調和させることができるからである。第二に、カントはこの万人の自由の両立という課題を、外的に取得される対象についても拡大して捉えた。「これは私のものである」と言いうるためには、他のすべての人がその取得によって自らの自由を奪われるものではないと承認する必要がある。こうした普遍的意志による私のものの承認は、国家の下でなされなければならない。カントは社会契約によってではなく、むしろ単に自然状態をア・プリオリに潜在的に不正である状態として規定することによって、国家支配の法的必然性を調達する。第三に、このように生得的自由権から取得的権利の演繹を通じて、万人の自由の両立と権利の確定的な享受を可能にする〈理念の国家〉が導出される。カントはそれを純粋共和制と呼び、あらゆる国家に対して妥当する規範とした。人間の権利の正当化を通じて、国家市民による立法と三権の実践推論的組織化が必然的に規範的なものとして構想されるのである。カントの共和主義的自由は、他人を害するのでないかぎり、私的領域に留まるかぎり、あるいは法律に反しないかぎり、なにをしてもよいという自由ではない。むしろそれは、誰の恣意にもしたがわず自ら判断できる平等な立法主体としての地位が保障されているなかで、各人が自らが服従することになる法律を立法しうる自由である。この意味で、カントの共和主義的自由は人間の生得的・取得的権利と政治的権利を分断せずに結びつけている。

さて、本章で見てきたように、このような共和主義的自由を可能にする真の共和制は、君主による共和主義的統治を通じて実現されなければならない。カントは共和主義的統治こそを政治概念の中核に据えている。政治とは、『永遠平和のために』によれば、「執行する法論」である。次章ではこのような政治概念が、どのような文脈に対して提示されているのかを見ていこう。カントが行っているのは、理性的法論による政治概念の基礎づけとでも言うべき試みであり、それはプロイセンが置かれていた政治的文脈を強く意識してなされている。政治は法と国家の規範的理論を現実へと媒介する機能を与えられている。カントの政治概念を見るにあたって、我々は再びプロイセンの文脈に足場を取ろう。それによって、カントが単に哲学者であったのみならず、情況に介入することを旨とした政治哲学者であったことも明らかになるだろう。

第五章　執行する法論としての政治

カントが『ベルリン月報』一七九三年九月号に発表した「理論では正しいかもしれないが実践の役には立たない、という俗言について」に対しては、同年一二月号、そして年をまたいだ一月号に二つの反論が矢継ぎ早に出された。一つはゲンツによるものであり、もう一つはハノーファーの哲学者・政論家、アウグスト・ヴィルヘルム・レーベルクによるものである(1)。

第一章で見たように、カントが雑誌上の理論と実践をめぐる論争に介入する以前には、メーザーの論文を中心に、フランス人権宣言に見られる人間の権利の理論そのものを攻撃する議論が展開されていた。それに対して人間の権利の理論を擁護していたのは、クラウアーやゲンツのようなカント哲学の信奉者であった。ところが、カントの介入はこうした論争の位相を変化させる。「俗言」論文で、カントは人間の権利の理論を批判哲学によって擁護するとともに、それが国法の原理とならねばならないことを主張した。これに対するゲンツとレーベルクの論評においては、人間の権利の理論は前提として認められながらも、にもかかわらずそれが政治の原理たりえないという点に批判が集中する。すでにフンボルトはこうした批判をフランス革命に向けていたが、ゲンツとレーベルクは一層明確に、理論が正しいとしてもそれを政治の場において実践するためには理論だけではなお不十分である、あるいは理論だけだとすれば有害であると論じるようになるのである。ゲンツによれば、人間の権利は「予備知識」として前提とされなければならないが「この権利の理論を現実化するための手段を発見しようとするなら、その理論を超えて進まなければならない。経験だけが（あるいは経験に先んじる天才の力だけが）実践的活動の材料となりうるのであり、それなしでは法の完全な体系は永遠に単なる魅力的な影絵にとどまるだろう[2]」。

ゲンツがカントの提示した自由・平等・自立の三つの原理を認めつつも、実践においてはそれだけではなお不十分だとするのに対して、レーベルクはこの原理を実践においてまったく無効なもの、それどころか有害なものと判定する。純粋理性から形而上学的原理を構築することは確かに可能であろう。しかし「ア・プリオリな諸原理に基づく市民社会の体系全体は、ただその成員が完全に（形而上的に）自由な存在であり、各々が自らの作用範囲の創造者であるような世界にしか適用されることのできない理念である」。いったいこの現実の世界に、そのような完全な理性的存在者がどこに存在するというのか。

> ルソーも述べているように（その原理はカント氏の理論と本質的に完全に一致し、ただ『社会契約論』の用語をふさわしい場所に書き入れてやりさえすればよい）、彼の体系はただ神々からなる共和制にのみふさわしく、神々はしかし市民的体制などはまったく必要としない。反対に、確かに理性は存在するがしかし決して完全に純粋に理性的ではない存在者のもとで市民的体制が依拠する条件というのは、必然性にではなく有用なものに対する判断に基づいている〔…〕。
>
> 市民社会の原則を積極的に規定するということは、ただ人間の必要と振る舞いを観察し経験することからしか期待できない。そして諸原理からなる理論はこの場合〔…〕経験からなる理論によって打ち砕かれる[3]。

ア・プリオリな理性原理からなる法の体系が人間の世界に適用されるなら、「そこから生じるのは現在の市民的体制の完全な解体以外にはありえない」[4]。というのも、この体系に当てはまる現行体制は存在せず、それを実現するには現行体制を一切破壊するより他はなくなってしまうからである。例の三つの原理について考えてみればよい。理性的存在者にふさわしい完全な自由を備えた人などどこにもいないし、「国家市民の自由の程度は本質的には様々な身分や関係性のなかで、恣意的な規定に従属している」[5]。自由な人間であっても自然法則に従属しているのと同様に、国家における人間相互の諸関係も「(明示的あるいは推定的な)取り決めと同意によって規制されている」。したがって「この世界ではどんな人間も自らの主人であることはない」[6]。

レーベルクの批判の基礎にあるのは、イングランドないしスコットランドの経験哲学である。それはいわば筋金入りのものであった。レーベルクは『実践理性批判』の書評を書き、カントにおいては超越的なものと経験的なもの、叡智界と現象界がいかなる仕方によっても架橋されえず、実践理性は現実の行為を導くことができない非実践的なものであると主張していた[7]。「俗言」論文への反論を提出する前年に書かれた『フランス革命試

(1) カントに対するガルヴェ、メーザーの反応についてはR. Maliks, *Kant's Politics in Context*, 49–60. 特にメーザーの反論については、原田哲史「メーザーの社会思想の諸相」、大塚雄太「ユストゥス・メーザーにおける理論と実践」。
(2) F. Gentz, „Nachtrag zu dem Räsonnement des Herrn Professor Kant," 103.
(3) A. W. Rehberg, „Über das Verhältniß der Theorie zur Praxis," 127.
(4) A. W. Rehberg, „Über das Verhältniß der Theorie zur Praxis," 128.
(5) A. W. Rehberg, „Über das Verhältniß der Theorie zur Praxis," 124.
(6) A. W. Rehberg, „Über das Verhältniß der Theorie zur Praxis," 125.
(7) F. C. Beiser, *Enlightenment, Revolution and Romanticism*, 306–9. (邦訳五九七―六〇二頁)

論』によれば、フランスの憲法体系は「理性の根拠以外のあらゆる根拠を拒絶し、政治の世界のあらゆる物事を決定するまさに特権を理性に与えている」。デイヴィッド・ヒュームの声をなぞるかのようにレーベルクは語る。「〔…〕人間本性の主要かつ大部分は全体として常に同じような結果をもたらす」。確かに個々の出来事だけを見れば「事物の通常の成り行き」はしばしば妨げられているように見える。「しかし、こうした個々の経過は、哲学的一般原理が説明できないような原因をもち、それを通してそれぞれの時代の歴史はその時代特有の進み行きを見せるものだとしても、事物の通常の成り行きは阻害されるとはいえ変わるということはない[8]」。政治はこうした通常の成り行きの観察にこそしたがわなければならず、理性哲学に出る幕はない。

ほとんどの場合真剣に考慮されてこなかったが、「俗言」論文を書いた後にカントが応答を迫られた文脈は、それ以前よりもタチの悪い理論批判である。というのは、ゲンツやレーベルクはカントの議論を形而上学的原理として認めながら、同時にそれは政治実践において無意味だと主張するからである。九五年にカントが『永遠平和のために』を出版したときに闘わなければならなかったのは、こうした文脈であった。「俗言」論文が国法の最上の原理としての人間の権利を擁護するものであったとすれば、『永遠平和のために』では政治実践における法と国家の規範的理論の意義を弁証しなくてはならなくなったのである。ただしカントは例のごとく、直接にゲンツやレーベルクに反論を加えているわけではない。むしろ彼らの書評が機縁となって、より遠大な射程をもつ議論を展開していると考えるべきである。それはすなわち、ドイツの領邦君主国家に残存してきた政治概念の刷新である。それは人民の幸福を目指す旧福祉国家的統治[9]から共和主義的統治への転換として意義付けることができる。

『永遠平和のために』は従来もっぱら、世界秩序構想を打ち出したものとして読まれてきた。このことは確かに覆しようのない事実である。しかしこの書物には「永遠平和の観点からみた道徳と政治の不一致について」と題された付録が含まれてもいる。そこでカントは、フランス革命がプロイセンに引き起こした理論と実践をめぐる問題に応答することを通じて、政治概念を彫琢している。それは同時代の政治概念の刷新を企図したものである。しかし従来、カントがどのような政治をどのような文脈において構想していたのかということは等閑視されてきた。カントが政治概念を論じる際に関心を向けているのは、誰が支配するのか、誰が権力を握るのかという主権（Souveränität）の問題ではなく、どのように支配するのか、権力をどのように執行するのかという統治（Regierung）の問題である。カントによれば、政治は「執行する法論 ausübende Rechtslehre」[(10)]（ZF 8:370）であり、それに基づいて統治する政治家は「道徳的政治家 moralischer Politiker」（ZF 8:372）である。先行研究はこうした概念規定をいわばカントにとって自明のものとみなしてやり過ごしてきた。政治を「執行する法論」と定義するような仕方は、現代からすれば少なからず見慣れないものであるにもかかわらず、後者の「道徳的政治家」の推奨がいかにもカントの言いそうなことであると受け止められ、前者に対する探求の道を塞いでしまったかのようである。し

（8）A. W. Rehberg, *Untersuchungen über die Französische Revolution*, 1. Teil, XIIIff.

（9）一八世紀まで残存し続けた君主による公共の福祉に配慮する統治としての福祉国家は、一九世紀後半の自由権の保障に基づく社会福祉の充実や社会的連帯を求めた福祉国家とは区別されて、旧福祉国家と呼ばれることがある。例えば木村周市朗『ドイツ福祉国家思想史』を参照。

（10）ausübende Rechtslehre はケンブリッジ版カント全集の訳では doctrine of right put into practice と訳されている。I. Kant, *Toward Perpetual Peace*, 338. また岩波全集版・遠山義孝訳と光文社古典新訳文庫版・中山元訳では、おそらくそれを引き継ぐ形で、「実践の法学」と訳されている。だがこの日本語訳では、第一節で見るように、ドイツ政治学において主権と区別された統治が権力の行使・執行の役割を果たしていたこと、その文脈でカントが政治を捉えていることが見えにくい。この文脈を踏まえるならむしろ ausüben をそのまま「執行する」と訳した方が適切だろう。

かし我々はまずもってカントがこのような仕方で政治の概念を規定しているということの不思議さに立ち止まらなければならない。そうでなければ、カントが『永遠平和のために』「付録」のなかで対抗しているものの正体を見誤ってしまうだろう。

実際、いかに現代からすれば奇異なものに見えようとも、ここでもやはりカントはドイツの伝統的な政治概念を換骨奪胎することで、新しい政治概念を提示しようとした。カントが提示する執行する法論としての政治概念は、当時のプロイセンにおける絶対主義の国家学（Staatslehre）と緊張関係に置かれている。ドイツの領邦君主国家における政治とは、まずもって君主や高級官職保持者による統治であった。そこではアリストテレス主義の伝統に棹さしながら、政治が思慮（phronēsis, prudentia, Klugheit）として論じられていた。すなわち、政治とは思慮の執行、すなわち執行する政治的思慮（ausübende Staatsklugheit）だと観念されていたのである。『永遠平和のために』付録においてカントが対抗しているのは、こうした概念である。

本章では、カントが提示した「執行する法論」が、どのような政治を概念化するものであったのかということを詳らかにする。その際、カントが明示的に対抗している政治的思慮の伝統を参照し、カントがそこにどのような革新をもたらしたのかをも明らかにする。先行研究には確かに執行する法論に注目したものもあるが、それは同時代の歴史的コンテクストを踏まえていない。[11] また、ドイツの旧福祉国家論に対するカントとプロイセンの法改革者らの立場の異同を示した研究も、カント自身がどのような概念的布置のなかで政治概念を用いたのかは明らかにできていない。[12] 他方、カント研究外部の統治論の概念史・思想史的研究には、カントの政治的思慮への批判について触れたものがあるが、それを単に自由主義的な統治論としか見ず、共和制への根本的な改革を内包することを見落とす点で瑕疵がある。[13]

そこで我々は、〈執行する政治的思慮〉と〈執行する法論〉という概念の対抗関係に注目して、カントが同時代の統治論をいかに改変したのか、その意義は何かということを明らかにする。まずは同時代の政治的思慮の教説、すなわち絶対主義国家理論における政治と道徳の関係を概観し、それらに対するカントの批判を見る（第一節）。次に、カント自身が提示した執行する法論としての政治の具体的な内実を検討しよう。それは前節でみた真の共和制への改革を旨とする統治——共和主義的統治——であり、別言すれば、根源的契約の理念にしたがって人民の政治的自由の拡大を目指した統治である（第二節）。このことは、当時のドイツで盛んに行われていたグレイト・ブリテンの国制に対する賛美を、カントが執拗に攻撃しているということからも傍証される。最後に『永遠平和のために』で用いられている許容法則という概念に着目して、カントの政治概念を暫定性の政治学として特徴づける（第三節）。

（11）V. Gerhardt, *Immanuel Kants Entwurf „Zum ewigen Frieden"*. B. Ludwig, „Politik als „ausübende Rechtslehre": Zum Politikverständnis Immanuel Kants."
（12）C. Langer, *Reform nach Prinzipien*. 木村周市朗『ドイツ福祉国家思想史』。
（13）M. Bohlender, „Metamorphosen des Gemeinwohls." V. Sellin, „Art. Politik," 838–42. 西村稔「カントにおける「クルークハイト」について」。

第一節　政治的思慮批判

『永遠平和のために』「付録一」で、カントは道徳と政治、理論と実践は一致しないという通説を再び取り上げて反駁している。道徳とは無条件にあることを命令する法則、すなわち義務であり、それにしたがって我々は行為すべきであるのだから、道徳はすでにそれ自体で実践である。「したがって執行する法論としての政治と、そのような、しかし理論的な法論としての道徳との間には争いはありえない（つまり実践と理論との間には争いはありえない）」（ZF 8:370）。にもかかわらず両者が齟齬をきたすように見えるとすれば、それは道徳を思慮（Klugheit）の教説、つまり「利益をあれこれ打算する意図に対して、最も有効な手段を選ぶ格率の理論」（ZF 8:370）とみなし、それを政治の原則とするからである。カントは政治における思慮を政治的思慮（Staatsklugheit）と名指し[14]、それを実践する政治家を「政治的な道徳家 politischer Moralist」（ZF 8:372）と呼んで厳しく批判している。政治的道徳家は道徳を思慮に還元することで「道徳の存在を総じて否定し」（ZF 8:370）、「道徳を政治家の利益に都合のいいようにでっちあげる」（ZF 8:372）。

これまでカント研究者には概して注目されてこなかったが、こうしたカントの政治的思慮への批判は、ドイツの伝統的な政治学に向けられている。一六世紀以降、主権論の興隆とともに、そこから区別された統治に関する教説もまた形成されていった。統治は臣民に対する権力の行使に関わるものであり、国家における至高の権力そのものを指す主権とは異なる。主権論の創始者とも評されるジャン・ボダンは、すでにして主権と統治を区別していた。ボダンにおいて、主権は他者の同意なく法を与える権力（立法権）として具体化され、主権の形態が主権者の人数に応じて君主制・貴族制・民主制に価値中立的に区分される。他方、統治（gouvernement）の形態は「支配の規則」に関わり、そこには価値的な評価が可能である。例えば、君主制であれば統治の形態に応じて、専制的（seigneurial）・王制的（royale）・僭主的（tyrannique）統治の三つが区分される。[15]『国家論』の劈頭で言われているように、国家は「主権をもった、複数の家族と彼らの共通の物事の正しい統治 droit gouvernement」[16]である。国王的君主制（monarchie royale）はこうした正しい統治をなす形態であるとされるが、それは「臣民が君主の法にしたがい、君主は自然の法にしたがうことで、臣民が自然の自由と財産を享受する」ことになるがゆえに、正当（légitime）な統治形態だからである。[17]

『市民論』のホッブズもまた、主権（summum imperium）に属する権利とその執行（exercitium）が区別されるべきことを説いている。そしてボダンと同じく、良き執行とは何かを論じている。もちろんホッブズにとって主権の保持者は、自らの命令をすべての臣民に貫徹させる権能をもつが、しかし国家が樹立されたのは人民の安全のためであり、それゆえに主権者もまた可能なかぎり自然法（人民の福祉は最高の法である salus populi suprema lex）にしたがわなければならない。[18]福祉（salus）は単に人々の自己保存に関わるだけではなく、「可能なかぎりの幸福

（14）Staatsklugheit は岩波版・遠山訳では「国家政略」、光文社版・中山訳では「国家戦略」と訳されている。またカント哲学の文脈では Klugheit は「怜悧」と慣習的に訳される。だが以下で見るように、Staatsklugheit は prudentia civilis の独訳であり、そこにはアリストテレス以来の prudentia 論の影響が流れ込んできていると考えられる。そのため我々はこれを「政治的思慮」と翻訳する。

（15）J. Bodin, *Les six livres de la république*, livre 2, chap. II, 34. ボダンの主権と統治の区別については R. Tuck, *The Sleeping Sovereign*, chap. 1. 清末尊大『ジャン・ボダンと危機の時代のフランス』一九一―四頁。

（16）J. Bodin, *Les six livres de la république*, livre 1, chap. I, 27.

（17）J. Bodin, *Les six livres de la république*, livre 2, chap. II, 34f.

な生」として理解され[19]、それはさらに外敵からの防衛、国内の平和の維持、国家の安全保障と両立する繁栄、害のない自由の享受の四点に区分されている[20]。最初期の著作でホッブズは、主権者がこうした自然法の義務を全うするための「統治の技法 the art of government」についてもわずかに、しかも抽象的にではあるが語っている。主権者の義務は「人民の良き統治」にあり、そのために主権者は統治の技法を身につけなければならないというのだ[21]。

こうした統治の技術に関する議論は、むしろ初期近世ドイツにおいて栄えた。神聖ローマ帝国内で領邦君主が領邦主権を獲得していくとともに、政治が統治の学として固有の学問分野へと編成されていったのである[22]。そこではアリストテレスの倫理学を継受しつつも、その道徳哲学的地平から離脱して一つの経験科学としての政治学が生み出されつつあった。アリストテレスによれば、思慮（phronēsis）は「人間にとっての諸般の善と悪に関しての、ことわりを備えて真を失わない実践可能な状態」であり、善く生きるためという目的に対して何をなせばよいのかを勘案することができる実践知である[23]。アリストテレスは思慮のなかでも棟梁的な立場にある認識を政治と呼ぶが、それは人々が善く生きるための習慣、すなわち倫理的徳を身に付けることができるかどうかが、まさに政治にかかっているからである。

一六世紀以来のドイツでは、道徳哲学から政治的思慮がまさに政治学として遊離していくが、その際、政治（学）はアリストテレスに淵源の一つをもつ古典的共和主義とは違って、市民の役割をまったくと言っていいほど顧慮しなかった。公共善を実現するために公的な場で他者とともに活動し、それによって自らの善き生を実現する市民は、ドイツ政治学には存在しえなかったのである。むしろ初期近世のドイツにおいて重要だったのは、ボダンやホッブズの言葉でいえば執行や統治である。つまるところ、政治は君主による統治、すなわち権力の行使・執行へと吸収されていた。そして、そうした統治に関わる者が携えていなければならない徳が思慮として論じられていたのである。例えば一九世紀初めに書かれた自然法学の教科書は、当時いまだアリストテレス的伝統が強固に存在していたことをよく伝えている。

政治Politik、すなわち一般に思慮の教説Klugheitslehreは、人間の目的の実現のための最も適切な手段についての学である。それは私的目的のための手段について論じられる場合には、生の思慮Lebensklugheitと呼ばれるが、国家目的の実現のために最適な手段を対象にする場合には、政治的思慮Staatsklugheit、すなわち重要な意味での政治Politik im eminenten Sinnと呼ばれる。後者は自然法とは形式の点で異なっており、それは国家の思慮が経験的な学だからである。またそれは質の点でも異なっている。つまり、自然法が国家目的自体を規定し、政治はその調達に最適な手段を規定するのである。(24)

（18）T. Hobbes, *De cive*, 13. 2.
（19）T. Hobbes, *De cive*, 13. 4.
（20）T. Hobbes, *De cive*, 13. 6
（21）T. Hobbes, *The Elements of Law Natural and Politic*, 172.
（22）以下、初期近世ドイツにおけるアリストテレス受容については次を参照。H. Maier, „Die Lehre der Politik an den deutschen Universitäten, vornehmlich vom 16. bis 18. Jahrhunder." また本節のドイツ政治学の歴史一般については、M. Stolleis, *Geschichte des öffentlichen Rechts in Deutschland*. Bd. 1, Kap. 3を参考にした。
（23）アリストテレス『ニコマコス倫理学』上巻、二二三―四頁。
（24）A. Bauer, *Lehrbuch des Naturrechts*, § 13.

ただし初期近世のドイツにおいて、自然法学が統治の学あるいは政治的思慮と結びつくまでにはいくらかの時間を要した。後者はまずはマキアヴェリの著作の衝撃の下、また人文主義によるタキトゥスの復権を背景に、アリストテレスの政治学を継受しつつも、そこからスコラ神学的色彩を脱色することで登場してきたからである。[25]政治的思慮が再び自然法学と結合して捉えられるには、プーフェンドルフやヴォルフによって世俗の法としての自然法学が導入されるのを俟たなければならない。例えば、古代ストア哲学を初期近世の領邦国家の形成期において復権させ、しばしば新ストア主義（Neustoizismus）を打ち出したとされるオランダの人文主義者ユストゥス・リプシウスは、政治学をprudentia civilis（「国家の思慮」あるいは「政治的思慮」と訳せるだろう）と規定した。リプシウスはアリストテレスとストア派にならって、善を実現するための知性的徳としての思慮の概念を受け継ぎ、なかでも公共善の実現を可能にするものを政治的思慮と定義したが、他方でこの伝統が公共善を個人が有徳に生きるための条件とみなしていたのと違って、それを人民と国家の集合的な安寧とみなした。[26]また、国家理性（ragion di stato, ratio status）を政治的思慮（prudentia civilis）の意味で捉えたヘルマン・コンリングのような人もいたが、それは国家理性をアリストテレス的国家目的論の近傍に置くことで可能になった。マキアヴェリやタキトゥスの名前とともに語られ、ジョヴァンニ・ボッテーロの定式化によって普及した国家理性の教説は、当初は反倫理的・反キリスト教的なもの、あるいは領邦内の特権貴族の権利を侵害する権謀術数として弾劾されたが、コンリングにおいて国家理性は価値中立的、ザッハリッヒに国家利益（utilitas reipublicae）と同一視される。[27]こうした流れに共通しているのは、政治を宗教的価値や倫理的徳から区別し、単なる君主鑑ともまた中世自然法の教説とも異なる、一つのそれ自体として学ぶべき知の体系、それも人間や社会の経験的・歴史的分析に基づく体系へと構築するという試みである。

もちろん政治的思慮としての政治学は、いずれにせよ国家の目的としての公共善（bonum publicum）の手段の学であり続けた。しかし、公共善は私的な個人の善き生とは異なり、国家秩序の形成と維持に関わるのであって、そのかぎりで政治は個人の善き生に関わる倫理学からは区別される。こうした倫理学とキリスト教からの隔絶のため、むしろ政治的思慮はそれ自体ですぐに学問として確立できたわけではない。マキアヴェリとタキトゥスの有用性を認めつつも、両者の著作が異教的ないし無神論的と誹謗中傷されるような時代にあって、それを活用するためにはアリストテレスの枠組みは外せなかった。また、公共の福祉を目指す統治を、権謀術数を駆使する反キリスト教的な偽の悪しき国家理性から区別し、真の良き国家理性としてラベリングする、例えばディートリッヒ・フォン・ラインキンクのような試みもあった[28]。良き国家理性はキリスト教の教義に反するどころかそれと一致するはずだというわけである。

学としての政治的思慮は、領邦主権の確立とともに、マキアヴェリ主義やタキトゥス主義といった侮蔑的ラベリングを脱していく。同時に国家秩序の維持という課題は、政治的思慮の専門分化をもたらした。一方で国家体制論を扱い、後に公法学へとつながる流れがあり、他方では国家秩序の維持を扱い、後に行政学へとつな

(25) ルター派のドイツ諸領邦に設置された新興大学において、アリストテレス政治学に基づいて独自の政治学が発達していった。そのきっかけとなったのはフィリップ・メランヒトンである。こうした「プロテスタント的アリストテレス主義」の代表的人物としてヘニング・アルニゼウスがいる。H. Dreitzel, *Protestantischer Aristotelismus und absoluter Staat*, 116–29.

(26) 山内進『新ストア主義の国家哲学』一六四頁。

(27) M. Stolleis, „Machiavellismus und Staatsräson," 77.

(28) ラインキンクの著書『聖書的ポリツァイ *Biblische Policey*』(一六五三)のタイトルはこれをよく示している。良き/悪しき国家理性の区別についてはH. Münkler, „Staatsraison und politische Klugheitslehre," 55–59. V. Sellin, „Art. Politik," 816f, 829f. M. Stolleis, „Machiavellismus und Staatsräson," 84.

がる流れがあった。後者はとりわけ、「良きポリツァイgute Policey/Polizei」の教説と呼ばれた。[29] 例えば、ファイト・ルートヴィヒ・フォン・ゼッケンドルフは長らく版を重ね続けた『ドイツの領邦国家』(一六五六)のなかで、「適法的で最良のポリツァイ」における統治を、「秩序だった統治を行う領邦君主あるいは支配者の最高の支配」と言い換える。それは「君主あるいは支配者によって、君主国の諸身分と臣民、また国土自体とそこに属する所有に関して、宗教的・世俗的な状況における共通の利益と幸福を維持・保護するために、そして諸権利を与えるためにもたらされるものである」。[30] 内政の学である「良きポリツァイ」の教説において、統治者は自らの利益を目的とするのではなく、むしろ自らの主権の維持のためにこそ臣民の共通利益・領内の秩序を促進しなければならないとされた。

人民から敬愛される善き君主と人民から恐怖される悪しき君主を区別し、善き君主たることを教える君主鑑の伝統は、このような政治的思慮の教説とはもはや無縁である。政治的思慮は君主の人格的徳に対して与えられる名称ではなく、むしろ統治そのものの性質に名付けられるものへと変化しつつあった。政治的思慮の教説は、国家の質的・量的な経験的研究に基づく一つの学を形成するようになっていくのである。こうした学問分野の確立は、領邦主権を獲得した諸領邦が中央集権化を進める過程と対応している。領邦内には官僚制と常備軍が整備され、同時に国際的に拡大された商業社会がヴェストファーレン体制下の勢力均衡状態にある国際関係にも重大な影響を与えるようになっていた。目下の情勢に対応するべく、フリードリヒ・ヴィルヘルム一世の肝いりで、一七二七年にハレとフランクフルト・アン・デア・オーデルの大学に初めてポリツァイ学の講座が開設されている。

領邦君主が目指した中央集権的な国家の形成を学問的に支えたものが政治的思慮の学だとすれば、政治的思慮の学を原理として支えたのは典型的にはヴォルフの自然法論であった。[31] ヴォルフによれば、人間は自然法によって完成へ向けて努力することを義務付けられており、実際に人間にはその能力がある。そしてこの完成可能性こそが、人間に生来備わっている自然の権利である。義務でありまた権利である人間の完成はヴォルフにおいて最大の幸福として具体化される。自然状態において、各人は孤立していたのでは自らの幸福を最大化することはできず、やがて家社会を形成するようになる。しかし各家社会がさらにより大きな幸福を可能にするために、またそれぞれの幸福をめぐる争いを終結させるためには国家を設立しなければならない。それゆえ国家の支配者には、自然状態にあるよりも効果的な方法で臣民の完成、つまり幸福の最大化を目指すことが自然法からの義務・目的として課せられている。ここにおいて政治的思慮は自然法と幸福な形でめぐりあうことができる。すなわち、政治的思慮は今や自然法の義務に適った良き統治のためにこそ要請されるのだ。

ヴォルフにおいて特徴的なのは、国家（civitas, Staat）と公共体（respublica, das gemeine Wesen）の関係である。国家が人々の幸福の維持と促進という目的のために契約を通して設立されるのに対して、公共体はその目的達成の手段を決定する集合体である。[32] 後者においては、誰が支配権をもつのか、一者なのか複数なのか全員なのか、条件付きでか無条件でなのか、支配権の執行は誰が行うのかといったことが取り決められなければならず、そこで

(29) 初期近世のポリツァイ学については、H. Maier, *Die ältere deutsche Staats- und Verwaltungslehre*, 2. Teil.

(30) V. L. Seckendorff, *Teutscher Fürsten Stat*, 16.

(31) 絶対主義とドイツ自然法の密接な関係については、M. Fuhrmann und D. Klippel, „Der Staat und die Staatstheorie des Aufgeklärten Absolutismus."

(32)「国家と公共体を同一視する人もいるが、これは間違っている。というのも、国家が設立されることになる契約と、国家の目的を達成する手段を決定するその集合体は異なっているからである。というのも、前者からは国家は何も特別な形式を受け取ることはなく、後者から受け取るからである」。C. Wolff, *Institutiones juris naturae et gentium*, §973.

決められたことにしたがって国家には特殊な形式が与えられる。[33] 公共体の取り決め（constitutio reipublicae）は「国家の最終目的〔公共善〕を獲得する方法の決定」として、国家のあり方を規定する。[34] アリストテレスに一つの淵源をもつ市民的人文主義（civic humanism）にとって、respublica は自由市民が公共善への献身を通じて公的な徳を発揮する場であった。[35] しかしヴォルフにおいて respublica は、もはや公共善を達成する機構としての国家のあり方を決めるだけの道具的存在にすぎない。[36] 一度国家のあり方が決せられれば公共体は後景に退き、確かに「公共体の正しい取り決め」を遵守しなければならないとはいえ、[37] 公共善の維持・促進は国家支配の執行（exercitium, Ausübung）、すなわち統治（regimen, Regierung）によって完全に掌握される。

国家は共通善のために設立されたのであり、国家の支配は国家の活動と公共善の調整に属する事柄を規定することであるのだから、国家の元首は公共善の拡大のために必要なことをなすのであれば公共体を首尾よく統治する。それに対して、公共善に反することをなすなら悪く統治する。というのも彼は良き統治を義務付けられているのだから。[38]

ヴォルフは公共善の拡大のために要請される国家の活動として、人民の健康への配慮から公共的建造物、劇場、教会、貨幣、国庫、財政の配慮にいたるまで幅広い活動を挙げている。国家の支配者は良き統治をなすために「良き統治に属する事柄に関する学」を必要とするが、彼はあらゆる公的な事柄を極めて正確に把握するなどということは不可能なのだから、「あれやこれやの種類の事柄において卓越した思慮ある人々の提案や助言を用いなければならない」。[39]

このようにヴォルフの自然法学によって要請された良き統治の学を、政治的思慮の教説として体系的に再構成しているのは、カントが自然法学の講義にそのテクストを用いていたアッヘンヴァルである。アッヘンヴァルはゲッティンゲン大学の法学部・哲学部の教授であったが、現代において最も彼の名前が知られている分野は、統計学（Statistik）であろう。アッヘンヴァルは『政治算術』のウィリアム・ペティと（少なくともドイツでは）並び称される統計学の父と言われることもあるが、しかし彼のStatistikは現在考えられているようなものでは到底ない。『今日の最重要のヨーロッパ諸国の国家体制概要』（一七四九）によれば、むしろそれは「一国あるいは多くの個々の国家の国家体制についての教説」である。ここで言われる国家体制は政体に関わるよりもいっそう広義のものであり、個々の国家が置かれている多岐にわたる特殊な状況（気候・地理・国土・政体・財政・外交など）すべてを包括するものである。Statistikは数量的な意味での統計ではなく、「事実的国家学historische Staatslehre」であり、それは「一般的国法と政治的思慮のいずれをも含む哲学的国家学」からは区別される。[40] さらにhistorischと言っても、それは今日的な意味での歴史ではなく、むしろ国家の状況についての事実的な情報

（33） C. Wolff, *Institutiones juris naturae et gentium*, §982.
（34） C. Wolff, *Institutiones juris naturae et gentium*, §1017.
（35） J. G. A. Pocock. *The Machiavellian Moment*.
（36） W. Mager, „Respublica und Bürger. Überlegungen zur Begründung frühneuzeitlicher Verfassungsordnungen,“ 81ff.
（37） C. Wolff, *Institutiones juris naturae et gentium*, §1078.
（38） C. Wolff, *Institutiones juris naturae et gentium*, §1075.
（39） C. Wolff, *Institutiones juris naturae et gentium*, §1076.
（40） G. Achenwall, *Staatsverfassung der heutigen vornehmsten Europäischen Reiche im Grundriße*, Vorbereitung §5. アッヘンヴァルのStatistikはコンリングが政治学の一分野に挙げていた国状学（notitia rerum publicarum）を体系化したものであると考えられる。

である。実際アッヘンヴァルはスペイン、ポルトガル、フランス、ブリテン、オランダ、ロシア、デンマークの狭義の国家体制やその変遷、現在の社会階層、人口、商業の状況などを幅広く取り扱っている。

Statistik が個々の国家の特殊な状況に関する情報を提供する事実的国家学、すなわち国状学（Staatenkunde）であるのに対し、哲学的国家学を形成するのは一般的国法と政治的思慮の教説（Staatsklugheitslehre）である。アッヘンヴァルの『第一原理にしたがって構想された政治的思慮』は一七六一年に出版されてから八一年まで五版を重ねたが[41]、彼はそこで「一般的政治学の理論」の構想を企てている[42]。哲学的国家学は「国家目的を達成するための手段を探求するかぎり、実践哲学の一部門である。というのもそれは、国家の構成員が自分たちの一般的な幸福を促進するために自由な行為そのものを調整することになる規則の定立に従事するからである」。実践哲学においては「許容された行為によって自らの幸福を最適な仕方で促進するという根本規則」があり、そこから「幸福のための手段とみなされた行為が許容されるかどうかを探求する」自然法学と、「許容された行為をどのように行えば自らの幸福の促進のために最適な仕方になるか、あるいは、どのようにすれば許容された手段を用いて最適な仕方でこの目的を達成できるかを探求する」思慮の教説が出てくる[43]。さらに後者が、個々の人間ではなく国家における人間全体に着目し、「国家の幸福を促進するための最適な手段を探求する」とすれば、「政治的思慮の教説すなわち政治学」になるだろう。

したがって、政治学は国家目的を達成するための最適な手段に関する学であり、国家目的とはすなわち、国家の構成員すべての、また一人ひとりの外的な幸福、公共体の福祉、領邦の福祉、共通善の促進である[44]。

アッヘンヴァルはここで単に国家を抽象的に把握するのではなく、むしろ「キリスト教や貨幣としての金銀、今日の軍隊の種類、商業やそのほか他国との恒常的な関係」などの多岐にわたる要素を国家の本質に属するものとして想定している。[45]このように国家に関する事柄を仔細に見ていく利点は、そこから取り出された政治の一般法則を実践の場面でより容易に適用しえるということにある。アッヘンヴァルによれば、政治的思慮の一般規則を個別の事例に適用することが政治における「実践、すなわち政治的思慮の執行」なのであり、「執行する政治的思慮は本来的に政治術 Staatskunst を構成する」[46]。

ここではもはやアリストテレスの概念区分（思慮と技術）が消え失せると同時に、思慮が制作の役割までも果たさなければならなくなっている。国家は「非常に多くの部分と制度から人工的に構成された機械」であり、政治を事とする者は「どのような規則によって、この巨大な機械が最適なかたちで組み立てられ、統治されうるか」を考慮しなければならない。[47]こうした規則を伝える政治的思慮の知は「とりわけ統治業務において命令したり、助言を与えたり判断したり、一般的に何かを進言したり、何かを支持したり実行したりしなければならない人すべてにとって欠かせないもの」であり、「支配者や領邦諸身分、参事会委員、様々な階級の公的官吏すなわ

P. Pasquino, „Politisches und historisches Interesse," 152–8.
(41) アッヘンヴァルの文献目録は P. Streidl, *Naturrecht, Staatswissenschaften und Politisierung bei Gottfried Achenwall*, 272ff.
(42) G. Achenwall, *Die Staatsklugheit nach ihren ersten Grundsätzen entworfen*, Vorrede §3.
(43) G. Achenwall, *Die Staatsklugheit*, 2.
(44) G. Achenwall, *Die Staatsklugheit*, 3.
(45) G. Achenwall, *Die Staatsklugheit*, Vorrede §4.
(46) G. Achenwall, *Die Staatsklugheit*, Vorrede §6.
(47) G. Achenwall, *Die Staatsklugheit*, Vorrede §12.

ち国家官僚」にとって「主要な学問」である。[48] しかも、機械としての国家は単に例えば官僚機構を指すだけではない。むしろ「国家においてはほとんど無数の特殊な制度や施設が存在するのだから、それらは国家の幸福に著しく影響をおよぼすかぎりすべて政治的思慮の教説において考察されなければならない[49]」。実際、アッヘンヴァルは農業経営から手工業、製造業、商業、陸水運にいたる私的セクターの振興策や学校教育、軍隊、財政といった内政、そして対外政策までを一挙に政治的思慮の教説として論じている。

もはや政治的思慮が、いかなる意味でも統治者の人格的な徳性とは無関係であることは明らかである。ここで問題になっているのは、むしろ統治そのものに関する学である。そこでは国家の幸福を維持・促進するために、国内外における社会の法則性、つまり「人間同士の関係に特有の自然性、人間たちが共住し交換し労働し生産するときに自発的に起きる事柄に特有の自然性」の認識・維持・創出が重要となっているのだ。[50] 例えば、アッヘンヴァルと同時代のポリツァイ学者ヨハン・ハインリッヒ・ゴットロープ・フォン・ユスティによれば、ポリツァイは「市民社会の普遍的な最終目的、つまり公共体の幸福がどのような仕方で達成されるかということに関する、物事の自然から引き出されたより詳細な規則と確固たる関係性」を理解した、「立法する〔法則を与える〕思慮 die gesetzgebende Klugheit」を必要とする。[51] 政治的思慮は、領土内の人口、衛生、国民の健康、教育、商業、農業、財政、貧民救済、軍隊の規律化など、内政に関係するありとあらゆる分野に法則を与え、それを順調に機能させるような手段を提供する。政治的思慮の統治は恣意的な統治とは程遠い法則性をもって貫徹し、まさに国家はアッヘンヴァルが言うように一つの機械として制作され統治されるのである。

カントが『永遠平和のために』の付録で行っているのは、こうした政治的思慮を政治の原則の地位から引きずりおろし、その仮象を暴いてみせることである。それは、こう言ってよければ、政治的思慮の教説に対する統治理性批判とでも呼ぶべきものである。批判の中心にあるのは、統治が政治的思慮に基づくのであれば道徳と政治のあいだに溝が穿たれるということ、したがって政治が道徳の基礎づけを失うということである。カントによれば、政治的思慮の教説は目的に対する最適な手段の学を標榜するが、そこには多くの経験的・自然的知識が必要であり、にもかかわらず人間にはそうした知識が乏しい。しかも、そうした手段が正しく目的を実現できるかは非常に不確実である（ZF 8:370, 377）。しかし、政治的思慮を原則とする政治家（政治的道徳家）は、その経験的な知識の曖昧さ・不確実さを逆手に取って、自らの統治をどんなものであれ正当化することができる。

カントによれば第一に、政治的思慮の現実主義によって規範的に目指すべき目的が失効させられてしまう。つまり、政治的思慮は経験的な知識に基づいて最適な手段を選択するので、たとえ共和制や永遠平和のような理念的な目標が立てられたとしても、「現実の経験においてはあの理念（理論）からの大きな隔たりが予感されうる」（ZF 8:371）として、言い換えれば、技術的には目標達成が不可能だとして、予め立てられた目的が否定されてしまうのである。政治的思慮の統治は手段の実行可能性を口実に、なすべきことを蔑ろにする。第二に、経験的知識の曖昧さに依拠することによって、政治的道徳家は自らの統治の結果をいかようにでも弁明し、詭弁を弄することができる。彼らは「法に反した国家原理を言い繕い、理性の命じるままに理念にしたがって善をなすことができないというのが人間の本性であると言い訳をして、力のかぎり改善を不可能なものにし、法の侵犯を永遠のものとする」（ZF 8:373）。またカントは、政治的道徳家の詭弁的な格率として、「まず実行し、弁明せよ」、「実行したあとで、否定せよ」というものがあると指摘する（もう一つの詭弁は「分割し、支配せよ」）。政治的道徳家

（48） G. Achenwall, *Die Staatsklugheit*, 6f.

（49） G. Achenwall, *Die Staatsklugheit*, Vorrede §8.

（50） ミシェル・フーコー『安全・領土・人口』四三二頁。

（51） J. H. G. Justi, *Die Grundfeste zu der Macht und Glückseligkeit der Staaten*, Bd. 2, 468.

は権力を行使したあとで、それが成功すれば結果的に支持を得られるだろうし、それが失敗して国民を絶望させ暴動に至らせたとしても、行為以前の現実認識とそれに基づく予測ではそれが喫緊のものだった、失敗したのは臣民の不従順のせいであると弁明することができる（ZF 8:374f.）。このようにして、政治的思慮が基づく経験的知識は曖昧で不確かであるにもかかわらず、それゆえにこそあらゆる統治を詭弁的に正当化する論理として機能する。

こうしたカントの批判は、政治的思慮によって統治が基礎づけ（Grundlegung）を失い、無根拠なもの（das Grundlose）になるということに向けられている。確かに政治的思慮は本来、恣意的な君主の統治（マキアヴェリの主張と同一視された悪しき国家理性）を批判し、公共の福祉という目的に対して最適な手段を選択する理論として自らを提示した。そのかぎりで、目的は手段を制約しているように見える。しかし、政治的思慮は経験的認識のみに依拠するがゆえに、現実的な観点を自称して目的を否定し、さらにその認識の曖昧さを利用して恣意的な統治の詭弁的な正当化を可能にする。カントの批判によって、政治的道徳家の単なる「技術的課題」（ZF 8:377）にすぎない政治的思慮の統治は、目的の制約から解放され、何ものにも基礎づけられなくなった自らの無基底性を明らかにする。政治的思慮によって法則を与えられたはずの「機械的秩序」（ZF 8:374）である国家は、自らが暴走機械であったことを曝露されるのである。

カントのこうした政治的思慮に対する批判の根底には、それが目的としている公共の福祉に対する批判がある。政治的思慮の教説がモットーにしているのはSalus populi suprema lexである。それはドイツの伝統的政治学ならびに自然法学の標語でもあり続けていたが、人民の幸福を政治の至上命題とする考えはこれまで見てきた国家学者・自然法論者以外の者にも共有されていた。例えば、フリードリヒ大王の『反マキアヴェリ論』（一七四〇）によれば、正義は主権者の最重要行為であり、人民の幸福は他のどんな利益よりも優先する。それゆえ「君主はその支配下にある人民の無制限な主人では決してなく、むしろ彼自身は人民の第一の従僕でしかない」[52]。あるいは、通俗哲学者ガルヴェもキケロの『義務論』の注釈書に付した小論「政治と道徳の結合について」（一七八八）のなかで次のように述べている。「通常、国家利益あるいは国家理性と呼ばれているもの」は「国民の幸福に関する第一の自然な考えから」出てくる。それは「国家はそれを構成する人間が幸福であるならば幸福である」というものである。[53]

しかしこうした議論は、とりわけ国際関係における文脈でただちに不正な統治を正当化する根拠へと転落する。[54]フリードリヒ大王によれば、遺憾なことではあるが君主が同盟や協定を破らざるをえなくなるときがあるが、それは人民の幸福のためにむしろ必要である。[55]また、ガルヴェは先の小論に「国家の統治の際に私的生活の道徳を遵守することはどのようにして可能か」という副題を付しているが、開口一番「これに取り組めば取り組むほど、あらゆる面において一層の困難が見て取れる」と述懐する。[56]その理由の一つは、諸国家が同じ規模で存在していないという事実である。大国の君主が小国と自国の利益を比較すれば、「はるかに少数の人間のはるかに小さな利益を〔…〕自らのより高位の最終目的〔国家利益〕に従属させる権限を認めないわけにはいかない[57]」。他方、プ

（52） Friedrich II, *Antimachiavell*, 71f (übers. *Der Antimachiavell*, 6).
（53） C. Garve, „Abhandlung über die Verbindung der Moral mit der Politik,“ 50.
（54） T. Simon, „*Gute Policey*,“ 492-6が指摘するように、一八世紀以降Polizeiは内政、Politikは外政を意味するように分化していく傾向があり、ガルヴェにはその傾向が強いが、アッヘンヴァルやフリードリヒ大王、カントにおいてはPolitikは外政・内政のいずれにも用いられている。
（55） Friedrich II, *Antimachiavell*, 137 (übers. *Der Antimachiavell*, 74).
（56） C. Garve, „Abhandlung über die Verbindung der Moral mit der Politik,“ 3.

ロイセンの高級官僚たちも私的自由を保障する国家観をもちながらも、ヴォルフの影響から抜け出すことはできなかった。例えば、一般ラント法の主な起草者であったカール・ゴットリープ・スワレツは、木村周市朗によれば、確かに法に制限されない絶対的な権力をもつ専制から、法に拘束されて個人の自由・所有権の保障を統治目的とする絶対君主制を区別し、それを法改革の主要点とした。しかし、結局は公共の福祉の増進をも統治目的の範疇に収め、私的領域に介入することを可能にするポリツァイ法を構想した。(58)

カントの国家目的としての幸福批判はすでに「俗言」論文において現れている。カントはこれほどまでに流通している国家目的としての公共の福祉論に対して、それを最大の専制と呼んで蔑んだ。温情主義的に人民の幸福を目的としていると称する統治はパターナルな統治（vaterliche Regierung）にほかならない。そこでは「臣民はあたかも自分にとって何が本当に有益なのか有害なのかを決定できない未成年の子供のように、ただ受動的に振る舞うように強制され、臣民がどのようにして幸福になるべきかはただ国家統治者の判断にしか期待できず、国家統治者がそれを望んでくれるということでさえ、その善意にしか期待できない」（TP 8:291）。人民の幸福を原理とする国家のパラドクスは、人民自身に自らの幸福を自由に追求させないというところに表れている。幸福概念は私的生活圏に対する国家の無制限の介入を正当化する原理として機能するのだ。

こうした人民の幸福を原理とする国家から自由を原理とする国家への転換を試みる中で、カントはSalus populi suprema lexをラディカルな形で読み替えてみせる。このモットーは、公共の福祉が人民の幸福ではなく「法律によって各人に自由を保障する法的体制」にあるというかぎりでのみ正しいというのだ（TP 8:298）。このモットーが再解釈を要するのは、幸福概念の曖昧さにある。何を幸福と感じるかは人民の間でも衝突があり、絶えず変化するものなので、統治が何らかのものを幸福として措定すれば人民の幸福観と齟齬をきたさざるをえず、彼らの幸福をむしろ破壊してしまう。さらに、カントの批判は統治論的な観点からも加えられる。幸福に関しては「法に対する普遍妥当的な原則はまったくありえず」、それは「すべての確固たる原則を不可能にしてしまう」(TP 8:298)。つまり、幸福概念は一見統治を制約するように見える(幸福という目的に対する手段の選択を規制する)が、それはいかようにでも変化する概念であるがゆえに、それを目的に掲げることでむしろ統治は原理原則を欠いた場当たり的なもの、恣意的なものとならざるをえない。こうした理由から、『永遠平和のために』ではガルヴェの議論が「決疑論 Kasuistik」として「哲学的犯罪(peccatum philosophicum)」を犯していると批判されてもいる(ZF 8:385)。公共の福祉を政治の最終目的に掲げることは、国家の私生活への介入を正当化するだけではない。公共の福祉が緊急事態にあることを口実にして無数の例外状態が作り出され(決疑論)、そこにおける不正・不道徳な統治が正当化されてしまうのである。

こうした一連の批判は、カントの道徳哲学に基づいたものである。『人倫の形而上学の基礎づけ』では、仮言命法と定言命法が区別された。定言命法が意志の格率を無条件に規定し、それ自体で善である行為、すなわち道徳的義務を命じるのに対して、仮言命法はある目的に対して最適な手段を選択するように指示するにすぎない。仮言命法は一般に熟練(Geschicklichkeit)と呼ばれ、思慮はその下位区分として「自己の最大の幸福への手段の選択」と規定される(G 4:416)。しかし「幸福の概念は極めてはっきりしない概念」であり、自分が本当に何を望んでいるのかさえ自分ではわからない以上、思慮は「理性の命令」ではなくせいぜい「理性の勧告」にすぎない(G 4:417f.)。こうした命法の区別において重要なことは、定言命法が目的(動機)とともに手段を道徳的に制御するのに対し、仮言命法はある目的に対する手段の制御しか行わず、目的そのものの制御は行わないということ

(57) C. Garve, „Abhandlung über die Verbindung der Moral mit der Politik,“ 54.
(58) 木村『ドイツ福祉国家思想史』八三—九四頁。

である。[59] つまり、思慮は目的合理的な手段の認識・選択にしかかかわらず、カントにとっては本来、道徳の領域とは無関係なものとなるはずである。実際『判断力批判』の序論では、哲学が自然概念に基づく理論哲学（自然哲学）と自由概念に基づく実践哲学（道徳哲学）に区分され、思慮は前者に属する技術的‐実践的法則（technisch = praktische Regel）と呼ばれるようになる（KU 5:171f. Vgl. 20:200, Anm.）。真に道徳法則として認められるのは、意志の自由に関係する命法のみである。したがって、「家政、農業経営、国家経済、交際術、食養生法、さらには一般的幸福論」は道徳的‐実践的規則ではなく、理論哲学において「自然概念にしたがって原因と結果を可能にする働きをもたらすための」技術的‐実践的規則にすぎないということになる（KU 5:173）。

こうした議論によって、アリストテレス的伝統を色濃く受け継いできたドイツの伝統的な政治学に対する批判の地平が切り開かれる。[60] これまでしばしば「俗言」や『永遠平和のために』付録におけるカントの同時代の政治への批判は、カントのマキアヴェリズムに対する批判だとされてきた。[61] しかし、見てきたようにドイツの統治論はマキアヴェリの『君主論』を悪しき国家理性とみなして距離をとり、代わりに統治の目的として公共の福祉を提起して、その実現に最適な手段の学として政治的思慮の教説を発展させてきたのだった。それらはマキアヴェリズムを否定し、恣意的でない法則的な統治、道徳的な統治を標榜していた。しかしカントの批判は、これらの議論の仮象を露呈させる。公共の福祉の追求は、政治の道徳性のメルクマールではない。むしろそれが統治の義務・目的となれば、そしてそのために政治的思慮が要請されるとすれば、統治は無根拠なものとなり、私生活への介入のみならず無数の例外状態の創出を許す。幸福概念にしても政治的思慮が依拠する経験的認識にしても、実のところ曖昧で不確実なものであるがゆえに、あらゆる恣意的な統治の根拠を――それは根拠となりえないにもかかわらず――形成するのである。

第二節　執行する法論あるいは共和主義的統治

カントが政治的思慮を原則とする政治的道徳家に対置するのは、道徳的政治家である。道徳的政治家は、統治において道徳と政治を一致させ、執行する法論を自らの任務とする。『永遠平和のために』の付録は、自らの用語法を駆使して同時代の支配的な言説を転換させようとする、カントの戦略的な機智に満ちている。アッヘンヴァルによれば、政治における実践は「政治的思慮の執行」であり、「執行する政治的思慮 ausübende Staatsklugheit は政治術を本質とする」[62]。それに対して、カントにとって政治は「執行する法論」あるいは「政治的叡智」である（ZF 8:373, Anm.）。叡智（Weisheit）は『実践理性批判』によれば、経験的な幸福実現の手段の認識である思慮とは違って、道徳的な理念を規定するものである（5:108）。では、このように流通している政治的言説を上書きすることによって、カント自身は政治をどのように構想しているのか。

カントは政治を執行する法論と言い換えているが、この概念のもつ枠組みを予め示しておこう。「執行する ausüben」が意味しているのは、国家の三権力のうち立法と区別された意味での執行ではない。むしろそれはホッブズやボダン、そしてヴォルフからアッヘンヴァルに至るまでと同様に、国家権力の行使一般を指す広義の執行である。この意味で、カントが政治という概念で問題にしている事柄は統治（Regierung）と言い換えること

（59）R. Brandt, „Klugheit bei Kant,“ 121.
（60）アリストテレスとカントの思慮概念の比較についてはP. Aubenque, *Der Begriff der Klugheit bei Aristoteles*, 179–209.
（61）H. Williams, *Kant's Political Philosophy*, 46–9.
（62）G. Achenwall, *Die Staatsklugheit*, Vorrede §6.

ができる。もちろんRegierungには立法や執行を行う国家制度を意味する——政府と訳される——用法もあるが、カントが問題にするのはそうした制度による権力の作動であり、そこには法律の執行のみならず立法も含まれる。整理すれば、統治としての政治概念のもとには、どのように立法を行うのかという立法の原理、またどのように法律を執行するのかという執行の原理も含まれる。

実際、カントの議論は国家において誰が立法者として至高の地位をもつのかという主権論と、どのようにその権限を行使するのかという統治論を区別するボダンやホッブズ（そしてルソー）の系譜に連なるものである。すでに第三章で見たように、カントは国家を区別する二通りの仕方を提示していた。一つは支配形式であり、もう一つは統治形式である。前者は「最高の国家権力」をもつ人の数によって区別され、後者は「国家がどのようにみずからの絶対的権力Machtvollkommenheitを使用するのか」によって区別される（ZF 8:352）。執行する政治的思慮として政治を捉えるときにアッヘンヴァルが依拠しているのも後者の統治論であり、カントが執行する法論として政治を取り上げる場合も同様である。以上を踏まえて問題を明確化しよう。問題となるのは、第一に執行する法論とはどのような権力の作動を意味するのか、第二に政治の道徳性から幸福概念を駆逐したあとでなお政治家が道徳的でなければならないとすれば、それはどのような意味で道徳的なのか。

第一の点に関して、執行する法論という概念は当然『法論』への参照を促すが、それによって同時に第二の点も明らかにすることができる。第二章で見たように、『法論』でカントは道徳法則を法理的法則と倫理的法則に区分していた。理性が命じる道徳法則はある行為を義務として命じるが、その義務と選択意志の外的な行為のみが一致する場合、それは適法性と呼ばれ、他方、外的行為のみならず内面の動機も義務と一致する場合、それは道徳性と呼ばれる。徳論が後者の内面の動機をも含めた道徳性を扱うのに対し、法論は動機のいかんを問わずただ外的行為が義務と一致する適法性のみを扱う。政治が執行する法論なのだとすれば、道徳的政治家の道徳もこうした区分を踏まえたものでなければならないだろう。つまり、政治家に要求される道徳は狭義の道徳性、倫理性（義務と内面の動機の一致）ではなく、法論に関わる適法性（義務と外的行為の一致）である。[63] すなわち、たとえカントが政治家に対して「法義務の純粋概念（その原理がア・プリオリに純粋理性によって与えられる当為）から」行為せよと言うとしても（ZF 8:379）、これを法義務を自らの内面の動機に採用して行為せよという要求として理解することはできない。むしろ、道徳的政治家に求められているのは、どのような動機をもっていたとしても（私利私欲にまみれていたとしても）、適法性を満たすように統治することであり、それが道徳的政治家が道徳的たる理由をなしているのである。

しかし、これだけでは政治家に要求される道徳の具体的な内実は明らかにはならない。注意しなければならないのは、カントは政治を「執行する法」と言ってはいないということである。つまり、政治家は現行の実定法を遵守する・執行するということのみを求められているのではない。むしろ、そうした政治家は厳しい口調で批判されている。政治的思慮を原則とする実践家の職務は「立法そのものについて思弁することではなく、現行のラント法の諸命令を実行すること」にすぎず、そのかぎりで「実務的法律家」と同じである。「彼らがひたすら気にかけているのは、現在支配している権力に媚びて（自分たちの私的利益を損なわないために）、人民を、場合によっては全世界をも見捨てるということである」（ZF 8:373）。それに対してカントにおいて政治とは、法（Recht）について教える（lehren）もの、すなわち法論（Rechtslehre）を執行する営みである。[64]『法論』が掲げる課題

（63）同様の見解として M. Castillo, „Moral und Politik,“ 141. V. Gerhardt, *Immanuel Kants Entwurf „Zum ewigen Frieden,“* 168. これに対して P. Guyer, “The Crooked Timber of Mankind,” 131. や C. Horn, *Nichtideale Normativität*, 270f. は君主の道徳性を内面の格率の問題に帰している。

（64）V. Gerhardt, „Kants Begriff der Politik,“ 475–8.

は、正・不正の認識を可能にする普遍的な基準を理性に求めることであった。すでに見たように、『法論』は法の普遍的原理を生得的自由権と取得的権利に適用することによって、自然状態からの脱出義務を導き出した。脱出に続くのは、前章で見たように、完全な法的市民状態である〈理念の国家〉を現象において表示する国家体制、すなわち根源的契約の理念に適った体制の樹立である。そうした体制をカントは真の共和制と呼んでいた。それは国家市民が立法権と投票権をもち、三権が実践的推論を形成するように組織された、人民の代表制である。自然状態を脱した国家は、真の共和制の設立を目指さなければならない。

当然、こうした議論は君主制にあったプロイセンにおいて極めて重要な意味をもつ。というのもカントは真の共和制を設立しなければならないという義務をア・プリオリに導き出すからである。しかしそのための手段として革命を用いることは、同様に自然状態のア・プリオリな規定から禁止される。カントによれば、革命は「法的状態を全否定する瞬間を挿入する」ものであり、自然状態への回帰にほかならない（RL 6:355）。そこでは法ではなく暴力が支配することになり、各人の自由は保障されない。したがって、「たとえわずかな程度にしか適法的でないとしても、何らかの法的な体制は法的体制がまったくないよりはまし」であり、君主制は単にそのかぎりで存続してもよいということになる（ZF 8:373）。

むしろカントは、根源的契約の理念を満たした真の共和制の樹立は革命によらずとも可能であると考えていた。前章で見たように、それは君主による共和主義的統治から設立された共和制を経るという手続きをたどることでなされる。こうした改革の過程であればプロイセンにおいても可能であるはずだと、カントは考えていたに違いない。執行する法論という政治の規定は、まさにこうした改革を示唆している。「道徳的政治家が原則とするのは次のことである。すなわち、国家体制あるいは国際関係にあらかじめ防ぐことのできなかった欠陥が一度でも生じれば、とりわけ国家統治者にとって義務となるのは、どうすれば可能なかぎり早く国家体制や国際関係を改善し、理性の理念において我々の眼前に模範としてある自然法に適合したものにすることができるのかを考えることである」。言い換えれば、「(法の法則の観点から最もふさわしい体制) という目的」を目指して統治しなければならない (ZF 8:372)。『法論』によれば、理性は「体制が法の原理と最大限に一致した状態」へ向けて努力することを、「定言命法によって我々に義務付けている」(RL 6:318. Vgl. ZF 8:377)。ここで言われる定言命法は、内面の動機を拘束するものではなく、理性から導き出された無条件の法的義務の謂いである。したがって政治家には、法の原理と最大限一致する体制——真の共和制——を樹立するために、改革を行うことが法的に義務付けられており、その遂行こそが道徳的政治家の道徳性を構成していると言わねばならない。言い換えれば、法論を執行するということは、根源的契約の理念を満たす体制へと改革していくということなのだ。

改革のための第一歩は、共和主義的統治様式 (republikanische Regierungsart) を採用することである。前章でも簡単に触れたが、共和主義的統治としてカントが言及するものには二つのものがある。それは一方で執行権の行使の仕方、他方で立法権の行使の仕方に関わっている。両者は区別されうるが、それらは君主制においても根源的契約の理念にしたがった統治を行うために欠かせないものとして連関している。執行権の行使に関して、共和主義は「執行権 (統治) を立法権から分離する国家原理」である (ZF 8:352)。共和主義的統治様式はこうした権力分立の意味での代表制を備えており、そこでは執行権が立法権を代理するように、立法された法律に厳密にしたがって行政命令がくだされ、裁判がなされなければならない。カントによれば、民主制は立法権と執行権が同時にすべての人民によって保持されているために、こうした権力の分立 - 代表原理は働かないが、「〔民主制以外の〕二つの国家体制は、それらが代表的な統治様式を採り入れる余地があるかぎりで常に欠陥があるにしても、少なくとも代表制の精神に適合した統治様式を採用することができる。それは例えばフリードリヒ二世が、私は国家の最高の従僕であると、少なくとも言ったように可能である」(ZF 8:352)。

ここでフリードリヒ二世の言葉が取り上げられているが、それが脱文脈化されていることに注意しなければならない。先に見たように、フリードリヒ自身は人民の幸福に配慮する統治原理にしたがって、自らを人民の第一の従僕であると述べていた。しかしカントは従僕の意味をまったく転換させている。すなわち、ここで言われる「国家の最高の従僕」は、立法権者の代理として立法された法律に厳密にしたがって執行権を行使する者の謂いである。実際、大王は一七八一年の勅令でプロイセン一般法典の起草に向けた立法委員会を招集し、自らの立法権を一部制限しようとしさえした[65]——これが「国家の最高の従僕」として再解釈されるとは思い至らなかったであろうが。しかし大王の死後、『永遠平和のために』の一年前にようやく公布されたプロイセン一般ラント法では、再び「権利、法、一般的ポリツァイ令を与えること、それを廃止すること、またそれについての説明を法的効力を伴って告知することは、大権である」と定められる[66]。ここでは立法権も執行権（ポリツァイ令）も、すべてが主権者である君主に掌握されている。しかしカントは、このように権力が一人に集中する体制の方が、少なくとも執行権をも全員が担う語の本来の意味での民主制よりも、代表制度の精神に適った統治様式を採用することがたやすいと考えていた。というのも、民主制においては「全員が主人であろうとする」ために、自らに与えられた執行権を容易には手放さない（誰かに代理させない）からである。したがって、もし民主制において執行権における代表制度を設立しようとすれば、「暴力的な革命」を経るほかはない。他方、貴族制と君主制は「代表制度の精神に適った統治様式」を採用しやすい。というのも、立法権を担う人数が少ないほうが意思決定が容易であり、統治様式の改革を断行できるからである。すなわち、少数あるいは一人が立法権から執行権を分離しようと決意し、立法権を執行権が実質的に代表する割合が高くなればなるほど、統治様式の共和主義化の可能性が開かれることになる。「国家権力の人員（支配者の数）が少ないほど、他方で国家権力の代表が大きいほど、国家体制は共和主義の可能性といっそう適合する」と言われるのはこのためである（ZF 8:352f.）。

他方、共和主義的統治はこうした執行権の行使の仕方に関してのみならず、立法権の行使にも関わっている。『諸学部の争い』によれば、「単に統治様式による」共和主義的体制は「統治者（君主）による統一に際し、人民自身が普遍的な法原理にしたがって立法したかのような法律と類比的に、国家を運営させるもの」であった（SF 7:88）。すなわち、共和主義的統治において立法権を担う者は、人民にそれが委ねられていれば立法するであろう仕方で立法しなければならない。こうした立法に関する共和主義的統治は「俗言」論文では、根源的契約の理念にしたがった立法として説明されていた。根源的契約の理念は「自らの法律があたかも全人民の統一された意志から生じえたかのように立法するよう、また市民であろうとするかぎりのあらゆる臣民をあたかもそうした意志と合致しているかのようにみなすよう、あらゆる立法者を拘束する」（TP 8:297）。ここにおいて根源的契約の理念は立法の試金石の役割を果たしている。それは「人民が自らについて自分たちでさえ決定できないことは、立法者もまた人民に対して決定することはできない」という命題として提示される（TP 8:304）。すなわち、立法者は目下の法案が人民にとって同意可能なものであるかどうかを反省し、そうでなければ法案に修正を加えなければならない。このようにすることで擬似的に人民が立法したのと同然の効果を、つまり、自らの同意した法律以外にはしたがわないという自由を人民が享受しているのと同等の作用をもたらすことができる。

このように、君主による共和主義的統治は立法と執行に関して特別な権力行使を要求するものである。それは「一人で支配していようとも、それでもなお共和主義的に統治すること、すなわち共和主義の精神で共和主義と

（65）「国王によって執行された法律の効力は専門家から構成される立法委員会の鑑定人としての発言に依存した」。H. Conrad, „Das Allgemeine Landrecht von 1794 als Grundgesetz des friderizianischen Staates,“ 613.
（66）*Allgemeines Landrecht für die Preußischen Staaten*, II. Teil. 13. §6.

の類比において統治することであり、これによって人民は自らの体制に満足する」(SF 7:86)。つまり君主による共和主義的統治は、根源的契約の理念にかなった立法と、代表制度の精神に適った執行を行うことで、真の共和制と類比的(analogisch)な作用をもたらすのである。しかし、これはあくまで真の共和制が設立されるまでの暫定的な君主の義務にすぎない。根源的契約の理念は、統治様式が純粋共和制に「作用の上で」合致した状態のみならず、「ただ人民を服従させるためにだけ用いられてきた古びた経験的(実定的)な形式が、根源的(理性的)な形式へと解消する」状態へとさらに「徐々に継続的に」変革することを義務として課している(RL 6:341)。これを見誤るか忘失するかして、早計にも君主による共和主義的統治を確定的なものとみなすとすれば、それは政治的判断力の欠如を意味することになるだろう。

カントによれば、純粋共和制、すなわち叡智的公共体は理念にすぎないが、この理念を「自由の法則にしたがって経験(現象的公共体)における実例を通して表示Darstellungする」ことは可能である(SF 7:91. 強調は網谷)。しかしこれまで多くの解釈者がしてきたように、もしもフリードリヒ大王の統治にこうした叡智的公共体の理念が表示されているとカントが考えていたとみなすとすれば、それは誤った判断である。『永遠平和のために』に大王への肯定的な言及があることから、カントの理想的な体制は立憲君主制に違いないと誤解してきた解釈者たちは、奇妙なことにその言及のすぐ後にある注釈に目を留めるのを怠ってきた。

マレ・デュ・パンは天才ぶってはいるが空虚で中身のない発言のなかで、多年にわたる経験の後で最終的にポープの周知の格言の真実が説得力をもつにいたったと賞賛している。ポープの格言とは「最良の統治については愚か者たちに争わせておけ。最もうまく指揮された統治が最も良い」というものである。〔…〕しかしこの格言が、最もうまく指揮された統治が最も良い統治様式、国家体制であるということをも意味するとすれば、それは根本的に間違っている。というのも、良き統治の例だからといって、それは統治様式については何も証明していないからである。(ZF 8:353, Anm.)

ジャック・マレ・デュ・パンはフランスの反革命論者としてすでにドイツでも名前が知られており[67]、一七九四年には彼の『フランス革命とその持続の原因について』(一七九三)をゲンツが翻訳していた。マレ・デュ・パンはこの本の末尾でアレキサンダー・ポープの格言——For forms of government let fools contest, whatever is best administered, is best——を引いているが、その意図は明白である[68]。「情況がすべてである場合に、倦むことなく原理について話すなど愚かだ[69]」。すなわち彼は、フランス革命がかくも混乱を長引かせている原因を、国家体制について哲学的・理性的原理から議論しようとする人らに帰すのである。これにカントはあたかも「馬鹿だなあ、大事なのは統治様式の原理なのに」と語っているかのようである[70]。

つまるところ仮にフリードリヒ二世が良き統治者の例であったとしても、その体制が最も規範的な国家体制の例であるわけではない。すなわちそれは、純粋共和制を実例を通して現象において表示する国家体制とは程遠い。実際、仮にフリードリヒの統治が共和主義的統治だったとしても(カントはそうは判断しなかっただろうが)、それは共和主義の類比《アナロギー》でしかない。『プロレゴメナ』によれば、類比は「二つの物事の不完全な類似性」ではなく、「まったく似ても似つかない物事のあいだの二つの関係性の完全な類似」を意味する(4:357)。二つの対象の

(67) マレ・デュ・パンについてはB. Wilson, “Counter-Revolutionary Thought,” 12–6.
(68) J. Mallet du Pan, *Considérations sur la Nature de la Révolution de France*, 100 (übers. 140).
(69) J. Mallet du Pan, *Considérations sur la Nature de la Révolution de France*, 99 (übers. 138f.).
(70) ポープの格言に対する批判は『法論』でも繰り返されている (RL 6:339)。

間に類比が成立する場合、それらはまったく異なるものであるが、何らかの構造や関係において同質のものを共有している。つまり、君主による共和主義的統治が共和主義の類比において統治することであると言われるのは、（本来的な意味での）共和主義的体制と君主による共和主義的統治は、似ても似つかないものであるにもかかわらず、同質の関係や構造をもっていると判断されるからである。後者は明らかに立法権の在処に関して、純粋共和制ないし真の共和制とまったく異なる体制である（前者は君主に、後者は国家市民に立法権がある）。にもかかわらず、後者において君主が自らの権力を執行権へと制限し、立法権を託された人々がすべての人民による立法をシミュレートするように立法するのだとすれば、あるいは、君主が自ら立法するにしても根源的契約の理念を立法の試金石とし、自らが立法した法律に厳密に拘束されて統治するとすれば、そこには真の共和制で成立するような、人民の普遍的意志の立法とそれを大前提として展開される実践的推論の関係が成り立つだろう。しかし両者は非同一性を前提にした上で、立法と執行の仕方に関する関係性が同じであるというにすぎない。

カントに言わせれば、これまでのカント解釈者らがこのように叡智的公共体を現象において表示する体制の実例を見誤ってきたとすれば、それは政治的判断力の欠如に帰されるべきものである。『判断力批判』によれば、何らかの概念を実在的なものとするためには、必ずその概念に対応する直観が必要となる。カントはこの概念の実在化を「感性化としての表示 Hypotypose（Darstellung, subiectio sub adspectum）」（KU 5:351）と呼ぶ。表示が意味するところは、概念を何らかの形で目の前に露わにする、目に見える形にするということであろう。概念が経験的概念であれば、何らかの経験的対象を実例としてもちだすことで、我々はその概念を実在的なものとして認識することができる。また純粋悟性概念であれば、ア・プリオリな直観（時間の形式）が図式として与えられている。しかし問題は概念が純粋理性概念、すなわち理念である場合である。というのも理念に適合する直観などは決して存在しないように思われるからである。

しかしカントによれば、理念であっても、間接的な仕方でそれに直観を配することは可能である。それは象徴を通じた理性概念の表示である。象徴的表示を通して、理性によってのみ思考可能でいかなる感性的直観にも適合しない概念に、間接的な形で直観が与えられるというのだ。象徴的表示は「(経験的直観を利用する)類比を媒介にした」ものである(KU 5:352)。類比は、先にも述べたように、まったく異なる二つの対象がしかし同様の関係性をもっているという意味で対応している事態を指す。象徴的表示によって理性概念に与えられる何らかの対象の直観は、その概念と直接対応するのではなく、むしろその直観についての「判断力の手続き」がその概念についてのそれと同じであるという意味で、ただ間接的に対応するのである。ここで判断力の手続きと言われるものは、厳密には「反省の規則」を指している(KU 5:351)。普遍的なもののもとへ特殊を包摂する働きが規定的判断力であるのに対して、特殊しか与えられていない場合に、特殊から普遍を見出すような働きは反省的判断力である(KU 5:179)。それゆえ、理性概念(理念)を象徴的に表示することにおいて、判断力は規定的であると同時に反省的である働きを見せることになる。それというのも、理性概念を何らかの感性的直観の対象を通じて表示するためには、一方で前者を後者へと適用(前者のもとへ後者を包摂)しなければならないが、他方でこの適用(包摂)は、その直観の対象を反省的に判断し、概念と対象との間に何らかの類比が見つかることで可能になるからである。[71]

カントが『判断力批判』で説明しようとしているのは、美が道徳的善の象徴であるということである。しかし

(71) カントによれば象徴的表示において判断力は「二重の仕事」を行う。「第一に、概念を感性的直観の対象に適用し、次いで第二にその直観についての反省の単なる規則をまったく別の対象〔概念〕へと適用する。前者の対象は後者の対象の単なる象徴である」(KU 5:352)。これについてはH. Allison, *Kant's Theory of Taste*, 255.

その道行でカントが挙げる例の方が我々にとっては興味深い。カントによれば、君主制国家はそれが「国内の人民立法」によって支配されているなら、「生命ある身体」として象徴的に表示されるが、それが君主「個人の絶対的な意志」によって支配されているなら、「(挽臼のような) 単なる機械」として象徴的に表示される。「確かに専制国家と挽臼の間にはいかなる類似もないが、しかし両者を反省し、また両者がもっている因果性について反省するための規則においては、まったく類似している」(KU 5:352)。ここでは、一方で生命ある身体が、立法権を人民が行使し君主はただそれを執行するにすぎないという (前章でシィエスが提唱していたような) 体制を、他方で機械 (挽臼) が立法権も執行権も君主が行使する専制的な体制を、象徴的に表示している。後者の例においては、挽臼も専制国家も個人 (臼の使用者・君主) の意志が原因となってのみ機能するという、因果性の規則において類比が成り立っている。それに対して、立憲君主制を象徴するのは有機体である。有機体において個々の部分は全体に対して目的論的に結合している。カントは明らかにフランス革命をほのめかしながらこう述べる。「最近、ある巨大な人民を一つの国家へと全般的に作り変えるということが行われたが、その際に、有機体Organisationという言葉が高級官職の諸制度や統治体全体にさえ頻繁に用いられており、これは極めて適切である。というのも、各構成員はこうした全体のなかで単に手段のみならず同時に目的でもなければならず、全体を可能にするべく協働することによって、全体という理念を通して今度は自らの地位と機能が規定されるべきだからである」(KU 5:375, Anm.)。しかし一七九〇年に書かれた『判断力批判』を最後に、こうした有機体の象徴によって理念的な国家を表示する試みは行われなくなる。カントがこうした象徴的表示をなぜ断念することになったのかは推測するしかないが、おそらくは『法論』において明らかにされた〈理念の国家〉、純粋共和制の構造と、有機体の構造が一致しなくなったためだろう。前者の構造の本質は、全体と部分の目的論的結合ではなく、普遍的な人民意志による立法と、その立法を大前提として展開される三段論法にあるからである。こうした純粋共和制という理念と同様の構造を備えている体制こそが、その理念を間接的に〈現象の国家〉において表示する体制である。

こうした類比的構造を正しく見抜くことができるかどうかは、判断力にかかっている。カントは「俗言」論文以来、たびたびグレイト・ブリテンを模範的な国家体制とみなす見解を（例のごとくそれが誰のものかをまったく名指さずに）批判しているが、矛先はその国制自体というよりも、むしろそれを模範的体制として提示する人々にこそ向けられている。[72] ドイツではとりわけ、ハノーファーを拠点とする政論家がそうである。[73] ハノーファー選帝侯国は、ブリテン王ジェームズ一世の血を引く選帝侯ゲオルク・ルートヴィヒが一七一四年にジョージ一世として即位して以来、君主不在のまま、旧領邦貴族らによるほとんど貴族制的な支配下にあった。また領主がブリテン国王に即位したために、ハノーファーにはイングランドやスコットランドの思想や文化が多数流入するようになっていた。しばしばハノーファー保守主義やハノーファー・ホイッグと呼ばれる政論家らのイングランドの国制に対する賞賛は、アングロマニアの域に達するほどであった。[74] その二大巨頭はレーベルクとエルンスト・ブランデスである。彼らの座右の書は、イングランドを権力分立機構を備えた穏和な政体として特徴づけたモンテスキューの『法の精神』であったが、彼らはモンテスキューの評価が過大なものであると理解できるほど

（72）カントはイングランドとスコットランドの連合王国をグレイト・ブリテン（Großbritannien）と呼称しているが（RL 6:348, 368. SF 7:90. TP 8:301, 303）、もっぱらの関心はイングランドにあったように思われる。以下で見るハノーファーの論客についても同様である。

（73）ハノーファー保守主義だけでなく、一般にドイツ人のイギリス国制に対する評価を包括的に研究した書物として、H-C. Kraus, *Englische Verfassung und politisches Denken im Ancien Régime. 1689 bis 1789*. 以下ブランデスについては603–15を参照した。

（74）K. Epstein, *The Genesis of German Conservatism*, 567. G. P. Gooch, *Germany and the French Revolution*, 73–90.

イングランドについて知悉しており、実際しばしば議会の議事録をも直接参照したほどであった。彼らは革命以前より親交をもっていたバークと立場をほとんど同じくし、イングランドの古き国制の歴史性を評価して、国王・政府・上院・下院の間で権力がからみ合いながらも巧みに均衡してきたことを認めた。

例えばブランデスは一七八六年の『ベルリン月報』に、三度にわたって匿名で「イングランドの政治的精神」という論考を発表している。明らかにモンテスキューの書物を思わせるその「精神」とは、「統治の動輪を動かす」[75]ものであり、その「国民の精神」[76]である。ブランデスは公共精神（public spirit）とも言い換えつつ、その精神の在処を、複雑に絡み合った権力機構と議会における政党、そして言論の自由に見出す。彼はモンテスキューと違って、国王が強大な権力をもつことを強調する。執行権は国王一人が掌握しており、大臣や官僚の任命権の一切も国王に存する。立法権は確かに両院と国王によって共有されているが、国王は自らの権利に対する侵害に対して拒否することができる。しかも上院（貴族院）は、常に人民のことを気にかけていなければならない「下院のあまりに破壊的な権力に対して制限を課すための、国王の最良の手段」である。[77]

しかしこうした国王の強大な権力に対しては、野党による反対（Opposition）が抑制の機能を果たしている。「イングランドの体制を維持するために、反対は完全に不可欠なものである。というのも、国王とその従順な大臣はたやすく自らの権力と財貨を危険な仕方で使用しうるからである。しかしそうならないのは、単に愛国心だけではなく競争相手の地位を占めてやろうとする欲望に突き動かされて、大いなる嫉妬心と注意をもって〔政府の〕あらゆる行動を監視する、一群の人間がいるからである。野党Oppositionsparteiによって引き起こされる恒常的な諸力の摩擦は、すべてのものを目覚めさせ、どんな自由な体制にとっても極めて危険な国家のまどろみを防ぐ」[78]。ブランデスによれば、野党の反対によって国王の立法権と執行権に対する抑制が働くが、下院はそれを選挙民に代わって行うのであって、「代議士は自らの選挙民の指示にしたがわなければならないという昨今現れた理論」――いわゆる命令委任――は誤っている。この理論が危険なのは、イングランドの体制は「人民が立法権に直接参加することが一切ないようにそれを排除している」からである。「いずれにせよイングランドの人民は革命期に、根本契約が破棄されたと見れば、武器を手に取ることを法的に許容されたのだから」、こうした人民の直接立法からの排除は必要不可欠である。(79)

ブランデスは、名誉革命を社会契約による新しい国家設立ではなく、マグナカルタ以来の古来の国制の再承認であるとするバークの議論を引きついでいる。(80)バークによれば、専制的権力が古来の国制を破壊しようとするときにのみ、それに抵抗する権利が人民のなかに生まれる。しかし名誉革命に従事した人々は、抵抗権を憲法として明文化するよりも、むしろ「権利宣言のなかに政府に関する規則を規定することや、議会による不断の監視や、実際上の弾劾要求のほうが、憲法上の自由のためにも統治の悪に対抗するためにも、より良い保証になる」と考えた。(81)ブランデスはバークとともに、人民の専制への抵抗は本当の緊急事態にこそ生じ、平時にはそうした緊急事態に陥ることのないよう、下院の野党が政府に対して反対することで、いわばこの人民の抵抗を代理し、これこそが国王の強大な権力を抑制していると論じるのである。

(75) E. Brandes, „Ueber den politischen Geist Englands," 107.
(76) E. Brandes, „Ueber den politischen Geist Englands," 108.
(77) E. Brandes, „Ueber den politischen Geist Englands," 217.
(78) E. Brandes, „Ueber den politischen Geist Englands," 293.
(79) E. Brandes, „Ueber den politischen Geist Englands," 126.
(80) J. G. A. Pocock, "Burke and the Ancient Constitution," 207f.
(81) E. Burke, *Reflections*, 116.（邦訳三七頁）訳は改めた。

これに対してカントは「俗言」論文以降、『法論』や『諸学部の争い』で、グレイト・ブリテンの体制についてだけは明白に批判的な立場をとっている。フランス革命の体制にもオーストリアの体制にも、あるいは自国プロイセンの体制にも明示的に言及することがないのにもかかわらずである。こうした態度は言うまでもなく党派的である。その批判の意図は、ブランデスのようにイングランドを優れた体制であると評価する者らの判断力の誤り、あるいは判断力の誤用による詐欺をあからさまにすることにあった。趣旨は一貫している。その国制の本質は、君主権力に対して議会が抑制を加えるという制限君主制にあるのではないというものである。「グレイト・ブリテンの人民に、あなた方の憲法の本質は絶対君主制 unbeschränkte Monarchie だと言えば、彼らの尊厳を侵害することになるかもしれない」(SF 7:90)。

　カントによれば、グレイト・ブリテンでは人民が憲法 (Konstitution) を「全世界の模範」のように誇示しているが、しかし「君主が一六八八年の〔名誉革命時の〕契約を侵犯した場合に人民に認められるはずの権能について、その憲法は沈黙している。そうした〔人民の権能についての〕法律は存在しないのだから、したがって、君主が憲法を侵害しようとする場合には、憲法はひそかに彼に対する反乱を留保しているということになる」。しかしこのような仕方での留保は無効である。というのも、憲法に含まれる規定はすべて「公的意志から生じるものとして考えられなければならない」からである (TP 8:303 und Anm.)。それゆえ、君主に抵抗する権能が人民にあるとすれば、それは公的に宣言されなければいけない。しかしカントの見るところ、憲法はそうすることで国王の権力を凌駕するか少なくともそれと同等の権力を人民に与えることになり、憲法上矛盾が生じると考えるために抵抗権について沈黙を守っている。

　しかも実際には国王の主権は制限されていない。というのも、第一に議会とともに立法権をもつ国王が「同時に自分の大臣たちを通じて元首として、すなわち専制的にふるまっている」からである。さらに第二に、「人民に自分たちは代議士を通じて国王を制限する権力なのだと表象させる」のは「まやかし」である。というのも政府は官職を与えることによって、すなわちパトロネージによって代議士を取り込んでいるからである。

人民は（議会の）代議士を通じて代表されているが、彼らの自由と権利のこうした保護者のなかには、自分と自分の家族、そして自分たちが大臣に依存して軍や海軍、市民軍の恩給を得ることに精気溢れる関心をもっている人々がいる。彼らは（政府の専断に抵抗するどころか〔…〕）むしろいつでも自分自身を政府に差し出す心積もりである。――したがって、国内法の体制としてのいわゆる穏和な国制 gemäßigte Staatsverfassung などというものは馬鹿げている。それは法に属するというよりも単に思慮の原理にすぎず、しかも、人民の権利の強力な侵犯者が政府に対して及ぼす恣意的な影響を妨げるためのものではなく、むしろできるかぎりそれを人民に許された反対 Opposition の見かけのもとに隠蔽するためのものなのである。（RL 8:320f.）

カントによれば、グレイト・ブリテンでは国王と政府に絶大な権力（官職任命権）が存在し、立法権と執行権の間での権力分立が、すなわち代表制が機能を阻害されている。国王と両院がともに立法権をもつということによって、立法と執行の代表関係が失効しているのだ。一方で国王は自ら政府の大臣を任命することで執行権者として振る舞い、他方で代議士は与党になれば政府の役職を得る。「こうした売官制度」（SF 7:90, Anm.）において、立法権と執行権の代表関係は存在しない。両者が互いに制限しあっている国制などというものもごまかしである。カントの見るところ、いわゆる議会のなかの国王は君臨しているだけでなく実際に統治しており、しかもグレイト・ブリテンの国制はこのことを思慮の原理によって隠蔽している。そして、その国制を褒めそやす人々はこうした政治的思慮によって「虚偽の公開性」（SF 7:90）に加担している。彼らは、無効化された代表原理をそういうものとして認識しないどころか、国制が実際には絶対君主制であるということを人民の目から隠そうとするのである。しかし、「国王が人民の代表者に与える影響は非常に大きくまた確実であるので、ここで想定されている両院は、国王が意志し、彼の大臣を通じて提出するもの以外には何も決議しないほどである」。国王は「議会の自由に見せかけの証明を与えるために」、両院に法案へ抵抗させてやることさえできる（SF 7:90）。

実際カントによれば、国王が絶対的であるということは、これまで幾多の戦争が行われてきたということからも明らかである。「戦争は、国家のあらゆる諸力が国家統治者の意のままとならざるをえない状態である」（SF 7:90, Anm.）。制限された君主制であれば、君主は戦争を遂行するかどうか人民に問い、人民が拒絶すれば戦争は遂行されないだろう。しかし、事実はむしろ逆である。それゆえ「その憲法にしたがえば無であるはず国王は、〔実際には〕絶対君主である」。国王は「憲法を常に無視することができる」が、それは「国王が国家の諸力を通じて、すなわち彼はすべての官職と位階を与える権力をもっているために、人民代表の同意を常に取り付けておくことができるからである」（SF 7:90, Anm.）。ここには「もはや正当な仕方で存続する真の体制は見出しようがない」。もしここにそうした体制の「実例」を見出そうとするのであれば、それは政治的判断力の誤りどころか「それ自体で欺瞞的」な所作（SF 7:90）、政治的思慮の濫用である。理念である叡智的公共体を経験における実例を通して表示する体制は可能であるが、それをカントはグレイト・ブリテンに見出すことを強く批判した。カントにとって何らかの現象的公共体が叡智的公共体、すなわち「正当な仕方で存続する真の体制」と類比的な構造をもつかどうかを判断するためには、政治的判断力の正しい使用が欠かせないが、ドイツのアングロマニアはそれを欠いているどころか、敢えて自らの判断力を誤用し欺瞞に陥っていると見えたのだろう。

実際、当時のジョージ三世（即位一七六〇—一八二〇）はその長い在位期間のすべてにわたって、議会に対して王権を固守しようとし続け、ホイッグ・トーリー・国王の三者が常に抗争し続ける政治的変動の時代を招いた。

「王権の異常な行使」[82]の最も顕著な例としては、ホイッグ党政権が八三年に提出した東インド会社に対する本国政府の規制強化を意図したインド法案を、国王が貴族院に圧力をかけて廃案にし、結局政府そのものを更迭してしまったことが挙げられる。[83]カントにとって問題なのは、こうした様々な利害の作用と反作用によって「宇宙的調和」[84]（バーク）を創り出すことではなく、立法権が人民に帰属し、そこから人格的に区別された執行権の長が執行を担う、真の共和制を創ることである。こうした批判を前提とすれば、カントの構想において君主と政府による売官制度が、ひいては議院内閣制自体が、真の共和制が備えているとされる人民の代表制と反するものであった可能性がある。道徳的政治家の執行する法論、あるいは君主による共和主義的統治が目指さなければならないのは、政治的思慮によって人民の抵抗が可能であると見せかける国制ではなく、人民の代表制を備えた真の共和制なのだ。

（82）J. S. Watson, *The Reign of George III, 1760–1815*, 267.
（83）その後ジョージ三世は小ピットを首相に推して安定した政権が誕生することになったが、ピットによる行政改革が功を奏し、皮肉にも国王の影響力は次第に弱められていく。青木康「伝統と革新の相克」二五九―六〇頁。
（84）E. Burke, *Reflections*, 124.（邦訳四六頁）

第三節　暫定性の政治学

執行する法論としての政治、あるいは君主による共和主義的統治としてカントが念頭に置いていたものは、制限君主制や立憲君主制ではなく、むしろ真の共和制への改革の実践である。その改革は、人民への君主の主権の譲渡をも包含することになる。確かに「現行体制では国家がいまだに専制的な支配権力を占めているとしても、国家は共和主義的にも統治されうる」。しかしそれは「人民が徐々に、法律の権威という単なる理念の影響を受けうるようになり〔…〕、それゆえに（本来法に基づいたものである）自己立法の能力があると認められるまで」のことである（ZF 8:372）。法論を執行する君主政治は、根源的契約の理念にしたがった改革を行い、共和主義的統治様式を経て、最終的には自らの主権的地位をも人民に移譲することで共和制へと至らなければならないのだ。共和主義的統治の最後の段階において、君主は単に共和制をもたらすためだけの消滅する媒介者、自己揚棄を義務付けられた存在にすぎない。執行する法論という政治において、いわば共和主義的なものから共和制が、人民の自由・平等・自立が出来する事態が構想されているのである。

このような政治の構想は、当時のドイツの絶対主義的統治理論とはラディカルな対照をなしている。政治的思慮の教説からポリツァイ学が専門分化していくなかで、政治概念は法学の言語から切り離されて、経済化（Ökonomisierung）・財政学化（Kameralisierung）していく傾向が見られる。[85] 例えばユスティにおいては、立法権力よりも「立法する思慮」が重要である。というのも立法権力が「社会の統一された意志」であり、その最終目的が公共体の幸福であるならば、その幸福を調達するための法則を認識する思慮こそが法を与えるべきだからである。[86] しかしそうなれば逆説的なことに、政治経済学的法則が人民の意志とは無関係に法を産出し、国家はそれを執行するだけの機械となるだろう。カントはこうした政治的思慮あるいはポリツァイの統治が、それがいかに規則性・法則性を標榜しようとも、幸福や経験に基づくかぎり根拠を欠いた無基底的なもの、恣意的なものにならざるをえないことを示した。そして、こうして基底を失った統治に、根源的契約の理念、人民の意志の普遍的な統一という理念の基底を再び与えるのである。

このことは、執行する法論がアダム・スミスと同様の自由主義的な統治への要求——政治への権利を問わない私的自由の権利のみの保障——を表している[87]ということ以上の意味をもつ。カントの共和制における市民の自由は、他者危害原則ではなく、なにより自らの同意した法の強制以外にはしたがわないという自由を意味している。それゆえにこそ、君主は一人で支配していても人民の普遍的な同意可能性を基準にした立法を行わなければならず、最終的にはその立法が実際に人民自身によってなされるよう、(設立された共和制を通じて)真の共和制の樹立が目指されねばならない。人間の生得的な自由を普遍的に保障し万人の自由の両立を可能にするために、共和主義的統治は人民の政治的自由を拡大する。

再びプロイセンにおいてカントが取り巻かれていた文脈を想起すれば、そこでは理論の実践可能性が問われていた。カントは政治を執行する法論として規定し直すことで、プロイセンにおける理論と実践という文脈に対して二つの観点から介入しようとしている。それらはいずれも自らの共和制の理論が実践可能性をもつということ、具体的に言えば、真の共和制への改革は実践可能であるということを示すものである。政治を執行する政治的思

(85) T. Simon, „*Gute Policey*," 495.
(86) J. H. G. Justi, *Die Grundfeste zu der Macht und Glückseligkeit der Staaten*, Bd. 2, 468.
(87) M. Bohlender, „Metamorphosen des Gemeinwohls," 263–8. V. Sellin, „Art. Politik," 838–42.

慮ではなく執行する法論として位置づけ直すなかで、第一に、政治的思慮が完全に排除されるわけではなく、むしろそれにふさわしい場所が用意される。第二に、執行する法論としての政治の場が暫定性の領域として捉え返される。以下順を追って説明しよう。

第一の点についてカントによれば、法論を執行する政治は自らの目標のために、そのかぎりで、思慮を用いなければならない。すなわち、政治的思慮は法論の執行という目的に従属するかぎりで許容され、必要とされている。[88] 確かに政治的思慮だけに基づくのであれば、統治は無根拠なものへと頽落せざるをえないが、法論によって与えられる改革の義務を満たすためには思慮の使用は不可欠だと認識されているのである。

実際、カントは『人倫の形而上学』「人倫の形而上学への序論」において、政治の思慮にふさわしい位置を用意している。実践哲学一般は、人倫の形而上学と道徳的人間学に区分される。道徳的人間学は、人間本性に関して人倫の形而上学の法則を実行するときの経験的条件、道徳原則の生産・普及・強化、その他の経験に基づく教説や指示を含んでいる（RL 6:217）。つまり、人倫の形而上学が超越的な理念を指示するのに対して、道徳的人間学はその理念を実現する際の経験的知識を指示する。ところで『判断力批判』では、哲学一般は自然概念に基づく理論哲学と道徳的自由概念に基づく実践哲学に区別され、思慮は前者の技術的‐実践的法則として規定されていた。それは自然法則（因果律）にしたがって理論を現実に移す技術であった。しかしカントは今や、後者の実践哲学にも技術的要素があることを認める。「もし自由の法則にしたがいうる選択意志の熟練を、自然との対比において、ここでも技術と名付けるならば、それは、自然の体系と同じく自由の体系を可能にする技術だと理解されねばならない」（RL 6:218）。ここでその技術に該当するのが道徳的人間学であることは明らかである。つまり、今や思慮は道徳的人間学の範疇に取り込まれ、自由の体系を可能にする技術として再生されようとしているのだ。[89]

『法論』に限って言えば、自由の体系は道徳的自律ではなく、万人の外的自由が普遍的法則にしたがって両立する純粋共和制を意味している。したがって、道徳的人間学のなかで再生された政治的思慮に関して問題となるのは、純粋共和制を実現するために、そこへと改革を進めるために、いかにして経験的な知識を用いるのかということである。この点を踏まえれば、『永遠平和のために』におけるポレミカルな「悪魔からなる人民 Volk von Teufeln」の議論も理解可能になる。ここでは悪魔と天使の対比が重要である。カントによれば、人間の権利に完全に適合した唯一の体制は共和主義的体制であるが、しかし「多くの人はそれは天使からなる国家にちがいないと主張し」ており、「それを設立することだけでなくさらにそれを維持することも最も困難な体制である」と考えている（ZF 8:368）。この通説は、おそらくルソーに由来するものであろう。[90] しかし同時に見逃されてはならないのは、この考えがハノーファーのアングロマニアによって、カントの共和制構想が不可能であることを傍証するために流布されていたということである。本章冒頭で見たように、レーベルクは「俗言」における根源的契約の理念を満たした体制をルソーのそれと同一視し、こう語っていた。カントの理論とルソーのそれは一致しているが、「ルソーの体系はただ神々からなる共和制にのみふさわしく、神々はしかし市民的体制などはまったく必要としない」[91]。さてカントやルソーが言うような神々のような人間、完全な理性的存在者である人間はどこに

（88）V. Gerhardt, *Immanuel Kants Entwurf „Zum ewigen Frieden,“* 184. カントにおける思慮の重要性を指摘したものとして、他にも西村「カントにおける「クルークハイト」について」。

（89）ただし「理性が我々に規定することを、この技術によって完全に実行し、この理念を作動させることが我々にもし可能だとすれば、それはまこと神的な技術ではあるが」（RL 6:218）。

（90）ただし、ルソーは共和制ではなく政府形態としての民主制について語っていた。「もし神々からなる人民があれば、それは民主制政府となるだろう。これほどに完全な政府は人間には適さない」（CS:3.4）。

も存在しない。よって共和制は実践上不可能である、と。

カントの理論は形而上学的には正しいかもしれないが、政治において実践するためには有害であるというこうした言説に対して、カントは悪魔の形象さえももちだして反駁しようとする。カントが要求する真の共和制は、ルソーとは違って市民の徳を必要としない。人々が外的自由を互いに享受するためには、その侵犯を差し控えるよう法律によって強制されなければならないのであり、レレヴァントであるのは内面の正しい格率（道徳性）ではなく、外的な適法性であった。したがって真の共和制の設立に関して重要なのは、「私的な心情においては互いに争い合っていても、公的な振る舞いにおいてはあたかもそうした悪い心情をもっていないかのような結果となるために、私的心情を互いに抑制しあうよう」に大量の人間に秩序をあたえ、体制を樹立することである。こうした課題は、「人間の道徳的改善ではなく、単に自然のメカニズム」の問題であり、「悪魔からなる人民にとってすら（悟性をもっていさえすれば）」解決できる（ZF 8:366）。つまり、ここで真の共和制を設立しようとする人々に要求されるのは実践理性ではなく、悟性――自然のメカニズム（経験的な因果連関）を考慮して共和制を可能にする制度設計を行う悟性――である。経験的な法則にしたがって理論を現実に移すものが技術なのだから、カントはここで統治者に必要とされる悟性あるいは思慮について語っているということになる。それはアッヘンヴァルら絶対主義的自然法学とは違って、公共の福祉の増進のためにではなく、共和制という自由の体系が首尾よく機能する制度をつくるためにこそ用いられなければならない技術である。

確かにカントは統治が必要とする政治的思慮について詳論しているとは言いがたい。しかし、「人間愛から嘘をつく権利と称されるものについて」（一七九七）では、わずかではあるがその具体的な応用の場面が示されている（以下 8:429）。そこで示唆されているのは、執行する法論という構想における改革の政治学である。カントによれば、「（すべての経験的諸規定を捨象した）法の形而上学から（これらの概念を経験的事例へと適用する）政治の原則へ、そしてこれを介して後者の問題の解決へと、普遍的な法の原理にしたがって到達する」ために、哲学者は次の三つを与える。第一に各人の自由の保障という外的な法の定義から導かれる公理、第二に平等の原理にしたがった万人の意志の統合としての公法の要請、そして第三に「非常に大きな社会においても、自由と平等の原理にしたがって調和が（つまり代表制によって）保たれるということは、いかにして成し遂げられるか」という問題である。

公理・要請・問題という幾何学の枠組みを「法の形而上学から政治の原則へ」の移行に当てはめることで、カントは法の理念をいかに現実化するのかを論じる。最初の二つはこれまで見てきたように、法の普遍的原理から導かれる法的義務を示している。それに対して第三のものは、それらを経験的事例に適用することを問題として与える。つまり、自由と平等という法の原理を、大国という経験的な事例に適用し、人民の間の意志の調和を可能にする代表制をいかに構築するかという問題である。それは「人間の経験的知識から引き出された」、「合目的的な」指示や法令によって行われる「政治の原則」である。ここにおいて政治家は、例えばルソーの『社会契約論』ような都市国家モデルを超えて、大国においても共和制を可能にするために、経験的知識を合目的的に用いて代表制の制度設計を行うことを自らの課題とすることになる。政治は法の形而上学に従属しなければならないが、同時に、それを経験的な条件下で実現するために、政治的思慮を備えていなければならない。このようにして政治的思慮はカントの統治論のなかで、公共の福祉の増大のための技術から、自由の体系を可能にするための技術へと、言い換えれば改革の政治学へと変容させられるのである。

さらにカントは、こうした改革の政治学が働く場を暫定性の領域として規定することで、プロイセンにおける

(91) A. W. Rehberg, „Über das Verhältniß der Theorie zur Praxis,“ 127.

理論と実践の文脈に介入しようとしている。そのためにカントが用いるのは許容法則という概念である。『永遠平和のために』によれば、永遠平和のための予備条項に含まれる禁止条項のいくつかは、[92]「法規則の例外としてではないが、しかしその執行の観点からは、状況に応じて諸権限に関して主観的に拡張され（広義の法則leges latae）、その実施を延期する許容を含んでいる」（ZF 8:347）。ここでカントが例示するのは、第二条項「独立して存続している国家は〔…〕、相続、交換、買収、または贈与によって他国から取得されるべきではない」である（ZF 8:344）。この場合、禁止条項の執行は「ある種の国家から〔相続、交換、買収、贈与によって〕奪われた自由を、第二条項にしたがって、復帰させる」ことを意味する。だが許容法則はこの条項の執行の延期を許容する。

というのも、禁止はここではただこれ以上妥当してはならない〔国家の〕取得方法にのみ関係するのであり、占有状態には関わらないからである。この占有状態は、確かに〔今は〕必要な権原がないが、その（誤想取得putative Erwerbungが行われた）時代には、当時の公論にしたがって、あらゆる国家から合法だと認められていたものなのである。（ZF 8:347）

従来しばしば、こうした禁止条項の執行の延期を認める許容法則の概念は、カントがそうではないと断っているにもかかわらず、例外的許容として捉えられてきた。[93]しかしカントは先の引用で、将来の禁止と現在の許容という区別を用いている。[94]こうした禁止と許容の適用範囲の時間的区別において、後者が前者の例外的許容でないことは明らかである。現在の不法な占有状態が許容されるのは、それが取得された当時の公論によってその取得が推定上（putative）合法に為されたと考えられていたから、すなわちそれが禁止されているとは思われていなかったからである。人間は完全な理性的存在者ではなく、理性からア・プリオリに導き出された法原理を常に正しくは認識できない。それゆえ、ア・プリオリな法原理が現実に適用されるときには、禁止されてはいなかった(と考えられていた)行為が、あるいは単に許容されていた(と考えられていた)それまでの行為が、法原理の認識とともに禁止されるという外見上の矛盾が生じうるのである。[95] したがって、推定上適法的だと考えられていた占有は「それがそのようなものとして知られるやいなや禁止される」。「というのも、その非適法性が発見されるやいなや、こうした占有は侵害として停止されなければならないだろうからである」(ZF 8:348, Anm.)。

このように『永遠平和のために』では、かつては禁止されているとは思われていなかったが、実は非適法的であると分かった状態の改善の延期が許容されるのだが、その根拠は、単に人間につきまとう認識の不完全さのみにあるのではない。『永遠平和のために』の許容法則は、政治的な観点からとりわけ興味深い根拠付けがなされてもいる。カントによれば、確かに誤想占有が明らかになるやいなや現行の状態は適法な状態へと回復されなければならないが、とはいえ現在の占有状態は「自然法の許容法則にしたがって」、「適法的ではないが、それでも

(92) 次に述べる第二条項以外に挙げられているのは、第三条・常備軍の禁止(ZF 8:345)、第四条・戦時国債発行の禁止(ZF 8:345f.)である。
(93) R. Brandt, „Das Erlaubnisgesetz." K. Flikschuh, *Kant and Modern Political Philosophy*, 80–112.
(94) カントの許容法則は禁止された行為の例外的許容としてではなく、むしろ命令も禁止もされていない行為を、そのようなものとして認定し、それに権能を与える規範である。許容法則について検討するためには『人倫の形而上学』「人倫の形而上学への序論」を検討しなければならない。議論の詳細は、B. Sharon Byrd and J. Hruschka, *A Commentary*, chap. 4. 石田京子「カント法哲学における許容法則の位置づけ」、拙論「カントと許容法則の挑戦」。ただしバードとフルシュカは我々と違い『永遠平和のために』の許容法則を例外的許容として解している。
(95) 石田「カント法哲学における許容法則」一七二―三頁。

尊重されうる占有」として持続することが許容される（ZF 8:348, Anm.）。さらに、劣悪な体制から革命によって非合法的に合法的体制に達したのだとしても旧体制への復古は許容されないが、他方で、他国が専制国家に対してその体制を捨て共和制へ変革するよう要求することもまた、「その国が他国からすぐに飲み込まれてしまう危険があるかぎり」できない。したがって、不正義に満ちた体制であっても、「いっさいがおのずから熟していくか、平和的な手段で成熟に近い状態までいたるかして完全な変革に至るまで」それを持続させておくことは許容されなければならない。これは「理性の許容法則」である（ZF 8:373, Anm.）。

こうした許容法則は、暫定性（das Provisorische）を与える規範として記述することができるだろう。許容法則によって、理念に悖る現在の状態が、適法的ではないがそれでも尊重されうるもの、すなわち暫定的なものとして承認されるのだ。しかしそれは恣意的なステイタス・クオの許容ではない。むしろ暫定性の条件は、理念が確実に実現されるという、未来の適法性を見越したものである。先の予備条項の執行は「それが急ぎすぎて、その目的自体に反する形で行われることがないように、遅延することが許容される」（ZF 8:347）。同様に、不正義に満ちた体制を変革する用意があっても、「それでもよりよい時宜を得るまで、その実行を遅らせることが許容されなければならない」（ZF 8:373）。許容法則は、理念を実現させる目的・展望の下でのみ、非適法的な現実に暫定性を与えるのだ。言い換えれば、暫定的なものは、その対となる確定的なもの（das Peremtorische）をあらかじめ見越して（pro-videre）、それへの期待においてのみ、付与されるのである。確かに、法理念という超越的な観点からすれば、現実は常に理念に悖った不法状態として判定されざるをえないだろう。しかしカントは、現実を超越的理念と対置して不法だと断定するのではなく、むしろそれを超越的理念に広い意味で包摂されている状態、理念の実現過程にある状態として判断する。許容法則によってこのように現実に付与された暫定性の領域こそが、カントにとって政治の駆動すべき場所となるのだ。

同時代のプロイセンを背景にすれば、こうしたカントの政治概念には独特の位置が見出される。『永遠平和のために』が書かれた直接のコンテクストとしては、フランス革命とそれに続く各国の干渉戦争という国際政治の状況が考えられる。[96] しかしさらにフランス革命の混乱、オーストリアのヨーゼフ二世によってなされた急進的な上からの改革、そしてプロイセンの法改革という情況も考慮されなければならない。例えば、カントは許容法則を考察するきっかけになったとして、オーストリアのヨハン・ニコラウス・フォン・ヴィンディッシュグレーツ帝国伯に言及している[97](ZF 8:348, Anm.)。彼はフランスの宮殿で働いていたこともある外交官で、ヨーゼフ二世の性急な改革に批判的なことで知られていた。[98] 実際、ヨーゼフの改革はあまりに急進的で、貴族や官僚、市民の賛同を得るどころか、大きな抵抗を呼び起こし挫折した。[99] あるいは、すでにたびたび見てきたように、フランス革

(96) 従来言及されてきたバーゼルの和約締結だけでなく、第三次ポーランド分割をも視野にいれる必要性がある。山根雄一郎『カント哲学の射程』第五章。

(97) 以下のヴィンディッシュグレーツ伯とクラインへの着目については、R. Brandt, „Das Erlaubnisgesetz“, 252ff. に教えられた。

(98) ヴィンディッシュグレーツ伯についてはF. Schlichtegroll, hg., *Nekrolog der Teutschen für das neunzehnte Jahrhundert*, 141–76. フランス革命の約一月半後に書かれた手紙で、カントは特に伯の著作が「部分的には驚くべきことに的中してしまった占いとして」、また「部分的には専制君主に対する賢明な助言として」、「現在のヨーロッパの危機においてより大きな効果をもつに違いない」と述べる(11:75)。ここで言及されている伯の著書は、『二つの考察すべき問いについての論説。一、君主には自ら欠陥が明らかな憲法を改正する権利はあるか。二、改正を企てることは彼にとって賢明なこと、彼にとって利益になることか。実践的に考察する』(一七八八)だと考えられる。これはヨーゼフ二世の早すぎる革命への批判を狙った著作であった(伯は両方の問いに否定的に答えている)。また九五年の書簡でもカントは伯の著作が「最近の実際の出来事が起こる数年前にまとめられた」もので、それは「君主が国民自身にしてほしくないと望むのであれば、君主は何をすべきなのかということについて」書かれたものだと述べている(13:599)。

命の混乱を自然法の理論を直接適用したことに帰す議論は、プロイセンで大変に流布していた。ゲンツやレーベルクは、それをもって法の形而上学的理論は政治実践においてはなお不十分であるか、そもそも有害であると論じた。カントもこうした議論の一部に今や同調することになる。「たとえわずかな程度にしか適法的でないとしても、何らかの法的な体制は法的体制がまったくないよりはましである。急ぎすぎた改革は後者の（無政府状態という）運命に逢着するだろう」（ZF 8:373, Anm.）。この言明で念頭に置かれているのがオーストリアの上からの改革のことなのか、それともフランス革命の混乱なのかは分からない。カントは後者の原因を理論の政治への直接適用に求めたことは一度もなかったが、プロイセンに流通する批判に対して、許容法則という概念をもって応える必要に迫られたのだろう。許容法則は理念へと確実に到達するために現実に暫定性を付与するが、あまりに独断的で急進的な政治はこの暫定性を破壊しかねない。

さらに、独断的で急進的な政治とは対をなしているが、それと同様に暫定性を破壊してしまいかねない政治が存在する。それは、理念の確定的な実現の見込みをもたない停滞的な政治である。フランス革命の破局的な帰結を目の当たりにしたプロイセンでは反動的な空気が広がりつつあり、プロイセン一般ラント法の起草者ら、改革派の官僚も改革の成果を最低限確保するためにその空気に妥協しようとしていた。官僚で一般ラント法の起草者でもあったエルンスト・クラインは、一七八九年のカント宛書簡のなかで、「慣習となってしまっている自由の制限をいっさい廃止するということは立法者の義務かどうか」と自問し、それに否定的に答える。

長い間慣例となっているものは、国民の意志に適合しているように思われます。〔…〕思うに、その〔自由の〕使用を留保させておくことは許され entschuldigen うるでしょう。〔…〕では、何をすべきなのでしょうか。我々の法律はそうした恣意的な制限に満ちています。〔…〕国民は徐々に父権的な権力から解き放たれなけ

ればなりません。これに関して、いつかあなたのお考えを知りたく思います。(11:118. 強調は網谷)

しかしクラインは、カントの返答を得る前に九〇年の著作で断言する。「政治的自由は市民的自由を保障するかぎりで価値をもつ」のだから、「市民的自由を実際に享受しているかぎり政治的自由の欠如を嘆くいわれはない[100]」。市民的自由の存在する君主制に生きている者は「共和主義者になろうとはしない」。ここで市民的自由(bürgerliche Freiheit)は、現代の語感とは違って単に私的自由を指すにすぎない。もちろんクラインは改革派の官僚として、君主の専制的権力を法(プロイセン一般法典)によって縛ることを目指していた。この点で、後にジョン・ステュアート・ミルがフンボルトにその先駆性を見出すことになる自由主義は、確かにクラインにも現れている。フンボルトは九二年の『ベルリン月報』論文のなかで、ドイツに伝統的であった公共の福祉としての国家目的論を厳しく批判している。「福祉が目的であり、徴税がそのための不可欠な手段だ」とする考えが君主に浸透した結果、「出来上がったのが、統治は物理的かつ道徳的な国民の幸福と福祉に配慮しなければならないという原理である。なんと最悪で最も抑圧的な専制だろうか[101]!」

クラインもフンボルトの議論に同調し、フランス革命の人権宣言を肯定する。「市民社会の目的とそれに依存する権利の範囲」が確実に規定されるためには「まずどんな人間も人間としてもつ固有の権利について合意しなければならない。「国家の目的は〔人民の〕単なる安全かそれとも共通善かという論争」があるが、「共通善と

(99) ヨーゼフ二世について、D. Beales, „Joseph II. und der Josephinismus."

(100) E. F. Klein, *Freyheit und Eigenthum*, 164. クラインについては次を参考にした。E. Hellmuth, „Ernst Ferdinand Klein: Politische Reflexionen im Preußen der Spätaufklärung."

(101) W. Humboldt, „Ideen über Staatsverfassung," 95f.

いう概念はどれほど自由の制限へ拡張されうることか。〔さらに〕実際、安全だけを目的とみなすことができたとしても、安全はまたしても富や人口などに依存することになるのだから、市民的統一の目的だけから、立法権力の境界を規定することは不可能である」[102]。クラインはこのように、人間の自然的自由の権利を保障することが市民社会、国家の目的であると述べる一方、しかし、そこから注意深く政治的自由を排除している。人間の自由にとって重要なのは政治への参加の権利ではなく、法律の保護の下での自由である。そして「このことは絶対的な君主制においても当局が尊重するところである」。「経験によれば、君主制における国家行政は、いわゆる自由国家においてよりも法律を尊重することが多い」[103]。

さらに問題は、クラインによれば、そもそも「人民は自由へと成熟するまではまったく自由ではない」ということである[104]。人民が成熟するまでは、統治は専制的権力を温存しなければならない。あるいは、理性的な統治が人民を自由へと教育しなければならない。クラインは感動的な調子で語りかける。「人民が成人すれば、父が成長した息子に対するように、君主自身は人民を次第に自由を享受することに慣れさせて、君主がこう言える状態にまで近づけるだろう。親愛なる人民よ！　君たちはこれまで父であるかのように私を崇拝してきた。今や私を友のように愛しなさい。市民は子供ではなく、君主は父ではない。立法は校則ではない。君たちは成人なのだ！〔…〕私の法律はすべての人の自由が各人の自由と調和することにのみ奉仕せねばならない。法律を吟味するのだ！　私の意志ではなく、君たちの意志が法則の拘束力を与え、君たちの意志が共通の自由の保護に役立つかぎりで、個人を拘束するのだ[105]」。しかし、ここで成人した人民に認められるのは結局のところ政治的自由ではなく、法律を吟味する自由、言論の自由にすぎない。クラインの市民的自由論においては、人民の意志は法則を与えるものではなく、法則の拘束力を与えるものである。言い換えれば、法則の権威は自分たちの同意にあるのだということを、しかし立法権をもたない人民は納得しなければならないのだ。しかもクラインによれば、市民的自由が認められるのは、人民が統治による上からの啓蒙によって自由へと成熟させられた後になってからのことである。

こうした議論に、今や革命批判の最前線に立つゲンツも同調する。ゲンツによれば、人間は自然状態から国家へと移行すれば、自然的自由の一部を捨てなければならない。「したがって、政治的自由は国家を成立させるために譲渡される一部を差し引いた後の自然的自由である[106]」。しかも、政治的自由が少ないと言ってそれを統治のせいにするのはお門違いだ、とゲンツは言う。「政治的な隷従の度合いが高いということは、その国民の深刻な堕落の帰結でありまたその証であり、同様に、真の政治的自由の度合いが高いということはその国民の人間的成熟の果実である〔…〕[107]」。このように述べるゲンツにとって、フランス人権宣言序文の「人の権利に対する無知、忘却または軽視が、公の不幸と政府の腐敗の唯一の原因である[108]」という文言は、愚かな人民に典型的な発想だということになる。この条文は、「自分の悪の源泉をできるかぎり自分の外部に示そうとする」態度を示しているというのだ。

(102) E. F. Klein, *Freyheit und Eitenthum*, 77f.
(103) E. F. Klein, *Freyheit und Eitenthum*, 119.
(104) E. F. Klein, *Freyheit und Eitenthum*, 172.
(105) E. F. Klein, *Freyheit und Eitenthum*, 182f.
(106) F. Gentz, „Ueber politische Freiheit und das Verhältniß derselben zur Regierung," 118.
(107) F. Gentz, „Ueber politische Freiheit und das Verhältniß derselben zur Regierung," 133.
(108) 辻村みよ子『人権の普遍性と歴史性』四〇一頁からの引用。

人間、特に無教養な人間の習癖になっているのは、自分に降りかかってきたすべての不幸を、一般に社会的結合のせいにしたり、とりわけ国家の統治のせいにしたりすることである。大都市の住民の話や苦情に耳を傾ければ気づくが、私的な苦しみや家庭の苦労、紛れもない愚行や非行の帰結のほとんどが、直接あるいは間接に国家体制や元首あるいは官吏が生み出したのだと言われているのである。国家さえ良くなれば一度にすべての苦しみは魔法のように消えてしまうと、皆が思っている。もっと簡単に改良されうること、もっと緊迫して改良されなければならないものは、見逃されてしまう。〔フランス革命の〕政治は、その曖昧で夢見がちなプロジェクトによって、私的思慮という最も確実な処方箋や、道徳という最もはっきりした規則を抑圧してしまうのだ。(109)

カントはベルリン界隈に流布されていたこのような言説に我慢がならなかった。普遍的に統合された人民意志が立法を行う真の共和制においてしか、生得的自由の権利は享受されえない。意志する者に不正はなしえない(volenti non fit iniuria)という原理が貫徹する国家体制でなければ、自らが同意した法律にしか拘束されないという自由は潰えてしまう。カントの共和主義にとって、市民的自由は政治的自由が保障されているところでのみ、はじめて享受されうるものとなる。それゆえ、根源的契約の理念は現行体制の主権者(君主)を拘束し、共和主義的統治から真の共和制への改革が達成されなければならない。そうであるのに、人民は自由へと成熟するまでは自由ではありえないだとか、自由へと成熟した人々にしか共和制はふさわしくないなどと言い繕って、改革を停止させておこうとすることにカントは耐えられなかった。『単なる理性の限界内での宗教』(一七九三)のなかで、カントはクラインに見られるような表現、人民が自由へと成熟していないという表現に馴染めないと告白する。

告白するが、私は思慮深い人々が用いているあの表現にまったく慣れることができない。その表現とは、（法的な自由を作りだすことに従事している）とある人民は自由へと成熟してはいない、封建領主の農奴はいまだ自由へと成熟していない、一般に人間は信仰の自由へといまだ成熟していない、というものである。しかしこうした前提に立てば、自由は決して現れないだろう。なぜなら、あらかじめ自由でないならば、これらの事柄へ成熟するなどということはありえないからである〔…〕。確かに最初の試みは粗野であり、他者の指図どころか他者の配慮のもとにあったときよりも辛く危険な状態と結びついていることもよくあるだろう。しかし人は理性に向けて成熟するためには、自らの理性を通して成熟するよりほかにない（このために人は自由でなければならない）。権力を掌握する人々が時勢に迫られてこうした〔国家における自由・家における自由・信仰の自由を縛る〕三つの鎖から人々を解き放つことを先へ、もっと先へと延期せざるをえないことがあるということを認めるのはやぶさかでない。しかし、一度でもこの鎖に従属した人々は自由には一般に適していないのだということを原則とし、人々を常に自由から遠ざけておくことを正当化するとすれば、それは人間を自由へと創造した神の大権に対する侵害である。確かに、こうした原則を貫徹させることができる場合に、国家や家、教会のなかで支配するとすれば、それはより快適であろう。しかし、それはより正義に適うと言えるだろうか。（6:188, Anm.）

カントにとって、自由へと成熟していないという理由で人民に自由を永遠に与えずにおくことは、まさに法原理の禁止を犯すことであり、それに対しては許容（Erlaubt）ではなく、クラインのように弁明（Entschuldigung）が

（109） F. Gentz, „Ueber politische Freiheit und das Verhältniß derselben zur Regierung," 197.

必要となろう。共和制という理念の実現を目指さず、現在の非適法的な体制にとどまり続けようとするならば、それは許容法則の適用範囲を超えている。ベルリンで流布されている政治的言説は、現行の不法な体制からその単なる暫定的な性格を喪失させてしまっているのだ。

理念の実現可能性を顧慮しない独断的な改革も、また永遠に先延ばしにされる改革も、ともにカントにとっては政治の自己破壊にほかならなかった。理念の実現を顧慮しない急ぎすぎる政治も、改革を永久に停止して理念に悖る現状に居直る政治も、どちらも暫定性という自らの条件を破壊してしまうからである。それに対して許容法則は、理念に悖る現在に、理念の確定性を見越した改革がそこからなされるかぎりで、ただそのかぎりでのみ、暫定性を与える。政治は「法に反する国家原理を取り繕って、理性が命じるようには理念にしたがって善をなすことができないのが人間本性だということを口実に、できるかぎり改善を不可能にし、法的違反を永遠化しようとする」ことなど決してあってはならないだけでなく（ZF 8:373）、「早まって暴力的にその目的を引き寄せるのではなく、好都合な状況を見計らって、絶え間なくその目的に漸近していくという思慮をわきまえて」いる必要がある（ZF 8:378）。カントにとって政治の本分は、暫定的な領域から理念の実現へ向けて現実的な判断を行い、漸進的に改革し続けること、これである。許容法則の理論は、迫りつつある政治の自己破壊から政治を救出しようとする挑戦なのだ。

政治を執行する法論として概念化することで、カントは同時代の政治的思慮の教説において無基底的なものとなった統治に、根源的契約の理念という基礎を与える。法論から導出された法の普遍的原理は、統治に対して共和制への改革を、根源的契約の理念の現実化を義務付ける。自由主義的な統治要求を超えて、むしろ各人の私的自由を保障するためにこそ、統治は人民が政治への権利をもった体制、国民が自由・平等・自立のもとにある体制へ向けて改革を行わなければならない。言い換えれば、統治者は理念にしたがい、かつ理念を現実化するように統治しなければならない。こうした政治がなされる場は、純粋共和制の理念の実現を見越した暫定的な場であり、その場を一歩一歩改革していく思慮こそが政治的思慮として求められる。許容法則は、急ぎすぎて失敗する改革と、時期尚早だと言い募り、改革を永遠に停止させる政治の両方を批判する視座を切り開くのだ。一八世紀末プロイセンの硬直的な現実にあって、カントは政治が活動すべき場所を暫定的なものの領野に指定した。執行する法論としての政治概念に賭けられていたのは、同時代に支配的だった政治・道徳・思慮の密接な枠組みを転覆させ、それらを理性からア・プリオリに導かれた法の原理に適するものへと作り変えようとする、カントの戦略である。(110)

(110) 政治概念の刷新に応じて、幸福の理解も変化を被ることになるだろう。実際、『永遠平和のために』の末尾では次のように言われている。「[政治の]格率が公開性を通じてのみその目的を達成しうるのであれば、その格率は公衆の普遍的目的（幸福）に適合していなければならず、公衆の普遍的目的と一致すること（公衆を自らの状態に満足させること）は、政治本来の課題である」（ZF 8:386）。ここには政治が法の原理と一致しながらも、人民の幸福を目的としてどのように活動しうるかという課題が示されている。これにカントがどう答えているかを見るためには、道徳哲学や人間学にも目を向けて幸福の理解を追う必要がある。本書が到達できなかったこうした問題について、知恵（Weisheit）の概念からアプローチする研究として斎藤拓也「カント政治思想における「知恵」の概念」、また公衆の幸福との一致に法を超出した政治的なものの位相を見るものとして M. Oki, *Kants Stimme*, Kap. B を参照。

第六章　人民の抗議と共和主義

これまで、生得的自由権と〈理念の国家〉を中心とした法と国家の規範的理論が、政治によって執行‐実践されるというカントの構想を見てきた。理性からア・プリオリに演繹される純粋共和制の理念を国家の規範として、政治は真の共和制を目指した改革を行わなければならない。このようなカントの主張は、それ自体で政治に対する規範的な主張である。我々がなお問わなければならないのは、このそれ自体で規範的な政治学は、プロイセンにおいて実行される余地があったのかということである。いったいどのような理由から、プロイセンの統治者が体制を共和制へと改革することを決意するというのか。確かにそれは、法的理性が課す不可避の政治的義務ではある。しかし、プロイセンの現実の統治者がその義務を満たすかどうかはまったくさだかではなかっただろう。このことは、啓蒙君主亡きあと専制を強めるフリードリヒ・ヴィルヘルム二世の治下においては、とりわけ深刻な問題である。プロイセンの君主制において、改革を推進する道徳的政治家の存在を期待するのだとすれば、あまりにナイーブで楽観的ではないだろうか。結局のところカントは、ケアスティングが言うように「領邦君主に改革の義務があることを理解させる啓蒙という手段に満足」し、「訴えるのではなく、頼み事をし、願い事をする」という「理性の無力さ」を示しているのだろうか。[1] カントはプロイセンの法改革者らと同様に「君主の好意」を得るためにこそ、君主制における共和主義的統治という「妥協案」を提示したのだろうか[2]。フリードリヒ二世の死後、カントの政治哲学は「もはや理論と実践の溝を埋めるどのような手段も提供できなかった」のだろうか[3]。

しかし大方の見方に反して、カント自身はそれほど政治的にナイーブなわけではなかった。カントは法と国家の規範的理論が提示されれば政治がそれを粛々と執行する役割に甘んじるなどと考えたことはなかったし、またプロイセンの統治者がそうした政治的徳をもつとみなしていたわけでもなかった。実際、カントは現実主義を自認する「政治的道徳家」の口を借りて、次のように述べている。「力による以外には法的状態の開始は考えられない。そのあとで公法は力による強制に基づくことになる」のだから、「雑然とした群れが人民へと統一された後で、人民に彼らの共通の意志を通じて法的体制を実現させることを委ねるという、立法者の道徳的な心情を考慮にいれるということは、いずれにせよこの場合できない」(ZF 8:371)。だが、統治者の道徳的心情があてにならないのだとすれば、どのようにして改革を、共和主義的統治を促すことができるのか。

カントは注意深くも、(そんなものがあるとして)統治者の寛大な心情に依存することなしに、共和制の理念を現実化する戦略を用意している。その鍵となるのは、公共圏でなされる市民の言論実践である。市民による公共的な言論実践に媒介されて、君主の統治は共和主義化され、あるべき政治の姿を回復する。それは、執行する法論としての政治を可能ならしめるものであり、また政治が働く閾を設定するものでもある。興味深いことに、カントはたびたび明示的に、市民の公共的言論を抗議(Gegenvorstellung, Beschwerde)として記述している。しかし、先行研究はこうした説明に大して目を向けてこなかった。例えば、現代の共和主義理論家フィリップ・ペティットによれば、カントはあまりにも主権の絶対性を強調したために抵抗権を否定し、ペティットが理解するところの共和主義において不可欠の要素である、異議申し立てする市民(contestatory citizenry)の可能性を塞いでしまった[4]。

しかし、カント自身は抵抗（Widerstand）と市民の抗議を注意深く区別し、後者を言論の自由（Redefreiheit）、ペンの自由（Freiheit der Feder）として正当化している。(5)

そこで本章では、まずカントにおける言論による抗議と抵抗の違いを明らかにし（第一節）、次いで一七八〇―九〇年代のドイツにおいて言論の自由がどのように論じられていたのかを概観する。この作業は、カントの言論の自由の理論がいかなる射程をもつのか、共和主義の構想とどのように関連しているのかを見るために欠かせない（第二節）。最後に、こうした歴史的な言説状況のなかでカントの議論を見てみれば、それが共和主義ととりもつ特殊な関係のみならず、そこにはある種のリアリズムに基づく戦略が潜められていることも明らかになるだろう（第三節）。当時、言論の自由をめぐる問題は広範に論じられていたにもかかわらず、カントの言論の自由に触れた先行研究のほとんどは歴史的な視座を欠いてきた。(6) そのため、どのような政治的文脈においてカントの議論

（1）W. Kersting, *Wohlgeordnete Freiheit*, 435f.（邦訳三三一頁）

（2）C. Langer, *Reform nach Prinzipien*, 123.

（3）F. C. Beiser, *Enlightenment, Revolution and Romanticism*, 55.（邦訳一〇三頁）訳は改めた。

（4）P. Pettit, "Two Republican Traditions," 194–8.

（5）当時の語法にしたがい、言論の自由（Redefreiheit）を出版の自由（Pressefreiheit）、意見表明の自由（Meinungsfreiheit）の同義語として扱う。F. Schneider, *Pressefreiheit und politische Öffentlichkeit*, 102.

（6）啓蒙研究として、理性の公的使用の自由という意味での言論の自由に関してカントに言及する文献は大量に存在するが、抗議としての言論がもつ政治的機能に触れた文献は少ない。後者の希少な例としてP. Niesen, *Kants Theorie der Redefreiheit* には確かにホッブズやロック、スピノザといった偉大な思想家との比較は存在するが、カントと同時代の言説はほとんど顧みられていない。次の文献も同様。J. Keienburg, *Immanuel Kant und die Öffentlichkeit der Vernunft*. 斎藤拓也「カントにおける「統治」の問題」。金慧『カントの政治哲学』第三章。

を理解すべきかについては未だ明らかではないし、カントの言論の自由の正当化が単に権利論的な文脈のみならず、統治論の伝統にも属しているということも理解されていない。カントは政治に対して（実践不可能なという意味で）過度に理想的な要求を掲げたわけではない。執行する法論としての政治を実践しうる有徳な統治者の存在を不可避に必要とするような――そしてそれゆえにプロイセンではおよそナイーブに見えるような――議論を組み立てたわけでもない。むしろ、市民の抗議として正当化される市民の公的言論こそが、統治を共和主義化するものであり、統治者をその意味で有徳なものにするのである。いわゆる市民的公共性論に着目することで、カントの政治的な現実主義がさらに説得力をもつものとして立ち現れてくるだろう。以下、市民の公的言論実践がカントの共和主義においてどのような位置価をもつのか、そしてカントは言論の自由を統治者に認めさせるために、どのような論述上の戦略を遂行しているのかを明らかにしよう。

第一節　抵抗と抗議

「俗言」論文のなかで、カントは人民の抵抗権を断固否定する一方で、言論の自由（ペンの自由）を「国家元首に対して喪失することのできない権利」（TP 8:303）として擁護している。抵抗権の否定は、カントにおける特有の法規範の構築からもたらされる。各人が生得的な自由を享受しうるためには、各人が自由への侵害を防止する法律へと平等に服従しなければならない。法律は刑罰の脅迫によって、何らかの行為を慎むよう人々を強制するものである以上、この強制に万人が同意可能でなければ各人の自由は恣意的に侵害されかねない。したがって法律が正当なものであるかどうかは、三つの条件に依存していると言える。すなわち、万人の自由の保障、万人の平等な拘束、万人の同意である。最後の条件にしたがえば、正義に適った法律が存在しうる国家は、原理的には唯一、すべての自立した市民が立法に対して賛否を示すための投票権をもつ体制——真の共和制——でなければならない。しかし、人民の普遍的な意志（普遍的な同意）は、根源的契約の理念と呼ばれる理性理念である。一方で根源的契約の理念は、その理念にかなった体制の条件として市民の自由・平等・自立の立憲的な保障を要求するが、他方でこうした立憲的条件とは独立に、正当な立法の基準としても機能する。後者の意味で、根源的契約の理念は「あらゆる立法者を、法律を全人民の結合された意志から生じえたかのように立法するよう拘束する」、法律の適法性の「試金石」である（TP 8:297）。根源的契約の理念を参照することで、立法者は自らの法案が人民にとって同意可能なものかを反省し、適法性を自ら判断することができるし、またそうしなければならない。法案に対して必ずしもすべての人民が同意できるわけではないと判断される場合には、その法律は正義を満たしてはいない。こうして人民の普遍的意志は根源的契約の理念として適法的な立法の基準を与え、その基準を満たした立法をなすよう立法者を拘束する。

このような構図において、いちいちの立法のたびに全人民を招集して投票させなければ、立法者は正義を満たした立法を行いえないということは想定されていない。法律の正義の条件は、ただそれだけを独立で考えた場合には、全人民の同意可能性という基準を満たしているかどうかということだけである。したがって「人民がそれに同意するということがただ可能であるにすぎないとしても、その法律を正義に適うものとして考えることは義務である。すなわち、人民がこれについて〔その法律に同意するかどうかについて〕尋ねられたとしたら、自らの同意を拒むかもしれないような状況や思考様式の気分に今あるとしても、そう〔法律が正義を満たすものとして〕考えることは義務である」（TP 8:297）。

だがカントによれば、法律が普遍的同意可能性を満たしていなかったとしても、市民には法律に抵抗する権利は認められない。カントにおいて抵抗権は純粋に法学的見地から考えられている。国家において唯一、法律の強制から除外されるのは国家統治者（Staatsoberhaupt）である。(7) カントは「俗言」論文では国家統治者ということで、「それを通してしか一切の法的強制が執行されえない」執行権の長、あるいは「公法の執行者」（TP 8:291f.）、「国家行政を司る統治者」を意味している（TP 8:294, Anm.）。国家統治者が誰の強制にも服さないのは、「国家統治者もまた強制されるとすれば、もはやその人は国家統治者ではなく、服従の階梯は無限に上っていくことになるからである」（TP 8:291）。反対に、人民が法律の強制に抵抗するという現象は、人民が自ら法律とその執行について判断を下し、自分たちに強制を課す当の国家統治者に対して自分たちの判断を押し付ける、すなわちその判断を強制するという事態として捉えられる。確かに我々は法律に抵抗するとか、立法者に抵抗するという言い方をするが、抵抗が実際になされるのは、法律を執行する権力そのもの、とりわけその処罰権に対してであろう。それゆえ、抵抗はすべて「力によって tätlich」国家権力に対峙することを意味する（TP 8:299）。こうした「対抗権力 Gegengewalt」としての抵抗が禁止されるのは、「すでに存在している市民的体制において人民は、その体制がどのように統治されるべきかということを規定する判断を〔…〕もはやもたないからである」（TP 8:299f.）。したがって、カントが抵抗権ということで意味しているのは、もし人民が自らの判断にしたがって行為した結果、国家統治者の判断とその強制に対立する場合、人民の判断が法的な優位性をもって貫徹されるという権利だということになる。この場合には、法的強制の最高位の権限者であるはずの国家統治者は、しかしもはや最高位の地位を失ってしまうだろう。これは矛盾である。

さらにカントは権利という観点からも抵抗を否認する。権利（Recht）は正しさを含意するのであり、正しさは法の普遍的原理から与えられる。したがって、もし抵抗の権利があるとすれば、それは普遍的法則にしたがって万人の自由と両立することが可能である場合だけだということになる。しかし「抵抗の格率が普遍化されれば、あらゆる市民的体制は破壊され、人間が権利というものを一般的にもつことが可能となる唯一の状態が根絶されてしまうだろう」(TP 8:299)。というのも、各人がこれこれの法律にはしたがうがこれこれの法律にはしたがわないと判断し、行動に移すことが正しいとみなされれば、それは法律への従属という市民的体制のメルクマールの消失を意味するからである。それは自然状態への回帰にほかならない。ところで、自然状態は各人の自由が他者からの侵害に常に潜在的にさらされている状態であり、それ自体で人間の自由が脅かされた不法な状態である。第三章で見たように、自然状態に留まるということはそれ自体で不正を構成する。それゆえ、法律が根源的契約の理念を満たしていないとしても、それに対して抵抗することは、自然状態を招来するものとして正当化されえない。

このような主権者に対する抵抗の不可能性は、ホッブズの主権論に通底するところがある。しかし、カントは

(7)『法論』との間には用語上の揺れがある。『法論』では、国家統治者あるいは統治者(Oberhaupt)は三権すべてを統合した道徳的人格としての主権者の意味で用いられており(RL §47, 6:315, §51, 6:338)、執行権の長としては元首(Regent)という言葉が用いられている(RL §49, 6:316)。しかし「俗言」にせよ『法論』にせよ、執行権者が法的な強制の執行者であるという点に変わりはない。「俗言」によれば、法律が非難の余地のない(untadelig, irreprehensibel)ものである場合、法律には一方で「強制する権能」が、他方で立法者の意志に力によって(tätlich)抵抗することの禁止が結びついている。すなわち、「法律に効力を与える国家権力は、抵抗不可能なもの unwiderstehlich(irresistibel)である」(TP 8:299)。『法論』でも同様に、立法者の意志は非難の余地のない(untadelig, irreprehensibel)ものであり、上位の命令権者(Oberbefehlshaber, summi rectoris)の執行能力は「抵抗不可能なもの unwiderstehlich(irresistibel)」であると言われている(RL §48, 6:316)。

ホッブズが『市民論』で行った次の主張に関しては承服しない（TP 8:303f.）。「〔…〕国家において最高命令権を手に入れた人々は、誰に対しても、いかなる約定によっても拘束されないということが示されたので、その帰結として、この人々は市民たちに対していかなる不法も行うことはありえないということになる。なぜなら〔…〕不法とは約定違反にほかならず、したがって予めいかなる約定もない場合には、いかなる不法も結果として生じることができないからである」(8)。このテーゼはホッブズの社会契約の核心に触れる部分である。ホッブズにおいて国家設立の契約は、主権者と臣民が契約を結ぶというモナルコマキ型のものではなく、選出された何らかの形の主権者に服従することを、人民を構成することになるすべての個人が相互に同意しあうという契約であった。それゆえ、主権者と臣民の間にはいかなる契約もありえず、したがってまた主権者が契約を破ることで臣民に不正を犯すということも、論理上ありえないということになる。

しかし、カントにとってこのテーゼは、二重の意味で誤っていると判断されただろう。第一に、カントの場合、国家権力への服従義務はどのような形の契約からも生じておらず、ただ自然状態のア・プリオリな非適法性からのみ導出される。自分たちがそう意志したのであるから（契約を結んだのであるから）服従しなければならないという、主意主義的な論理構成をカントは採らない。このことから帰結することでもあり、またこちらの方が我々の目下の関心にとって重要であるが、第二に、カントにとって主権者が不正をなしえないということは「恐ろしい」想定である（TP 8:204）。主意主義的な社会契約の論理が破棄された以上、カントの主権者はやはり人民に対して不正をなしうるということになる。

抵抗するつもりのない臣民は、自らの支配者が不正をなす意志をもたないと想定することができなくてはならない。各人は、望んだとしても譲渡することさえできない、決して失われることのない権利をもち、その権利について各人には自ら判断する権能があるが、自分の身に降りかかってきたと考えられる不正は、しかし先の前提にしたがえば、最高権力が法律の帰結の幾ばくかについて誤っていたり無知であったりしたため生じる［と考えなければならない］。それゆえ、国家市民には、もっとも支配者自身の恩恵 Vergünstigung によってだが、支配者の命令のなかで公共体への不正を為していると思われる事柄に関して、自分の意見を公的に知らせる権能が認められなければならない。（TP 8:304. 強調は網谷）

もし支配者が一切誤謬を犯したりせず、あらゆることについて熟知していると考えるとするならば、それは「神的な霊感を授けられ人間性を超越した者」として支配者を表象することになろうが（TP 8:304）、これは明らかに不合理な想定である。それゆえ、仮に支配者が悪意をもたないとしても、どうしても避けがたく生じてしまう公共体への不正について、国家市民には自らの意見を公的に周知させることが認められなければならない。したがって、人知を超えた卓越した支配者ではなくて、「ペンの自由」こそが「人民の権利の唯一の守護神である」（TP 8:304）。言論の自由の否定は、「最高命令権者に対するあらゆる権利要求を人民から奪い取ることになる」だけでなく、支配者からもまた「彼がそのことを知っていたとすれば、自ら変革したであろう事柄についての知識を一切奪い去ってしまう」。したがって、カントは決して抵抗権を、すなわち力による（tätlich）執行権力との対峙を認めはしなかったが、その代わりに言葉によって（wörtlich）支配権力の不正を明らかにする方途を主張していることになる。

こうしてカントは言論の自由を、公共体に対してなされた不正について自らの判断を周知させる権能という

（8）T. Hobbes, *De cive*, 7. 14.

観点から正当化しているのだが、「俗言」論文では興味深いことに、こうした言論実践は抗議（Vorstellungen, Gegenvorstellungen）と呼ばれている[9]（TP 8:297, Anm. 8:305）。カントの用語法は安定していないが、抗議に関しては、その後いくつかの箇所でBeschwerdeという語がラテン語gravaminaを付されて用いられている[10]（Vgl. RL 6:319. SF 7:89）。gravamenあるいはBeschwerdeという概念は、司法実践の伝統に根ざしたものであった。当時のドイツ語圏で最も著名な辞典の一つ、ツェドラーの『一般辞典』によれば、「Grauamenとは、その補償あるいは除去が請われている様々な不足、欠陥、圧迫に対する抗議Beschwerungと告訴である」[11]。また、辞典の別の項目は「法廷外の抗議grauamen extraiudiciale」と「好意による上訴beneficii adpellatio」を同一視し[12]、法学的ターミノロジーとして抗議・上訴が類語群をなしていることを伝えている。また、上訴は伝統的に「よく知らない最高元首からよく知っている最高元首へa principe summo male informato ad melius informandum」という法諺として表現された[13]。この言葉は、一説には、一五一八年にアウグスブルクでルターが教皇庁の司教に異端審問された際に発表した文書に由来する[14]。ルターは司教を飛び越して教皇へと直接訴える公開文書を提示し、そこに「よく知らない司教からよく知っている教皇へa papa male informato ad papam melius informandum」と記載した。カントは『法論』のなかで、これらの法諺を明らかに踏まえた言葉「よく知らない王からよく知っている王へa rege male informato ad regem melius informandum」を二度用いている。第一の箇所では、国家統治者（立法者）が裁判官を担うとすれば、不正をなし「上訴の事例に陥ってしまう（a rege male informato ad regem melius informandum）」可能性があることを指摘し（RL 6:317f.）、第二の箇所では、後に詳しく見るように、市民の公共的言論を上訴として記述する文脈においてこの法諺を付け加えている（RL 6:325）。

またカントの用語法の出自は、司法実践の慣習のなかにだけではなく、近代自然法論のなかにも見出される。ホッブズでさえ、所有権に関して「最高命令権者に対する市民の訴訟actio legis civi contra summum Imperantem」

を認めていた。[15] より直接的にカントに関係があるのは、「自然法の教説について非常に注意深く、詳細で、分別のあるアッヘンヴァル」(TP 8:301) である。確かにアッヘンヴァルは服従契約に基づいて暴君に抵抗する人民の権利を認めており、[16] その点についてカントは批判的である (TP 8:301f.)。しかしアッヘンヴァルは抵抗権を単に緊

---

(9) グリム兄弟の『ドイツ語辞典』によれば、Vorstellung の語源の一つには remonstration があり「古い用法では、法定に出頭することを意味した」。J. und W. Grimm, „Art. Vorstellung," in *Deutsches Wörterbuch*, 16 Bd. こうしたところから Vorstellung (あるいは英語 representation) には「抗議」や「異議」という意味が生じたのだろう。

(10) 「俗言」草稿によれば「ある市民が他の市民に課す強制はどんなものであれ、いかなる強制も妥当しない人を介してしかなされえず、その強制を執行するのが支配者なのであるが、しかし大臣を通して抗議 Beschwerde (gravamen) は支配者に達するのであるから、大臣に対しても強制権は執行されることはできない。というのも、大臣は自らを手段とみなさざるをえなくなるからである」(23:134)。

(11) „Art. Grauamen," in *Zedlers Universal-Lexicon*, Bd. 11.

(12) „Art. Grauamen continuum," in *Zedlers Universal-Lexicon*, Bd. 11.

(13) ツェドラーの辞典によれば「上訴 Appellatio とは上位の裁判官に訴えることであり、その権利に適した形で下位の裁判官から上位の裁判官へと訴えることで、それによって下位の裁判官の抗議 Beschwerde は修正・刷新され、判決がくだされる。抗議された人 gravatus が認めなくてはならないのは、彼は最上位であるがゆえに不上訴特権をもつ裁判官からは上訴しないということである。たとえ、よく知らない最高元首からよく知っている最高元首へと上訴する a principe summo male informato ad melius informandum appellare ことが許されていても、それでもこうしたことを敢えてしてはならない」。„Art. Appellatio," in *Zedlers Universal-Lexicon*, Bd. 2.

(14) G. Büchmann, *Geflügelte Worte*. 97.

(15) T. Hobbes, *De cive*, 6. 15. fn.

(16) アッヘンヴァルの抵抗権論については、P. Streidl, *Naturrecht, Staatswissenschaften und Politisierung bei Gottfried Achenwal*, 260ff.

急権としてのみ正当化しており、平時には「抗議gravaminaしたり保護を求めるための臣民の手段を禁じられない」という、国家における臣民の権利が存在していると主張する。[17] 主権者によって臣民の幸福が侵害されたとしても、服従契約に反する形で自らの権利を主張することはできない。「したがって、主権者によって侵害された臣民一人ひとりはただ嘆願書や恭順な抗議obsequiosa gravaminaといった穏やかな仕方で、自らの私的な幸福を救済する権利をもつにすぎない」[18]。カントはアッヘンヴァルの抵抗権論について批判的であったし、私的な幸福への侵害が抗議の対象とされることに異論はあっただろうが、抵抗の代替物としての抗議という発想を受け継いでいるように見受けられる。

しかし見逃されてはならないのは、新語・造語を嫌っていたカントがこうした慣習的な法学・自然法学の語を用いながらも、そこにまったく別種の意味内容を充塡しているということである。すなわちカントの抗議は、単に私人の権利侵害にとどまらず、公共体に対する不正に関してなされ、またそれは閉ざされた法廷において上訴されるものではなく、公共的な言論空間において発表されるべきものなのだ。このように、カントは領邦君主制においてさえ認められてきた従来の臣民の権利である抗議や上訴という用語法を敢えて導入し、その内容を改変することで、言論の自由を擁護してみせるのである。

ただしもちろん、カントは無条件にあらゆる種類の抗議を認めているわけではない。むしろ、市民の抗議はそれが正当なものであるためには二つの条件を満たさなければならない。第一に、抗議は抵抗の禁止を超え出るものであってはならない。言い換えれば、市民は抵抗への意志、力への意志をもたないときにのみ、自ら法律やその執行について判断することを許されている。つまり「自らが住まう体制への敬意と愛という限界のなかにとどめ置かれている」かぎりで、ペンの自由は認められる（TP 8:304）。これと反対に、例えば、「臣民の不満を力づくのものtätlichへと変えてしまうためになされるいかなる扇動」も、あるいはさらに「いざというときには現行体制を力によって変革してやろうという意図をもっているのであれば」国家の歴史的起源を詮索することさえ（RL 6:339f.)、禁止されるし厳罰に処されなければならない。すなわち、抗議は「言葉による抵抗」（TP 8:305）に変質してはならないのである。

第二の条件は、市民の抗議もまた根源的契約の理念に基づいてなされなければならないということである。ここにもまた、司法実践の慣習的な用語法に即しつつ、その意味を根本的に変えるカントの試みが現れている。旧来、市民は国家が侵害した自らの権利（アッヘンヴァルによれば私的な幸福）の回復・保障を求めて、法廷に抗議を申し入れることが認められていた。ところがカントの市民は、自らに加えられたと考えられる侵害を私的なパースペクティブから捉えるのではなく、それをむしろ公共体に対する一つの侵害として捉えて抗議することを要求される。すなわち、自らに対して不正がなされたと考えられる場合、それが自分の利益にとってだけ不都合なものではなく、もし他者が同じ境遇に置かれても、それはやはり同意できないものであるかどうかを判断し、その上で抗議の声をあげなければならないのである。つまり、私は抗議する前に、私自身のパースペクティブから私を含む公共体のパースペクティブへと移動し、あれやこれやの法律が万人の視座に立ったとしても同意しえないものかどうかを判断しなければならない。

「俗言」では、これについて二つの例が示されている。一つは、戦費調達税に関してである。もし負担が均等であれば、それがいかに私にとって重い負担であっても、この徴税を不正なものとみなして抗議することはできない。しかし他方で、もし同じ身分にある人々のなかで、ある人々には課税が免除され、ある人々には課税さ

（17） G. Achenwall, *Iuris naturalis pars posterior*, §103.
（18） G. Achenwall, *Iuris naturalis pars posterior*, §202.

れるということであれば、「全人民はこうした法律には同意できないということはすぐに分かる。そして、このような不平等な負担の配分は正当なものだとはみなされえないのだから、全人民はこの法律に対して少なくとも抗議するVorstellungen zu tun権能がある」（TP 8:297, Anm.）。もう一つの例は、教会法についてである。現行の教会制度を永続化させるような法案について考えてみよう。もし現行世代がこのような法律を作るとすれば、それは「あたかも人民が将来世代の人民自身に対して、宗教に関する洞察を発展させたり、あるいはかつての古い誤謬を改めたりすることを妨げるようなものである」。したがって、「このようなものを法律にする人民の根源的契約はそれ自体で無であり無効であることになるだろう」。それゆえ、こうした法律は「抗議Gegenvorstellungenがなされうるもの」であり、承認されえない（TP 8:304f.）。つまりここでは、自分自身のパースペクティブを公共体のパースペクティブへ、それも将来世代をも含めた最も包括的なパースペクティブへと拡大することが要求されている。

これらの二つの条件を満たすことによって、市民の抗議としての言論の自由は正当なものになる。市民の抗議は、それが抵抗への意志をもたず、さらに根源的契約の理念にしたがってなされたものであるならば、立法やその執行が根源的契約の理念に即していないものであることを公共空間に周知し、その理念に適った改善をなすよう統治者に促すものとなる。統治者は根源的契約の理念に適った統治を義務づけられているのだから、言論の自由はその統治の欠陥を伝えるものとして正当化されなければならない。この意味で、言論の自由はいわば抵抗権の代用物として認められ、人民の権利の守護神を任じられている。それは、ペーター・ニーゼンが正しく指摘しているように、他の諸権利を保障することを要求する権利として、メタな地位にある。[19] ただし、ニーゼンが考えているのとは違って、言論の自由は見たところ生得的な自由権から直接導出されているわけではない。[20] むしろカントの論理としてはこうである。すなわち、まずもって支配者が保障するよう義務付けられている不可譲の諸権利があり、そのあとで、改革のいわば情報源として、それらの権利に対する不正を公共空間において周知する人民の権能が正当化される。それゆえ、言論の自由は（生得的自由権がそうであったのとは違って）各人の人間性によってではなく、改革をなそうとする統治者自身の恩恵によって認めらなければならないものなのだ。

第二節　ドイツにおける言論の自由

こうした「俗言」論文における言論の自由の擁護を、そのおよそ一〇年前に出版された「啓蒙とはなにか」（一七八四）の議論と比較してみた場合、そこにはある種の理論的な変化が看取されるように見えるかもしれない。一七八四年の論文では、言論の自由は理性を公共的に使用する自由として擁護されており、それは言論の自由が「神聖な人間の権利」、すなわち啓蒙を促進するからである（WE 8:39）。しかもそこで問題になっている言論の自由の政治的機能は抗議ではなく、良き立法への提案である。カントによれば、啓蒙された君主であれば、臣民に「自らの理性を公的に使用して、より良い立法の作成についての考えを、しかも現行の立法に対する忌憚ない批判を添えて、世間に公開する」ことを許すだろう（WE 8:41）。

（19）P. Niesen, *Kants Theorie der Redefreiheit*, 138.
（20）P. Niesen, *Kants Theorie der Redefreiheit*, 142.

八四年の論文から九三年の論文にかけて、言論の自由の機能は積極的なものから消極的なものへ、より良い立法の提案から統治に対する抗議へ、いかにも縮小しているように見える。後述するように、こうした表現上の変化は理論的な変化に及んでいるわけではないが、表現をカントに改めさせたのはプロイセンの政治的動向の変調であった可能性がある。フリードリヒ二世の下でプロイセン一般法典の編纂が始められ、実際に（カントが言うように）法典の草案に対して法学者のみならず一般公衆にも意見が求められた。[21] もちろんフリードリヒの統治が十分に啓蒙的で、自由を保障するようなものであったかどうかはかなりの程度疑わしい。例えば一七八〇年、彼はプロイセン王立アカデミーに異例のことながら介入し、「人民を騙すことは有益か、それによって彼らが新たな誤謬やすでにもっている誤謬に留められるとしても」という懸賞課題を出させた。この問いはメンデルスゾーンやカントのような著述家が啓蒙の条件と範囲について交わすこととなる論争の原因の一つとなったと考えられている。[22] だがいずれにせよ、フリードリヒの死後、プロイセンは目に見えて反動化していく。次代のフリードリヒ・ヴィルヘルム二世の統治下では言論の自由への抑圧が強まり、検閲勅令がいくつも出された。とりわけ有名なものは、宗教局長官に就任したヴェルナーの宗教と出版に関する勅令（一七八八）であり、[23] それによってカントの宗教論文の出版が認められないという事態も起こった。フランス革命後の九一年に一端は一般法典が発布されるものの、思想・宗教・出版の自由といった自由主義的な規定や立憲的制約が問題視され、一年も経たないうちに法典の効力が停止される。

「啓蒙とは何か」では言論の自由が啓蒙という生得的権利を促進し、立法の改良のために欠かせないものとして正当化されていたのに、「俗言」ではそれが統治に対する抗議として、しかも支配者の恩恵によって認められるべきものとされたのは、こうした情勢の変化をある程度反映しているだろう。実際、「俗言」論文の草稿においては、カントは次のように述べていた。「ホッブズは人民は社会契約を通じてそれ〔権利〕を移譲したのちにはどんな権利ももたないと主張したが、彼が言うべきだったのは、〔人民には〕抵抗権だけがなく、抗議Gegenvorstellungの権利とより良いものの理念Idee des Besserenを公表する権利はあるということである。というのもそうでなければ後者はどこからやってくるというのか」(23:133)。より良いものの理念を公表する権利という文言は、公刊された論文からは削除されてしまったが、これはカントの検閲に対する注意深い態度を示しているのかもしれない。しかしこの見方が妥当であるとしても、それはカントの言論の自由の理論が、文字通り単なる抗議へと縮小してしまったということを意味しない、と我々は考える。確かに、「俗言」論文では言論の自由が「消極的に判断する権利、すなわち最高の立法に関して、立法者の最良の意志によって命じられたものではないとみなしうるものについてのみ判断する権利」であると言われている(TP 8:304)。しかし後に見るように、「俗言」以降の著作では、まさに抗議を通じてより良い理念が公開され、それによって統治者が自らの統治を改革するよう促されるというプロセスが記述されている。

　プロイセンやドイツの領邦国家に政治的反動を巻き起こした重要な契機は、やはりフランス革命である。ドイツでは、隣国の革命の原因を啓蒙主義者あるいはフィロゾーフたちに帰し、パリで撒かれた貴族や聖職者に対する誹謗文書こそ人民の暴動の源泉なのだと主張する言説が現れていた。ドイツの言説は検閲の強化と言論の自由のより強い制限を当局に要求しさえした(24)。例えば、ミュンヘンのカトリック司教であったカール・フォン・エッ

(21) H. Hattenhauer, „Einführung in die Geschichte des Preußischen Allgemeinen Landrechts," 11. 斉藤渉「「フリードリヒの世紀」と自由（後編）」。
(22) H. Adler, „Volksaufklärung als Herausforderung der Aufklärung."
(23) ヴェルナーについての最新の包括的な研究として、M. J. Sauter, *Visions of the Enlightenment*. 勅令については53ff.
(24) F. Schneider, *Pressefreiheit und politische Öffentlichkeit*, 106–26.

カーツハウゼンは、その代表者である。彼は不信心（Unglaube）と迷信（Aberglaube）をその世紀に起きた人間性を歪める二つのおぞましい事柄として挙げる。不信心は誤った啓蒙を通じて、迷信は粗野と愚昧を通じて広められてきた。エッカーツハウゼンによれば、不信心と迷信は国家に革命をもたらし、君主の在位を危機に晒す原因である。「誤謬と真理、徳と悪徳、これらは書物を通じて広められる」のだから、「統治の最重要な任務は、書物もまた国家の幸福という普遍的な最終目標にしたがって秩序付けられるようにするということである」[25]。

あるいはゲンツはフランス人権宣言の条項を執拗に攻撃した論文のなかで、言論の自由・信仰の自由に関わる第一〇条・一一条について次のように主張している。これらの自由を規定した二つの条項は無効であり空虚である。というのも、「意見の表明が〔…〕公の秩序を乱さないかぎり」という第一〇条の制限がどの程度妥当するかは、社会によって異なっているからである。したがって、「スペイン異端審問からパリのパンフレットの著述者にいたるまで、この無規定な規則と何らかの仕方で折り合いが付けられないような、良心に反する強制や野蛮な冒瀆といったものは考えることができない」[26]。

言論の自由には制限があるとする考え方は、より自由主義的で啓蒙的な著作家のあいだにも共有されていた。彼らは批判者の見解を受け入れた上で、正しい啓蒙（wahre Aufkläung）と偽りの啓蒙（falsche Aufklärung）を区別し、前者とともに言論の自由を擁護するという戦略を取らざるをえなかった[27]。ここで言論の自由と啓蒙への自由は共同戦線を張っている。彼らによれば、確かに偽りの啓蒙は敬虔な宗教心を破壊し、君主や第一・第二身分への服従心を根絶させるもので、革命の原因として非難すべきものである。しかし、ここドイツにおける啓蒙は正しい啓蒙である。それは革命を導くことはなく、むしろ様々な面で（道徳的・宗教的・社会的に）有益に作用する。したがって、啓蒙と言論の自由（Freiheit）は放埒（Frechheit）[28]に陥ることなどはないのだから（著述家自身もそう心がけよ！）保障されなければならない、というのである。

正しい啓蒙を主張する人らが挙げる言論・啓蒙の自由がもつ有益性のなかで、我々にとって興味深いのはその政治的効果である。議論にはいくつかのパターンがありえたが、一般には、言論の自由を通して学問や文化の進歩が可能になれば、人民の共通善が促進されるという形をとった。[29] さらに注目すべきは、政治的有益性の一つとして、言論の自由に恣意的権力の修正という役割が見出されたことである。

例えば、カントの「啓蒙とは何か」の数ヶ月前、一般法典の編纂者の一人であったクラインも同じ『ベルリン月報』に寄稿している。クラインはそこでフリードリヒ大王の統治を褒めそやしつつ、言論の自由を擁護する論陣を張る。興味深いことに、クラインはその際に言論の自由擁護のために、モンテスキューの理論を修正を加えて利用している。「公に思考する自由は die Freiheit laut zu denken、プロイセン国家の最も堅牢な堡塁である。〔…〕プロイセンでは、この自由がモンテスキューによって賞賛された釣り合いの錘の代わりを果たしている。その錘は〔本来は〕王権の有害な発露を阻害するのと同様に、その有益な発露をもしばしば阻害するように働くのであるが」。[30] 政治的自由は中間権力（貴族権力）によって穏和化された統治形態にしか存在しないというモンテスキューの命題は、すでにドイツでもよく知られていた。[31] しかし、地方貴族の特権を打破し、国家の中央集権化を目

（25）F. Eckartshausen, *Was trägt am meisten zu den Revolutionen jetziger Zeiten bei?*, 181.
（26）F. Gentz, „Ueber die Deklaration der Rechte," 219f.
（27）W. Schneiders, *Die Wahre Aufklärung*, 127–89.
（28）F. Schneider, *Pressefreiheit und politische Öffentlichkeit*, 102.
（29）F. Schneider, *Pressefreiheit und politische Öffentlichkeit*, 151f. W. Schneiders, *Die wahre Aufklärung*, 96ff.
（30）E. F. Klein, „Ueber Denk- und Drukfreiheit. An Fürsten, Minister, und Schriftsteller," 326.
（31）R. Vierhaus, „Montesquieu in Deutschland." 26–30.

指していた法典編纂者らにとって、この命題は容認しがたいものであっただろう。クラインにとって、恣意的な君主権力に対して釣り合いの役割をはたすのは貴族権力ではなく、言論の自由にほかならない。「その穏やかな影響は、無制限の君主政に〔モンテスキュー的な〕政治的自由のもつ祝福のすべてを与える」[32]。しかしこうした恣意的権力の制約としての言論の自由は、服従と両立しうるし、両立させられるべきものであった。

ここに政治的啓蒙の有益性を見たのは、カント派の学者、ヨハン・ハインリッヒ・ティーフトゥルンクである[33]。彼によれば、政治的に正しい啓蒙とは人民に「統治権に対する服従と敬意」を教えこむものである[34]。「啓蒙された臣民は自らの理性を通じて、あらゆる良き秩序にひれ伏し、法則に服従し、国家の執行権力を讃えることを義務付けられている」[35]。したがって「啓蒙は支配者に暴力的な革命を防止する唯一の道を教える。すなわちそれは、〔支配者が〕国民の開化と歩調を合わせるということである」[36]。

このように、啓蒙主義者の多くは絶対主義国家の枠内における何らかの有益性に依拠して言論の自由を正当化し、検閲の強化を回避しようとせねばならなかった。確かに、それを人間の権利として擁護した著述家もなかにはいるが、彼らは少数派であり、その著作も匿名で出版するかドイツ国外で出版されなければならなかった[37]。彼らを除けば、いまだ言論の自由は個人権として主張されるのではなく、むしろ君主自身の恩恵（Gnade）として獲得されなければならなかったのである[38]。

こうしたプロイセンの八〇、九〇年代の言説を背景にすれば、カントの言論の自由論はどのように評価することができるだろうか。そのためにはまず、カントにおける言論の自由を二つに区別することから始めなければならない。第一に、カントは「啓蒙とは何か」におけるように、言論の自由を理性の公的使用の自由として、すなわち人間の神聖な権利である啓蒙を促進するものとして正当化している。ここで啓蒙とは自分で考えること（Selbstdenken）を意味しているため（WE 8:35）、こうした言論の自由は一般的な（認識的・道徳的）な理性使用に関わると考えられる。実際、『純粋理性批判』ではすでに言論の自由が「人間理性の根源的権利」のうちに数え入れられているし（KrV 3:492）、『法論』では「他者に対して単に自分の考えていることを伝えたり、何かを語ったり約束したりする権能」が生得的自由権から分析的に導かれていた（RL 6:238）。確かにこの点では、カントは人権として言論の自由を擁護した当時のわずかな著述家集団に属していると言える。

しかし、こうした人間の権利としての言論の自由と、抗議としての言論の自由は区別されうるし、区別されなければならない。後者は前者と違って、生得的な自由権や取得的権利の保障を要求する権能としてメタな地位にあり、それは生得的に正当化されているというよりも、むしろ支配者の恩顧によって承認される必要がある。抗議としての言論の自由のメルクマールは、それが常に抵抗権と対置されて論じられているところにある。抗議は抵抗への意志なき、市民の単なる公共的な判断にすぎない。それは君主の統治につきまとう避けがたい誤謬や失敗を君主にフィードバックし、君主がそれを自ら改革に用いるためにこそ正当化されている。こうした観点から

（32）E. F. Klein, „Ueber Denk- und Drukfreiheit,“ 328.

（33）「服従はプロイセン国家すべての魂なのだ。一方では不可欠であるが、他方では負担の重いこの服従は、公けに思考する自由によって緩和され、それでいて妨げられることはない」。E. F. Klein, „Ueber Denk- und Drukfreiheit,“ 326. 法典編纂におけるクラインの同僚スワレツの言論の自由に対する否定的な立場については、E. Hellmuth, „Zur Diskussion um Presse- und Meinungsfreiheit in England, Frankreich und Preußen im Zeitalter der Französischen Revolution,“ 218f.

（34）J. H. Tieftrunk, „Über den Einfluß der Aufklärung auf Revolutionen,“ 196.

（35）J. H. Tieftrunk, „Über den Einfluß der Aufklärung auf Revolutionen,“ 204.

（36）J. H. Tieftrunk, „Über den Einfluß der Aufklärung auf Revolutionen,“ 203.

（37）J. Wilke, „Die Entdeckung von Meinungs- und Pressefreiheit als Menschenrechte im Deutschland des späten 18. Jahrhunderts.“

（38）F Schneider, *Pressefreiheit und politische Öffentlichkeit*, 148.

すればカントの言論の自由の正当化は、クラインや他の政治的啓蒙主義者のそれと相当に接近するように見える。カントは有益性の観点をもちだしはしないが、それでも悪しき統治の修正に関して、啓蒙主義者が言論の自由に見出したのと、ある程度機能的に等価な効果を論じていると言える。さらに両者は、言論の自由を法律への服従と両立するかぎり、抵抗を誘発するのではないかぎりで正当化し、それを君主の恩恵として要求している点でも一致している。

しかし、それでもやはり両者には違いが存在する。カントの公式的な法哲学が主張するのは、生得的な自由権からは原理的には、それを完全に保障する唯一の国家体制として真の共和制以外は導かれないということである。ところで、抵抗権はもとより革命権も認められる余地がない以上、君主制国家から真の共和制へと移行するためには、君主自身の改革による以外に法的に可能な方途は存在しない。こうした改革的な統治をカントは共和主義的統治と呼んでいたのだった。しかし、当然問題なのは、果たして君主が自らこうした義務を満たすのかどうかという点である。そこでカントは抗議としての言論の自由に重要な役割を割り当てることになる。それは君主の共和主義的統治を促進する機能である。ここに他の政治的啓蒙主義者とは隔絶した、カントの言論の自由論の意義が認められる。抗議としての言論の自由は、単に消極的に統治の誤りをただし、専制権力を抑制するだけではなく、それを超えて君主の統治を共和主義化するのである。(39)

実際、市民の抗議は共和主義的統治の過程に対応して二段階の射程で機能する。すなわち、専制的統治を共和主義化する段階、そして、統治の共和主義化を終焉させる段階、つまり共和主義的統治から真の共和制へと移行する段階である。

第一に、カントはプロイセンの他の啓蒙家と違って、単に言論の自由の効果を権力の恣意性の矯正のみに求めているわけではない。すでに見たように共和主義的統治は、権力組織の形式としては、立法権と執行権を分離し、後者を前者の忠実な代理とすること、つまり法治国家的・立憲主義的な制約を執行権に課すということだが、しかし立法の様式としてはそれ以上のものである。それは、「(成熟した理性をもつ人民が自らそれを定めたかのような)自由の法則の精神に適合した原理によって」統治することであった(SF 7:91)。つまり、共和主義的な統治において問題になるのは、どんなものであれとにかく何らかの法律(例えば一般ラント法)に基づいて統治するということではない。むしろ、法律が根源的契約の理念(万人の自由の保障・法律の平等な拘束・万人の同意可能性)に関して何らかの欠陥をもつのであれば、それを変革することが共和主義的統治である。

『法論』では、貴族や教会の特権的な世襲財産の廃止という、当時としてはポレミカルなケースにおいてそれが例示されている。[40] カントによれば、こうした特権がこれまで存続してきたということはただ「人民の意見Volksmeinung」のみに基づいている。すなわち、人民が何らかの形で貴族や教会の世襲財産を正当なもの、必要なものであるとみなしてきたからそれらが存続してきたのであって、ア・プリオリな理性法の観点からすれば、これらは市民の平等を毀損するものにほかならない。すなわち(第四章第三節で見たように)これらの特権的財産は、「誤想占有」なのである。したがって、人民の意見が変化し、人民がそれらを必要だと考えなくなるやいなや——「功績上、人民を導くことを要求する権利を最ももっている人々の判断においてのみ」意見が変化

(39) E. Ellis, *Kant's Politics.* や斎藤「カントにおける「統治」の問題」は、こうした市民の公論と政治改革の結びつきを強調した重要な研究である。ただし前者は、市民の公論が改革を促進するプロセスを共和主義化としては捉えていない。後者は、共和主義化の名宛人として君主以外にも人民を想定し、言論の自由の行使を人民が立法に習熟する過程として解釈しているが、それはテキスト的な裏付けが薄いように思われる。

(40) これは明らかにフランス革命政府の教会財産没収を念頭に置いて書かれている。一七九八年に出た『法論』の付録では、教会財産の没収が「フランス共和国の非教徒」によるものであるとして(RL 6:368)、以下の論理で正当化されている。

するのだとしても——、こうした特権的財産は廃棄されなければならず、「それはあたかも人民が国家に対して上訴したかのようにである（よく知らない王からよく知っている王へ a rege male informato ad regem melius informandum）」（RL 6:324f.）。

さらに、よりラディカルな主張でもあるが、貴族の世襲的身分そのものでさえ、人民の公共的判断次第で撤廃されなければならない、とカントは言う。何らかの官職が世襲の身分によって独占されるということは、理性法の観点からすれば先と同様に平等性に反している。主権者にはこうした世襲貴族という身分を維持しておく権限はない。というのも、「人民（臣民の全集合）が自分自身と自分の同胞について決定できないことについては、主権者もまた人民について決定できない」からである（RL 6:329）。祖先に国家官僚としての素質があったとしても、子孫にその素質が受け継がれるとはかぎらない。にもかかわらず、法によって世襲身分が規定されるのだとすれば、他の人民は世襲身分に対する従属を不当に命令されているということになり、こうした法律に人民全体は同意できない。それゆえ世襲身分は「統治機構における異常」であり、「国家は法に反して分配された世襲的特権という自らが犯したこの過ちを、その地位を撤廃したり誰にも占めさせないようにして、徐々に再び改めていくよりほかにない」。ただし、「貴族と人民という区分が、主権者と人民という主権の唯一自然な区分に取って代わられるということが、公論においても認められるまでは、国家にはこの官位をその称号にしたがって存続させておく権利が暫定的に存在する」（RL 6:329. 強調は網谷）。ここには、許容法則によって与えられた暫定性の論理の下で、不平等な特権や身分の撤廃が人民の公共的判断によって導かれるということが示されている。不平等な法律から平等な法律へ、根源的契約の理念に適さない立法から適した立法へ、この変化を導くのが市民の抗議あるいは公論なのである。

ただし、こうした市民の抗議あるいは公的判断は、あらゆる社会階層の人民によってなされるとは想定されていない。むしろそれは「功績上、人民を導くことを要求する権利を最ももっている人々」(RL 6:325)、つまり当時、学識者(Gelehrte)と呼ばれ啓蒙を担っていた人々によってなされるものと考えられている。[41] 学識者は、単に大学に職をもつ者だけでなく、医者、軍隊幹部、教会関係者、官僚、著作家、芸術家など、著述を当時の言論空間に発表する能力をもった人々の謂いである。出自・職業・収入などの点で様々な社会階層がその集団のなかに含まれているが、大学教育の経験をもつという共通点がある。学識者は旧身分に限定されるものではなく、開かれた集団であったと言えるが、他方で当時のプロイセンについて考えた場合、やはり非常にエリート的な集団でもあった。ある研究によれば、学識者は当時のプロイセンの全人口の二パーセント足らずである。[42]

しかもカントは、統治の共和主義化を促進する公的言論実践の担い手を、いっそう限定的に捉えていた可能性がある。カントによればその能力が正当にも認められるのは「自由な法学者、すなわち哲学者」(SF 7:89)であり、専門的な法学者や司法官僚は「政府の道具」としてその能力は認められない(SF 7:18)。当時の制度上、いわゆる

(41) 当時の学識者・学識概念についてはカントのそれとの比較も含めて、西村稔『文士と官僚』の包括的な研究を参照。

(42) E. Hellmuth and W. Piereth, "Germany 1760–1815," 69f. カントは「人民が自分自身について決定できないことは、立法者もまたそれを人民に対して決定できない」(TP 8:304)と根源的契約の理念を言い換えている。ニーゼンはここにカントの人民主権論ないし共和主義の中心を見出している。P. Niesen, *Kants Theorie der Redefreiheit*, 184, cf. 136–150. しかし公共的言論実践の主体について考えた場合、こうした解釈には問題が生じる。このような少数の学識者・知的エリートにほとんど独占されている公共的言論実践に、カントの共和主義的人民主権論を見出すことは難しいのではないか。他方、識字率は一八世紀最後の四半世紀には二五パーセント程度にまで上昇しており、学識者が発表する意見がそれを読む市民に影響を与えるという可能性は高くなっていた。識字能力のない一般市民に新聞や雑誌を読み聞かせるサークルも多く開かれていた。E. Hellmuth and W. Piereth, "Germany 1760–1815," 71.

上級学部に当たる法学部・医学部・神学部の卒業者には国家資格が与えられるが、カントは彼らを市民の立場から抗議を正当に発しうる存在としてはみなしていないのである。というのも、彼らは政府の道具として、政府の意向に沿うようにしか自らの理性を用いないからである。それに対して、下級学部と言われる哲学部は「政府の命令から独立しており」、「いかなる命令を出すこともないが、それでもすべてを判断する自由」をもっている（SF 7:19f.）。このような意味で自由な学識者だけが、自らの理性を公的に使用して、全人民・公共体のパースペクティブから、すなわち根源的契約の理念から、統治について判断を下すことができる。(43) 彼らが「啓蒙家の名において」語る声は「内密に人民に向けられるのではなく〔…〕恭しく国家に向けられ、国家に人民の権利に関する欲求を心に留めてもらうよう懇願する。これは、全人民が抗議 Beschwerde（gravamen）しようとする際には、公開性という経路を介してのみ行われうる」（SF 7:89）。人民の抗議は、ここで「啓蒙家」、学識者、哲学者に許された言論の自由に媒介されて、国家に向かう。学識者・哲学者の役割は、人民の抗議をいわば知的・政治的に濾過することである。人民は自らの私的な不平不満を粗野な形で示すかもしれないが、学識者・哲学者はその不満を根源的契約の理念にしたがって解釈し、それに法に適った形式を与え、統治改革の情報源に用いられうるような抗議へと変換するのだ。

さらに、人民の抗議が統治に対して与える影響は、統治の共和主義化だけにはとどまらない。君主による共和主義的統治は、設立された共和制を招集することによって、自己揚棄することを運命づけられた暫定的なものであった。人民の抗議はこの統治の共和主義化の完成を導くものでもある。人民が現行体制に不満をもったり、あるいは「古く長い伝統によって（したがってただ主観的に）必要だと思われてきた」体制（RL 6:340）をもはや必要ではないと考えるようになれば、共和主義的統治は終りを迎えうるだろう。君主による共和主義的統治は「人民が徐々に、法律の権威という単なる理念の影響を受けるようになり〔…〕、それゆえに（本来法に基づいたものである）自己立法の能力があると認められるまで」のことである（ZF 8:372）。

こうした人民の意見の変化を解釈し、それを公共圏において抗議へと変換するのが学識者・哲学者である。『永遠平和のために』では、カント自身がその実例を見せている。彼は「国家の叡智 Staatsweisheit」に対して、こう提案する。たとえ革命が起きたとしても、それを弾圧してはならない。むしろ「自由の原理に基づく法的な体制を〔…〕根本的な改革によって実現するよう」呼びかける「自然の声」として革命を解釈せよ、と（8:373, Anm.）。確かに、市民にはいかなる抵抗権も認められないが、カントは革命が生じうる可能性を否定するわけではない。革命が起きれば――学識者が恭しく提出する解釈によって――君主はそれを市民のいわば極大化された抗議として受け止め、自らの共和主義的統治を完遂させ、「自由の原理に基づく法的な体制」を実現しなければならない。つまり人民に主権を譲渡し、共和制へと移行しなければならない。こうして人民の抗議は、君主が共和主義的に統治し、その後に共和制への移行を果たすという、理性法によって君主に義務付けられてはいるが実現の疑わしい、この改革のプロセスを媒介的に促進するものとなるのだ。

それゆえ、市民の（厳密に言えば学識者の）抗議には、統治の不正に対する文字通りの抗議以上のものがある。すなわち、そこには単なる消極的な判断にとどまらない積極的なもの、より良い理念が提示されるのである。市民の抗議に孕まれているのは、国家によって侵害される私的利害の主張ではなく、その法律が存在しそれが執行されることで根源的契約の理念が毀損され、公共体の理性的根拠が失われるという訴えである。統治者が根源的契約の理念にしたがって統治しなければならないのと同様に、市民も根源的契約の理念にしたがって抗議しなけ

（43）こうした権力の中心からの切断が、むしろ理性的・批判的判断の可能性を与える契機として重要視されているという点について、金『カントの政治哲学』六七―七一頁。

ればならない。市民の抗議が現行の統治・体制の不正を周知する中で、純粋共和制の理念が参照され開示される。確かに市民の抗議は自らの境遇の不平不満からなされるものかもしれないが、ペンの自由を享受する学識者はそれを根源的契約の理念に適った適切な形式の抗議へと変換させる。例えば、貴族の特権に対する不平不満は、市民の平等な地位を保障する法律という、より良いものの理念の公表へと学識者を促すだろう。カントの『法論』はまさにその典型である。現行の君主制に対する人民の不平は、真の共和制というより良い体制への改革要求へと形を変えるのだ。確かに「啓蒙とは何か」が、より良い立法の作成に関する意見を表明する自由を主張するのに対し、「俗言」論文以降には言論の自由は抗議として擁護される。それは政治的に反動化しつつあるプロイセンにおいて、旧来慣習的に認められてきた臣民の権利としての抗議という語に依拠することで、言論の自由を守るためであったかもしれない。しかし、抗議という語に変化したからと言って、統治に対するより良いものの理念の公表という概念に変わりはない。

第三節　抗議の行為遂行的な力

要言すれば、抗議として発話される人民の公共的言論は、君主による「上からの」統治を「下から」共和主義化する機能をもたされている。この意味で、共和主義的統治は、単に上から君主によってなされるものではなく、むしろ公共圏による下からの補完、こう言ってよければ、突き上げを必要としている。カントは許容法則によって政治が働くべき暫定的な領域を指定したが、それは共和制の理念にしたがった、あるいはそれを目指した改革が実際に首尾良くなされることが見込まれるかぎりで、現在の非適法的な状態を許容するということを意味した。市民の公共的な抗議は、この暫定的な性格を無視して現状を固守したり、あるいは今よりもなお退行したりする統治に対して向けられて、統治が採るべき進路を修正することにもなるだろう。先に示したように、革命が勃発した場合に、それを弾圧するのではなく根本的な改革のための好機会として受け止めよとカントが勧告しているのは、その一例である。

最後になお問わなければならないのは、どうして市民による抗議が非共和主義的な統治を行う支配者に影響を与えると言えるのかということである。カントによれば言論による抗議は、抵抗への意志なき単なる公的判断である。それは法律や体制への服従義務を侵犯することなく、公共体あるいは根源的契約の理念に対して不正がなされたと自らが判断したことを、ただ公表するというだけの権能である。有徳さを期待できない統治者が、そうした市民の抗議を取り上げて、自らの統治を自発的に改革する（ひいては自らの主権を断念する）などということがありえるのか。もしそうしたことが可能であるとすれば、それは抗議の言説がもつ行為遂行的（performative）な効果によって以外には考えられないだろう。そしてこの点に関してカントは極めて現実的な戦略を採っている。

逆の形で問いを定式化しよう。なぜ支配者は（抵抗の意志なき）人民の無力な抗議を無視できないのか。ホッブズであれば簡潔にこう答えるだろう。暴動が起きるからだ、と。ホッブズによれば「市民に反乱への傾向を生じさせる要因」の一つは、生存と品位を保つために必要なものの不足である。市民は自分のせいでこの種の不足に陥ったとしても、税金を課す支配者に苦情を言いがちである。「けれども、ときにはこの苦情が正当なものになることもある。それはすなわち、国家の負担が市民たちに不平等に課される場合である。〔…〕それゆえ、正当な苦情が生じないようにすることは、国の平安にとって重要であり、したがって公的負担が平等になるようにすることは命令権者の職務に属している」[44]。ホッブズの明け透けな記述によれば、主権者は反乱を防ぐためにこそ、人民の苦情が出ないようにしなければならない。主権者を平等な課税に向かわせるのは、苦情の背後にある反乱への予感である。

しかしカントの場合、抵抗と抗議は異なるとあくまで主張しているのだから、抗議の行為遂行的な力はもっぱらその規範性に由来するように見える。すなわち、人民が統治の欠陥について公共空間で判断するなら、その発話はそれが参照している根源的契約の理念(普遍的同意可能性)から規範的な力を得て、統治者に統治を自発的に修正するよう促す効果をもつ。というのも、ケアスティングが明瞭に述べているように、根源的契約の理念は正義を満たした立法を行うための基準として、いわば定言命法と同様の機能をもつと考えられるからである[45]。根源的契約の理念は、その法律がすべての人民に同意可能なものかを統治者に考えさせ、法律の正当性を判定させる役割を担う。それゆえ、抗議がなされたという事実は、その法律が全人民にとって同意可能なものではなく、それゆえに不当なものであった可能性を示唆する。このように、市民の抗議は法律の不当性を明らかにし、それを自発的に修正する機会を統治者に与える。カントの理論を額面通り受け取れば、抗議は一つの発語内行為(illocutionary act)として君主に自己改革を促す行為遂行的な力をもつということになる。

しかし、抗議がこうした行為遂行的な力をもつためには、統治者の側に抗議を聞き入れるだけの道徳心、あるいは少なくともその抗議を抗議として理解するだけの悟性が存在していなければならないだろう。だがカントがそのようなことを前提にできたかは疑わしい。確かに「俗言」論文では、支配者は不正を意図しているわけではないと想定する必要性が語られていたが、それは、もしそうだとしても誤謬や失敗は起こりうるのだから言論の自由は必要であると議論を進めるための譲歩である。実際、我々がすでに見たように、カントは『永遠平和のために』において、自らの都合の良いように道徳を捻じ曲げて、統治の失敗や個人の権利の侵害を正当化する政治的道徳家をあれほど批判していたのではなかったか。

統治者の有徳さや悟性に全幅の信頼を寄せるどころか、カントは抗議が単に抗議としての機能だけを果たすものではないことを理解していた。抗議の発話は、額面上は、統治者の自己改革を促す発語内行為の遂行を意味するが、カントが政治的著作を発表した時代のヨーロッパはその発語内行為が別の力をもたざるをえないような空間へと編成されていた。ジョン・オースティンによれば、何らかの意味をもつ発話に伴ってある発語内行為が遂行されたとき、それとは別の意味の行為が同時に付随的に遂行されてしまうことがありえる。後者の行為は発語内行為から区別されて、発語媒介行為（perlocutionary act）と呼ばれる。[46] 例えば恋人が私に「いつ帰ってくるのか」と言うことにおいて、恋人は私に質問をする（発語内行為）。しかし、特定のコンテクストや状況に応じて、この発語内行為は同時に別の行為としても遂行されうる。私が恋人の誕生日に外出しようとしているという状況では、恋人がそう言うことによって、単に質問という発語内行為を超えて、私は早く帰宅するよう促される（発語媒介行為）。

カントが公式的に主張しているのは、抗議の発話は君主に自己改革を促す発語内行為だということである。それは抗議が領邦君主制の司法実践の慣習上、発話者の被った不正を補償することを政府に促すものであったという文脈に依存している。しかしカントは同時に、この慣習的な司法実践の形式にしたがった抗議の発話によって、別の意味の行為が生じるような状況を想定し、またそれを示唆してもいる。再び、冒頭の問題に立ち返ろう。統

（44）T. Hobbes, *De cive*, 13. 10.
（45）W. Kersting, *Wohlgeordnete Freiheit*, 352.（邦訳二七一頁）
（46）J. L. Austin, *How to Do Things with Words*, 101ff.（邦訳一七四―六頁）

治者はなぜ人民の抗議を聞き入れるというのか。カントは似たような問いを提起し、それにこう答えている。

どうしてどんな支配者も、次のようなことを遠慮なく敢えてぶちまけたりしたことがなかったのか。すなわち、私は自らに対して人民がもつ権利を一切認めないとか、人民が幸福なのは人民に幸福を与えている統治の慈悲のおかげであるとか、あるいは、尊大にも臣民が統治に反対する権利を主張するなど(そこには許容された抵抗という概念が含まれているのだから)馬鹿げているしまさしく処罰すべきである、といったことである。——その理由はこうである。こうした公的な表明がなされれば、全臣民が支配者に対して蜂起することになるだろうからである。このことは臣民が、善良で分別のある主人に導かれる従順な羊のように、十分に養われていて強力に保護してもらっており、自分たちの幸福の欠落について何も不平を言うべきことがないとしても、まったく同様である。(SF 7:86f. Anm.)

ここで支配者は、人民の権利を一切認めないとか、あるいは抵抗権の要求は処罰に値するなどと単に表明するだけで、暴動の危険に曝されると想定されている。明らかにカントは、市民が自分たちの権利について支配者に向けて抗議するとすれば、支配者はいかに穏和で知的な仕方でその抗議がなされていたとしても、その背後に暴動の可能性を読み取らざるをえないと考えている。これが抗議の理論が示唆する、その発語内行為とは別の発語媒介的な力である。すなわち、抗議はどれほど抵抗の意志なき単なる公的な判断であったとしても、それが発話されることによって、支配者にありえる暴動や革命の潜性力を指し示し、そうすることで脅迫するのである。抗議を拒絶するなら暴動や、最悪の場合には革命が生じるぞ、と。しかも先の引用が示唆しているのは、いかなる状況であっても——臣民が従順で満足した羊のようであっても——、君主にとって抗議が単に自発的な改革や統治の修正を促す発語内的行為であるだけではなく、このように脅迫する発語媒介行為となりうるということである。

同時代の市民の抗議にこうした発語媒介的な力を与えるものがあったとすれば、それは次のようなものが考えられる。例えば、カントが「悲惨とおぞましい残虐」(SF 7:85)に満ちていたと言うフランス革命そのものに加えて、さらにフランス革命軍の力を得てドイツ・ジャコバン派がシュトラースブルクに一時的にではあれマインツ共和国を成立させたこと、その他政治的ではなかったにしても世紀転換期にかけて頻発した農民暴動(最も巨大なものは一七九〇年のザクセンでの暴動である)[47]が挙げられる。プロイセン一般法典が効力を停止させられた一因は、特権の廃絶について書かれていると期待してそれを買い求めた農民が暴動を起こしかねないと危惧されたことにあった。こうした情況を理解する統治者であれば、市民の抗議に直面すると、そこに自発的に別の発語媒介的行為を見出してしまうに違いない、とカントは考えていたのではないか。

このいわば裏側からの行為遂行的効果の調達は、言論の自由そのものを要求するカントの議論に顕著に現れている。「俗言」論文に応答してゲンツが言うように、「不正義な主権者はそれ〔ペンの自由〕をどんなときにでも粉砕しようとするのを、どうして思いとどまるというのか。〔…〕自らの最大の利害が今や危機に立たされている者らにとっては、主権者の義務感情は極めて信頼に足らない保証である」[48]。この保守主義者のまったくもって正当な問いかけとその解決策——言論の自由を憲法律に書き込んで保障せよ——とは対照的に、カントは言論の自由を否認する議論に対して、むしろただ反乱の予感をほのめかすことで、すなわち抗議がもつであろう発語

(47) K. Epstein, *The Genesis of German Conservatism*, 442–6.
(48) F. Gentz, „Nachtrag zu dem Räsonnement des Herrn Professor Kant," 109f.

媒介的な力を示すことで、応じるのである。一方で、カントは「俗言」のなかで第二節で見たような保守的な言説——啓蒙や言論の自由が革命の原因となりえる——に対して、こう切り返す。「しかし自分で考えること、公けに考えることによって国家に争乱が呼び起こされるのではないかという心配を国家元首に吹きこむということは、国家元首に自らの権力に対する不信、あるいは人民に対する憎悪を掻き立てることに等しい」(TP 8:304)。つまり、言論の自由それ自体ではなく、言論の自由が反乱の原因となるという保守派の言説によって、君主は自分の権力を過剰に防衛しようとし、人民を弾圧する方向へ向かうというのである。結果的に、この種の言説こそがむしろ人民の反乱を誘発しかねない。なぜなら「いったん権利ではなくただ力だけが問題になってしまえば、人民もまた自らの力を試み、そうしてすべての法的な体制は不安定になってしまうだろう」から(TP 8:306)。

他方でカントは、当時の秘密結社の問題を言論の自由の観点から取り上げもする。「各人は、人間の普遍的な義務に関して、強制が適法的であると理性を通じて納得しているのでなければならない〔…〕以上、自分たちの理性を用いた判断を遮断する、「自由の精神」のなき単なる服従は「あらゆる秘密結社を生じさせる原因」である(TP 8:305)。一八世紀の終わりにかけてドイツでは多数の秘密結社が存在し、政治的な目的をもつものは当然当局からも、また保守派からも危険視されていた。フランス革命後にはこうした傾向がいっそう強まる。例えばカントの周辺に起きた逸話として、ハノーファーの医者ヨハン・ゲオルク・ツィンマーマンと『ベルリン月報』との諍いを挙げることができる。ツィンマーマンはフリードリヒ大王の評伝のなかで、『ベルリン月報』周辺の人々を秘密結社、「啓蒙シナゴーグ」と呼ぶ。「彼らの野蛮な仲間には、ベルリンの人々の首を切り落とし、それを啓蒙シナゴーグの扉の杭に吊るすことも厭わない者もいるだろう」(49)。「バスティーユの破壊はベルリン啓蒙の果実である」(50)。ここまで言われた編者のゲディケとビースターは、ツィンマーマンが主張する陰謀理論は「聡明なでっち上げ」であると十数頁も費やして反論しなければならなかった(51)。カント自身も、政治的目的をもった秘密結社が存在することは当然知っていた。『法論』ではポリツァイの権限として監視権が主張され、「社会（publicum）の公的福祉に影響を及ぼしうる結社（政治的・宗教的イルミナティ）は国家に対して秘密にされてはならない〔…〕」と言われている（RL 6:325）。フランス革命の前でさえ、フリーメイソンは「国家のなかの国家を、あるいはむしろ主権国家の上の国家」を形成すると揶揄されることがあった。[52] こうした文脈においてカントの言説は、言論の自由が認められなければ、むしろ蜂起の原因となりうる秘密結社を跋扈させることになるだろうと、当局を暗に脅迫するのである。反対に、こうした秘密結社への危惧は言論の自由を承認するだけで消え失せる。言論の自由が存在すれば「こうした結社は存在しなくなる」（TP 8:305）。

確かにカントは一方で、抵抗や暴動、革命を法規範の観点から否定し、最高度の処罰に値するとさえ言い募る。しかし他方で、カントの抗議が発語内的行為として支配者に聞き入れられるためには、それが聞き入れられなかった場合に抵抗や反乱が生じうるのではないかという支配者の側の予感を前提としていなければならない（あるいはそうでなければ、支配者がまったくの善意の人であると想定することになる）。言い換えれば、市民の言論実践が抗議という発語内的行為として遂行されるために、カントは抗議の発話によってそれとは別の発語媒介的行為が遂行されうる可能性を必要としたのである。実際、カントの議論は、若きフィヒテのラディカルで明け透けなそれに、かなりの程度接近する。フィヒテはより直接的に支配者を脅迫する。もし啓蒙や国家体制の改良が言論の自由の抑圧によって阻害されるとすれば、革命が起きるのは必定である、と。[53] カントの抗議の理論が発語

(49) J. G. Zimmermann, *Fragmente über Friedrich den Grossen*, Bd. 3, 254.
(50) J. G. Zimmermann, *Fragmente über Friedrich den Grossen*, Bd. 3, 260.
(51) E. Biester und F. Gedike, „Geheime Gesellschaften.“ 361.
(52) F. Valjavec, *Die Entstehung der politischen Strömungen in Deutschland, 1770–1815*, 290, vgl. 271–302.

媒介的な力を備給されうるとすれば、それは歴史的に見れば反乱と暴動に満ちたヨーロッパ社会の現実であった。カントはこうした革命や暴動を否定し（ジャコバン派ではないと公式に宣言しさえした（SF 7:86, Anm.））、そのいわば代用として言論の自由による抗議に統治の自己改革の契機を求めるが、同時に背後からひそかに革命や暴動の可能性を示唆することで、抗議に発語媒介的な力を与えている。カント的な抗議は、現実の不法な暴力的反乱の可能性に裏支えされて、しかし合法性と適法性を保ちながら、統治を共和主義化するよう働きかけるのである。

（53） J. G. Fichte, *Zurückforderung der Denkfreiheit*, 308.

結論

これまで我々は、一七八〇年代後半から九〇年代のプロイセンを歴史的文脈としてカントの政治思想を解釈してきた。政治的文脈としては、一八世紀初めから続けられ、九〇年代前半にプロイセン一般ラント法が施行されて一応の区切りがつく、領邦君主制プロイセンの中央集権化・法改革、そして八九年以降数年にわたるフランス革命の経過を見てきた。ドイツの知識人はこうした政治的状況に対してそれぞれの視座から言説を紡ぎだしたが、カントがとりわけ介入に向けて動機づけられた言説は、政治における理論と実践の関係をめぐる論争であった。言説の布置を理論に対する敵意へと変形させ、そこに政治的党派性をまとわせたのは、フランス革命という途方もない出来事の衝撃である。国王と旧身分を根こそぎするような自由と平等の理念が国家体制の基礎に置かれたという事実は、君主制の絶対化を目指そうとしたプロイセンの官僚にとっても、また君主制を諸身分の諸自由、すなわち諸特権の保護の下でのみ認めようとする者らにとっても、到底受け入れられないものであった。

それに対してカントは、「理論では正しいかもしれないが実践の役には立たない、という俗言について」から『諸学部の争い』に至るまで、一貫して理性法の理論がそれ自体で実践的でなければならず、政治の場面においても絶対的に遵守されるべき規範性をもつと主張し続けた。

道徳法則（定言命法）の立法能力を有する理性的存在者であるがゆえに、人間には生得的な自由の権利が認められねばならない。法の普遍的原理と生得的自由権から、外的対象を取得する権利が、さらには自然状態から脱出する義務が演繹される。生得的権利・取得的権利を各人が正当な仕方で享受し、誰の自由も毀損しないでいるためには、すなわち万人の自由が両立するためには、普遍的に統合された意志が立法し、そのように立法された法律が人格的に分離された行政権と裁判権によって実践的三段論法を形成するかのように執行されなければならない。自然状態の脱出に続くのはこうした国家の永遠の規範、すなわち純粋共和制の理念へ向けた断続的な改革義務である。カントの理性法論はこのようにしていかなる経験にも依拠することなく、生得的自由権と法の普遍的原理からア・プリオリに構築され、そうすることでいかなる政治実践の場面でも遵守されねばならない規範性を獲得する。他方、カントは同時に現象においても実現可能であり、また規範的な国家体制を三つ分節化していた。君主による共和主義的統治から、国家体制変革のために設立された共和制を経て、真の共和制へ。真の共和制は、国家市民が全人民を代表して立法を行い、国家市民の代理人が執行を行う、人民の代表制である。カントは理念と現象を峻別しつつも、後者においても規範的かつ実現可能な改革の階梯を提示したのである。

こうした法と国家の規範的理論を実践するものこそが政治である。カントは政治を執行する法論として定義することで、理論の実践不適格性を指弾する政治的リアリストに対峙すると同時に、ドイツの伝統的な政治概念さえも刷新する。確かに公共の福祉を首尾よく実現するための政治的思慮の理論は、君主の恣意的な統治を悪しき国家理性として退け、経験的な認識に基づく法則的な統治を標榜し、国家を精巧な機械へと改造しようとした。しかし福祉・幸福概念がもつ曖昧さゆえに、統治の機械的法則は場当たり的、恣意的な統治へと変貌する。カントの統治理性批判が明らかにするのは、公共の福祉とそれを可能にする政治的思慮は、人民に対する恣意的で抑圧的な統治をいくらでも正当化するイデオロギーとして機能しているということであった。

政治は政治的思慮の執行ではなく、むしろ法論の執行こそを自らの役割としなければならない。それは純粋共和制の理念の実現へ向けた改革を意味した。カントが共和主義的統治と呼ぶのは、まさにこの改革的な統治実践のことである。それは単に立憲君主制下において法の支配が貫徹し、各人の私的自由が保障されることだけを意味するのではない。それはむしろ、各人の自由を不当に制限しないために、あたかも理性的な人民が立法したかのような法律を、すなわち万人の同意可能性を考慮した法律を立法する統治であり、さらにこうした共和制のアナロジーを超えて、実際に人民が立法主体として存在する真の共和制を実現することを最終目標とする統治である。こうした漸進的な改革を可能にする論理は、許容法則によって与えられる。許容法則は、そこから共和制の理念が実現されるのを見越しているかぎりで、不法な現行体制の持続を暫定的に許容する。暫定性を付与する規範として許容法則の概念を練り上げることによって、カントはプロイセンに広がっていた二方向の議論をともに批判する視座を切り開いた。一方で、自然法理論の政治への適用が破局的な結末を招くとして、理論を捨て去ってステイタス・クオーを固守しようとする言説に対して、カントは理性法論の漸進的な執行にこそ政治の思慮があると反論する。他方で、理性法論の実践は可能であるが人民はいまだその段階にまでは成熟しておらず時期尚早であると言い募る言説は、現実世界を永久に停滞させ続け、政治が働くべき暫定的な領域を破壊するものとして批判される。許容法則の論理のもと、暫定性の領野を純粋共和制の理念の実現に向けて着実に踏破していく義務を与えることで、カントは自己崩壊の危機に晒された政治概念を立て直そうとした。

このようにしてカントは、フランス革命以後の文脈でプロイセンの君主制をどのように変革するのか、変革する必要があるのか、また政治において理論は実践上も有効なのか、妥当するのかといった一連の（もっぱら否定的に答えられた）問いをめぐって構成されていた言説空間に介入し、そうすることで言説の上に構築される現実を別様な形に作り変えようとした。確かにカントの議論の特徴はア・プリオリ性の追求にあるだろう。しかし、カントの言説が現実の歴史的な政治・社会状況から完全に自立しているというわけではない。例えば、超越論的に法と国家の規範を構築しようとしたはずのカントは、女性や召使、奉公人を能動市民の属性からはア・プリオリに排除した。それはフランス革命直後のシィエスらの見解と同じく、現代から見れば守旧的に映る。超越論的であると言いながら、経験的な現実の偏見から自由でない哲学者の姿は惨めだ。しかしこれが正しいのとまったく同じ程度に、カントは一切の現実を捨象した思索の生活のみに生きていたわけでは決してなく、フランス革命後のプロイセンの歴史的現実に生き、そこで著作を執筆し公表することで言語的に行為していた。

規範的な国家論においてさえ、君主による共和主義的統治・真の共和制・設立された共和制という現象的国家において目指されるべき体制が分節化されていること、執行する法論としての政治が法的理念と現実を漸進的に媒介する統治を要求すること、そしてそれが許容法則の概念によって暫定的に正当化されていること――これらは理性によって構築された理論が現実においても実践可能であるということを証示し、「理論と実践」論争に介入しようとするカントの政治的意図を反映している。本書序論において示したように、我々の探求の出発点には一つの伝統があった。それは遅くとも一九世紀前半にはすでに見られ、そして現代において政治哲学を復活させたと言われる規範理論にも、また規範理論の批判者にも共有され続けている解釈の伝統である。すなわちカントを非政治的な哲学者として見る見方である。この見方はカント研究の文献にも共有されていた。せいぜいカントは法と政治の規範を理性から構築して満足していたのであり、現実政治にはコミットしなかったと考えられてきたのである(ケアスティングが次のように述べるのは象徴的である――カントは「領邦君主に改革の義務があることを理解させる啓蒙という手段に満足」し、「訴えるのではなく、頼み事をし、願い事をする」[1])。

本書はこうした伝統に亀裂を入れることを試みてきた。そしてそれを通じて同時に、「その理論は政治的ではない」と奇妙にも非難されている現代の規範理論に、規範理論が前提としているのとは別様のカント像を一つの範例として提示してきたつもりである。すなわち、規範的な法と国家の理念を提げるだけではなく、それを現実化するための方途を模索し、言論を通じて政治に影響が及びうる公共圏で言説を放ち続ける政治的な哲学者カントである。

政治的ではないと批判されている規範理論（それが不当な批判かどうかはここでは問わない）においても、あるいは規範理論の批判者にとっても、そしてカント研究の文脈においても、カントの政治哲学は理想理論（ideal theory）として解釈されてきたと言っていい。それに対して我々は、カントの著作における理想理論のみならず、非理想理論（non-ideal theory）の重要性を強調していることになる。[2] ロールズによれば、理想理論は正義原理の「厳格な遵守」を想定し「好ましい状況下における秩序付けられた社会を特徴づける原理」の導出を行う。そこでは「完全に正義にかなった基礎構造」と「それに対応する人々の義務と責務」の構想が展開される。他方で、非理想理論はこうした理想的な正義の構想が導出された後で展開され、「好ましくない条件下でどのような原理が採用されるべきか」という問題を扱い、「自然的制約性と歴史的偶然性を調整するための原理」と「不正義に対処するための原理」から構成される。[3] カントの定言命法と自律の概念を正義原理の導出のための手続きとして

（1）W. Kersting, *Wohlgeordnete Freiheit*, 435f.（邦訳三三一頁）

（2）以下で述べる非理想理論は、完全に正義に適った状態についての理論としての理想理論とカップリングされ、そうした状態には至っていない相対的に劣った、過渡的な状態に関する理論である。理想理論なしにでも改善すべき現状を理解することはできるし、現状が理想的な状態からどれだけ隔たっているかを測定する基準が洗練されればよいとするアマルティア・センに代表される立場は、カントの立場とは一致しない。センの立場については、L. Valentini, "Ideal vs. Non-ideal Theory: A Conceptual Map," 660ff.

（3）J. Rawls, *A Theory of Justice*, 216.（邦訳三三一頁）訳は改めた。

再解釈してきたロールズ自身は、自らの主要な関心が理想理論にあると述べているし、これまでのカント研究もほとんどがカントの理想理論にのみもっぱら目を向けてきたと言っていいだろう。

これに対して、クリストフ・ホーンは近著『非理想的な規範』の中で、カントの政治思想を非理想理論として的確に特徴づけた。カントの非理想理論は、規範の完全な遵守要求（道徳純血主義）と規範ゼロの現実主義的な要求（リアリスト、コンフォーミスト）のあいだの第三の道であり、規範の完全な遵守が見込めない現実において、それでもなお規範的な要求を達成することを目指すものである。ホーンは、カントにおける法と道徳の関係にまつわる論争[4]に関して、法・政治哲学が要求する規範を非理想的な規範として、道徳哲学の理想的規範性からは区別して理解することを提案している。

ホーンによれば、非理想的な規範は次の諸点に見いだされる。カントの実践哲学上の立場は、内面の格率と理性の立法する定言命法との一致に道徳性を見出すが、法の下で考慮されるのは外的自由だけであって、内面の格率は問題とされず、それゆえに法は外的な強制を許容する。さらに、道徳の領域では何かを義務として行うか慎むかが命令法則・禁止法則の形でしか命じられないのに対して、政治あるいは法の領域では不法な状態の暫定的な持続を許容する許容法則が登場する。不法な体制の改革義務はただ国家統治者にのみ課せられており、その他の人間はそうした義務から除外される（それに対して道徳はすべての個人を拘束する定言命法に基づく）。しかも、一挙に体制変革をするのではなく、むしろ状況に応じて可能な改革を進めていくことでしか、共和制には到達できない。こうした実現可能性や漸進性の評価は、道徳の領域では考えられないことである。というのも、定言命法は実現可能性や帰結の評価を度外視し、普遍化された内面の格率にしたがって義務を動機として行為することを命じるからだ。他方、道徳と違って政治の領域では、複数の行為の実現可能性や帰結の比較衡量が尊重される。純粋共和制の理念が与えられながら、そこに到達するために現状でなすことが可能な改革が評価され、またそこへの接近度によって政治体制がより良い、よりマシなものとして評価されるのだ。それゆえ「問題となっているのは、規範的に始まり、機能的に進められ、再び規範的に終わる構想である」。カントは法を非理想的な規範として構想することで、「緩和された規範の妥当性を定式化し、完全な道徳性か規範についての関心の欠如かという誤った選択肢を退ける」[5]。

カントの法・政治哲学を非理想理論として捉え直すこうした試みは、カントを道徳的リゴリストとしてしか見てこなかった通俗的な見解を覆すという点で重要である。しかし、ホーンがカントの非理想理論として提示するものは我々にとってみれば、いまだ優に理想的である。あるいはそれだけがカントの政治理論なのであれば、それがたとえ非理想理論なのであっても、政治の実践に適した道具立てを提供するものだとは言えないだろう。ホーンによれば、カントの非理想理論には「深刻な欠点」が存在する。「カントは政治的な規範を、一方で国家市民の側の法の遵守（厳格な忠誠主義）、他方で主権の側の穏和な改革主義に切り詰めてしまった」[6]。こうした見解

（４）C. Horn, *Nichtideale Normativität*, 12–54. この論争は、『人倫の形而上学の基礎づけ』『実践理性批判』と『人倫の形而上学』の関係性についての問い、さらに法論と徳論の関係についての問いに関するものである。研究史上、法と道徳が連続している（法は道徳に依存する）というテーゼと、両者は独立しているとするテーゼが拮抗してきた。我々は第二章で石田京子の議論を参照し、この問題に一定の立場を示した。すなわち、法も道徳も実践理性によって立法される法則を中心に考察されるという点で、起源は同一である。しかし『基礎づけ』や『実践理性批判』が理性の立法能力一般を批判哲学によって解明するのに対し、『人倫の形而上学』では法則の立法主体とその適用対象について法と徳が分節化される。研究史のサーベイとして、石田京子「カント法哲学に関する近年の研究状況について」。

（５）C. Horn, *Nichtideale Normativität*, 327.

（６）C. Horn, *Nichtideale Normativität*, 331f.

はホーンのみならず、カントの法・政治哲学に好意的な解釈者にも広く見受けられる。カントは結局共和主義的統治をなすように君主に懇願したか、あるいは道徳的政治家という模範的な形象を示すことで政治道徳を主張しているにすぎないというのである。

我々はカントが抗議として正当化する市民の公共的言論の重要性を明らかにすることで、こうした伝統的な見解に十分に反論してきたつもりである。人民は統治者と同様に根源的契約の理念にしたがって、法や国家体制の欠陥と思われるものについて意見を公表する。慣習的な抗議の権利の装いのもとに正当化された言論の自由は、統治者に立法の欠陥を伝えるものとして不可欠のものであるだけではない。カントはフランス革命以後の反乱に満ちた現実において、人民の正当な抗議が聞き入れられなければ統治の危機を覚悟しなければならないということを、言論の自由の正当化論証を通じて主張する。カントは暴力的な抵抗や革命を規範的に否定したが、それが生じうること、また実際に生じていることを否定しなかった。むしろそうした現実が、統治者の側に、市民の公共的な言論実践において、市民らは予期していないかもしれない脅迫の効果を感取させるであろうことを理解し、またその脅迫の潜勢力を利用して改革の進展を主張しさえした。

確かに政治改革の義務の名宛人は現行体制の主権者であり、そのもとに暮らす臣民（人民）はその任を解かれている。しかしだからといってカントは主権者、とりわけプロイセンの君主に対して、彼の道徳哲学（あるいは徳論）がするような形で政治道徳を求めたわけではない。統治者に共和主義的統治を可能にするものは、抗議として現れる市民の公共的な言論である。したがって、決して最初から統治者の有徳さが前提とされているわけではなく、公共的な人民の声が統治を共和主義化し、それによって事後的に統治者が有徳なものとして評価されうるようになるのだ。「世界市民的見地による普遍史の理念」（一七八四）によれば、臣民が不完全な理性的存在者であり、自分の利己心に囚われているのと同様に、国家統治者もまた正義を体現するような人物であるかどうかはまったく疑わしい。「人間を作っているこれほど曲がった木材からは、完全に真直なものを作ることはできない」(8:23)。君主の有徳性の代わりに存在するのは、人民の公共的な言論による絶えざる統治の共和主義化、統治者の有徳化のプロセスである。

こうしたことは君主による共和主義的統治が終わり、真の共和制が樹立されたあとにも、あるいは代議制民主主義が制度化されたあとにさえ、妥当するだろう。根源的契約の理念は、立法に関わる国家市民あるいは代議制下での代議士にとって、立法の試金石として、人民の同意可能性を考慮させる基準として働く。根源的契約をこのように理念として捉えることで、カントは(少なくとも『社会契約論』の)ルソーのように人民集会による直接立法を必要としない。直接立法であれ代議士による立法であれ、法案が誰にでも同意可能なものであるかを考量するということだけが、正義を満たした法の条件となる。こうした状況下で、立法過程の外部から放たれる人民の公共的な言論は、不完全な理性的存在者である同胞の国家市民あるいは代議士に対して、彼らの立法が普遍的同意可能性を満たすものではなかったということを知らせるだろう。ここではルソーのように一般意志を確実に導き出す市民の有徳さが問題となっているのではなく、またそれを涵養する国家宗教も無用である。カントの共和主義は、国家市民や代議士という人民の少なくとも一部でしかない人々に、根源的契約の理念にしたがって普遍的同意可能性を満たすような立法を行うことを要求すると同時に、立法過程の外部から内部へと流入する公共的な言論によって立法の正当性が補完され、再び立法が真に根源的契約の理念を満たしたものへと改革されていくというダイナミズムを定式化する。ここにおいてルソーにまで持続していた古典的共和主義の市民的徳(civic virtue)の言語はまったく姿を消している。

もちろん言論の自由が圧殺されている状況や、人民がそもそも体制順応的であって抑圧的な統治を進んで支持している場合、あるいは人民が公共的なものに無関心で他人が抗議として掲げた声に一切の興味を示さないような場合もあるのだから、依然としてカントの非理想理論は理想的すぎるという議論も成り立つだろう。しかしこうした非難は可能であるにしても、それをカントに対して発することが公平だとは思えない。というのも、カントは自らが直面していたプロイセンの政治的状況や言説の布置連関を前にして、純粋共和制の理念を実現させるために機知を働かせ、戦略を立てたからである。

本書ではもはや詳述できないが、例えばカント自身の歴史論をこの視点から読み返すとき、そこに奇妙な再帰性が企図されていることに気づくだろう。カントはたびたび小論の形で哲学的歴史を発表しているが、それは単に人類史の観相を主とするものではない。むしろ歴史論考の中に刻まれた来るべき政治的発展を、歴史論考を発表することを通じて実現しようとしている。フランス革命前に発表された「世界市民的見地による普遍史の理念」の第九命題によれば、「普遍的世界史を、人類における完全な市民的連合をめざす自然の計画に従って取り扱う哲学的試みは、可能であり、かつそれ自身この自然の意図を促進するものとみなさなくてはならない」(8:29. 強調は網谷)。カントによれば、自然が人類史において意図しているのは国内的には完全な市民的体制、体外的には国際連合の実現である。哲学的歴史が自らこの自然の意図を促進することができるとすれば、それは公共圏を通じてよりほかにない。カントの歴史論は公共圏を通じて、市民を政治的に啓蒙すると同時に、統治者に対しても統治が進むべき道筋を指し示すことを企図しているのだ。とりわけ後者の企図に関してカントの歴史論は、理性法論によって純粋に動機づけられるとは考えにくい非道徳的な統治者に対して、しかしそれでも改革への動機づけを与えるように書かれている。「国家元首やその臣下の名誉欲」を考慮に入れて、「彼らが最も未来の時代から賞賛に値すると追想されるための唯一の方法に彼らを導く」ことこそ、哲学的歴史の目的である[7](8:31)。

『諸学部の争い』において、カントは革命に対するプロイセンの公衆の共感を記述している。「人間の道徳的な傾向を証明する同時代の出来事」は、革命という事件そのものではなく、むしろそれを見守っていた「観客の思考様式」に現れている。それは「こうした大変革が演じられるのを見て公的に吐露されたものである。この思考様式があってこそ、人々は非常に一般的に、かつ非利己的に、一方の側よりも他方の側に肩入れするという姿勢を明らかにした。こうした党派性を示すと極めて不利な状況になるという危険があったとしても、そうだった」。革命は「(自らはこの劇に関与していない)観客の心のなかに熱狂に近いほどの願望上の参加を引き起こした」のである(SF 7:85)。フランス革命が破局的な経過をたどる以前に公共空間に現れた革命への熱狂は、確かにカントに公共的な言論実践によって統治が共和主義化されうる可能性を想定させるのに十分だった。

しかもカントは公共圏において言論を行使した人々を評価する語彙をもちあわせていただろう。カントによれば、プロイセンの君主制下、しかも言論の自由が制限されつつあるなかで、自らを不利な状況に置くことになってまでも革命の理念を讃えた人々は、人類の道徳的素質の徴そのものである。革命勃発から九年が経ち、もはや失望が蔓延して久しいプロイセンの公共圏に対して、カントはかつてそこに熱狂と呼びうるほどの革命への共感が存在したことを思い出させようとする。カントによれば、「真の熱狂はつねに理想的なもの、純粋に道徳的なものに向かい、それは法概念であって、利己心に接ぎ木されたものではありえない」(SF 8:36)。革命という事件がいかに悲惨な結末に終わろうとも、それを見ている者に熱狂に近しい共感を生み出した理念は潰えてはいない。信じたものが糞だったとしても、それを信じさせた理念を見捨ててはならない。プロイセンの抑圧された公共圏においてさえ熱狂が喚起されたということ、これはカントにとって革命において真に理想的な法の理念が開

(7)「世界市民的見地における普遍史の理念」や『永遠平和のために』第一補説における歴史論の政治的意味については次で論じた。拙論「歴史と自然」、「カント歴史論における統治批判と自然概念」を参照。

示されたことを示していた。

法の理念への共感を立場上の不利益を鑑みず、しかも利己心からではなく公表すること、これをカントは勇気（Mut）と呼ぶ準備さえあった。周知のように、カントはホラティウスの言葉「自ら賢かれSapere aude」を、「自らの悟性を使用する勇気をもて」と解釈して、啓蒙の標語とした（WA 8:35）。それは一人の学識者、世界市民として、自分が属している組織や制度のためではなく、真に普遍的な視座をもって自らの理性を公的に使用する勇気である。『徳論』によれば、強く不正な敵に抵抗する能力と決意が勇敢さ（Tapferkeit, fortitudo）であるとすれば、我々の内なる心根における敵（利己心、傾向性の優先）への抵抗は徳（Tugend, cirtus, fortitudo moralis）と呼ぶことができる（TL 6:380）。だとすれば、法の理念のために公共圏において抗議する人々をカントは勇気ある人、あるいは有徳な人と呼ぶことさえできただろう。

もちろんこうした勇気や徳は、法義務が外的に強制可能であるのとは違って、各人の内面の能力や決意に委ねられている。誰にもそれを押し付けることはできない。公共圏に参与して抗議を表明することは人民の政治的責務を構成しない。しかし、単に行為が法に適合していることが何ら功績的ではないのに対して、「法への尊敬は功績である。というのも、これによって人間は人間性の権利あるいは人間の権利をも目的とし、それによって自らの義務概念を負債（負い目の義務officium debiti）の概念以上に拡張するからである」（TL 6:390）。すなわち、人間性の権利・人間の権利のために行為しようとする人々の格率はまさに勇気あるものとして徳の名に値し、不完全義務として賞賛されるべきである。これらの語彙は見たところ、公共善への献身を市民的徳として記述する古典的共和主義の語彙からもちだされてきたわけではない。それはカントの道徳哲学体系のなかから、言わば余滴としてこぼれ落ちたものにすぎないかもしれない。だがそれでもカントは、公共圏において法の理念に訴えかけ、人間の権利のために言論を行使しようとする人々を評価し鼓舞する勇気や徳という語彙をもちあわせていた。

その語彙は、木々について語ることさえ無数の悪を前にした沈黙と同じことになってしまう時代、不正義だけがあり抵抗がない暗い時代(8)にはなおさら必要とされるものだろう。

プロイセンにおける理論と実践をめぐる論争を背景としてカントを読み直すとき、そこには、それは時期尚早であるとする賢しらに否と言い続け、共和制の理念を忘れるなと語った政治的な哲学者の姿が立ち現れてくる。他方カントは同時に、理念を実現するための非理想理論と言説戦略を、同時代の社会的・政治的文脈において可能な資源を使って構想し続けもした。この読みは、カントを重要な思想資源として取り込んできた規範理論に一つの範例を提供するものである。正義や自由、平等、人権といった政治的な理念がもっぱら理想の領域にとどまり続け、現実は一向に理想へと近づく気配がなく、政治理論と呼ばれる学問にもそのための方途や戦略が欠けているのだとすれば、理念は人々の信頼を失ってしまいかねない。カントの著作を一つの範例として再読するとき、規範的な理念を無力な祈りにしてしまうのではなく、現実のその都度の文脈のなかで絶えず蘇活させ続けるよう、我々は呼びかけられる。

(8) B. Brecht, *An die Nachgeborenen*, 74.

人名索引

ア行

アーレント（Arendt, Hannah） 5, 14–6
アッヘンヴァル（Achenwall, Gottfried） 159, 161, 176–9, 181, 204, 212, 213, 243–7, 249, 253, 254, 276, 301–3
アリストテレス（Aristoteles） 4, 5, 9, 232, 235–9, 242, 245, 252, 253
アルニゼウス（Arnisaeus, Henning） 239
ヴィンディッシュグレーツ（Windischgrätz, Joseph Nicolaus von） 281
ウェルギリウス（Vergilius） 30, 31, 74, 75
ヴェルナー（Woellner, Johann Christoph von） 25, 306, 307
ヴォルテール（Voltaire） 24
ヴォルフ（Wolff, Christian） 13, 24, 34, 46, 85, 96, 97, 102, 103, 161, 176, 177, 204, 238, 240–3, 250, 253
ウルピアヌス（Ulpianus） 115, 118, 153
エッカーツハウゼン（Eckartshausen, Karl Hofrath von） 307–9
エンゲルス（Engels, Friedrich） 6, 7

カ行

ガルヴェ（Garve, Christian） 23, 28, 31, 44, 45, 47, 229, 249, 251
カルマー（Carmer, Johann Heinrich von） 34, 44
キケロ（Cicero） 106, 137, 249
クライン（Klein, Ernst Ferdinand） 38, 200, 201, 281–7, 309–312
クラウアー（Clauer, Karl） 35–40, 47, 80, 104, 227
グロティウス（Grotius, Hugo） 177
ケアスティング（Kersting, Wolfgang） 13–5, 65, 69, 73, 83, 92, 93, 103, 111, 117, 171, 173, 187, 209, 217, 219, 291, 293, 320, 321, 330, 331
ゲディケ（Gedike, Friedrich） 23, 324, 325
ゲンツ（Gentz, Friedrich von） 7, 29, 30, 35, 40–6, 50, 51, 55–57, 68, 75, 76, 80, 81, 106, 227–30, 261, 282, 285, 287, 308, 309, 323
コクツェーイ（Cocceji, Samuel von） 33
コンリング（Conring, Hermann） 238, 243

サ行

シィエス（Sieyès, Emmanuel Joseph） 70, 71, 196–9, 202, 215, 218, 220, 221, 264, 330
シュマルツ（Schmalz, Theodor） 178, 179, 203, 204, 216, 217, 219
シュレーゲル（Schlegel, Friedrich von） 201, 202, 212, 213, 215
ジョージ三世（George III） 270, 271
ショーペンハウアー（Schopenhauer, Arthur） 13, 15
スミス（Smith, Adam） 273
スワレツ（Svarez, Carl Gottlieb） 34, 38, 44, 250, 311
ゼッケンドルフ（Seckendorff, Veit Ludwig von） 240, 241

タ行

タキトゥス（Tacitus） 238, 239
ツィンマーマン（Zimmermann, Johann Georg） 324
ティーフトゥルンク（Tieftrunk, Johann Heinrich） 310, 311
トマジウス（Thomasius, Christian） 95–7, 103

トマス・アクィナス（Thomas, Aquinas）　137

ハ行

バーク（Burke, Edmund）　29–2, 50, 55–7, 69, 74, 75, 80, 266, 267, 271
ハーバーマス（Habermas, Jürgen）　48, 49
バイザー（Beiser, Frederick C.）　17, 19, 25–7, 47, 73, 75, 229, 293
ハイネ（Heine, Heinrich）　5, 7
バルテレミー（Barthélemy, Jean-Jacques）　199
ビースター（Biester, Johann Erich）　23, 28, 35, 37–40, 68, 75, 199, 324, 325
ヒューム（Hume, David）　230
ピュッター（Pütter, Johann Stephan）　177, 179
フィヒテ（Fichte, Johann Gottlieb）　325, 326
フィルマー（Filmer, Robert）　139
フーフェラント（Hufeland, Gottlieb）　178, 179, 204
プーフェンドルフ（Pufendorf, Samuel von）　94–7, 103, 138–40, 145, 155, 157, 158, 161, 175–7, 204, 205, 238
フォルスター（Forster, Georg）　47
プラトン（Platon）　40, 173, 187, 199, 224
ブランデス（Brandes, Ernst）　265–8
フリードリヒ・ヴィルヘルム（大選帝侯 ）（Friedrich Wilhelm〔Großer Kurfürst〕）　32
フリードリヒ・ヴィルヘルム一世（Friedrich Wilhelm I）　32, 33, 240
フリードリヒ・ヴィルヘルム二世（Friedrich Wilhelm II）　16, 25, 34, 43, 170, 291, 306
フリードリヒ二世（大王）（Friedrich II〔der Große〕）　16, 24–6, 32–34, 42, 170, 222, 223, 248, 249, 257, 258, 260, 261, 292, 306, 309, 324
フンボルト（Humboldt, Wilhelm von）　23, 42, 43, 46, 49, 227, 283
ペイン（Paine, Thomas）　80, 197, 198, 215
ヘーゲル（Hegel, Georg Wilhelm Friedrich）　5
ポープ（Pope, Alexander）　260, 261
ボダン（Bodin, Jean）　234–6, 253, 254
ボッテーロ（Botero, Giovanni）　238
ホッブズ（Hobbes, Thomas）　9, 28, 63, 67, 80, 94, 95, 103, 105, 124, 125, 137, 138, 151, 152, 158–63, 170, 175, 177, 185, 189–91, 205, 217, 235–7, 253, 254, 293, 297–301, 306, 319–21

マ行

マキアヴェリ（Machiavelli, Niccolò）　238, 239, 248, 252
マルクス（Marx, Karl）　6, 7
マレ・デュ・パン（Mallet du Pan, Jaques）　260, 261
ミル（Mill, John Stuart）　193, 283
ムーニエ（Mounier, Jean Joseph）　71
メーザー（Möser, Justus）　23, 32, 34–41, 44–6, 49, 50, 55, 68, 69, 80, 227, 229
メランヒトン（Melanchthon, Philipp）　239
メンデルスゾーン（Mendelssohn, Moses）　23, 28, 306
モンテスキュー（Montesquieu, Charles de Secondat）　33, 201, 265, 266, 309, 310
ユスティ（Justi, Johann Heinrich Gottlob von）　246, 247, 272, 273
ヨーゼフ二世（Joseph II）　281, 283

ラ行

ラ・ファイエット（La Fayette, Marie-Joseph Paul de）　71
ラ・メトリ（La Mettrie, Julien Offray de）

24
ライプニッツ（Leibniz, Gottfried Wilhelm）
46, 85, 96, 97
ラインキンク（Reinkingk, Dietrich von）
239
リプシウス（Lipsius, Justus）　238
ルイ一六世（Louis XVI）　16, 49, 50, 69, 196, 219–21
ルートヴィヒ（Ludwig, Bernd）　17, 173–5, 201, 211, 217, 221, 222, 233
ルソー（Rousseau, Jean Jacques）　80, 163–5, 170, 185, 190, 196, 197, 199, 201, 202, 204, 205, 214, 218, 219, 254, 275–7, 335
ルター（Luther, Martin）　239, 300
レーベルク（Rehberg, August Wilhelm）
7, 75, 76, 227–31, 265, 275, 277, 282
ロールズ（Rawls, John）　4, 5, 11, 14, 89, 331, 332
ロック（Locke, John）　63, 80, 137, 139–44, 148, 158, 162, 175, 204, 205, 293
ロベスピエール（Robespierre, Maximilien Marie Isidore）　6, 71, 197–9, 202

事項索引

ア行

カ行

サ行

タ行

ナ行

ハ行

マ行

ラ行・ワ行

文献一覧

一次文献

Berlinische Monatsschrift は *BM* と略記する。同誌の書誌情報はゲッティンゲン学術アカデミーによる「18世紀ドイツ語圏の雑誌目録Index deutschsprachiger Zeitschriften des 18. Jahrhunderts」を参照した。(http://adw.sub.uni-goettingen.de/pages/Main.jsf 最終閲覧2018年7月11日)

Achenwall, Gottfried. *Staatsverfassung der heutigen vornehmsten Europäischen Reiche im Grundriße* [1749]. 4. verbesserte Aufg., Göttingen 1762.

——— *Die Staatsklugheit nach ihren ersten Grundsätzen entworfen* [1761]. 2. Ausg., Göttingen 1763.

——— *Ius naturae in usum auditorum*. Göttingen 1763. [5. Aufl. von *Elementa juris naturae* mit J. S. Pütter]

——— *Ius naturae pars posterior*. Göttingen 1763. [5. Aufl. von *Elementa juris naturae* mit J. S. Pütter]

Allgemeines Landrecht für die Preußischen Staaten von 1794. 2. erw. Aufl. Hg. Hans Hattenhauer, Neuwied 1994.

Anonym. „Sind denn wirklich alle Menschen gleich?" *BM* 18, 1791, 541–61.

Anonym. „Friedrich Wilhelm der Gesetzgeber." *BM* 19, 1792, 5–29.

Bauer, Anton. *Lehrbuch des Naturrechts*. Marburg 1808.

Biester, Johann Erich. „Nachschrift zu dem vorstehenden Aufsatz." *BM* 16, 1790, 209–20.

——— „Nachschrift des Herausgebers." *BM* 18, 1791, 562–6.

——— „Einige Nachrichten von den Ideen der Griechen über Staatsverfassung." *BM* 21, 1793, 507–37.

Biester, Johann Erich und Friedrich Gedike. „Geheime Gesellschaften. Des Herrn Hofrath Zimmermann in Hannover Gesellschaft der Aufklärer in Berlin." *BM* 15, 1790, 360–77.

Bodin, Jean. *Les six livres de la république* [1576]. Éd. Christiane Frémont, Marie-Dominique Couzinet et Henri Rochais, Paris 1986.

Brandes, Ernst. [Anonym]. „Ueber den politischen Geist Englands." *BM* 7, 1786, 101–26, 217–41, 293–323.

Burke, Edmund. *Reflections on the Revolution in France* [1790]. In *Select Works of Edmund Burke*. vol. 2. Ed. Edward J. Payne. A new imprint of the Payne edition. Forward and biographical note by Francis Canavan, Indianapolis 1999.

——— *Bemerkungen über die französische Revolution und das Betragen einiger Gesellschaften in London bei diesen Ereignissen*. Übers. Joseph Stahel, Wien 1791.

——— *Betrachtungen über die französische Revolution*, in 2 Teilen. Übers. und mit Ab-

handlungen von Friedrich von Gentz, Berlin 1793.

Clauer, Karl. „Auch etwas über das Recht der Menschheit.“ *BM* 16, 1790, 197–209.

——— „Noch ein Beitrag über das Recht der Menschheit.“ *BM* 16, 1790, 441–69.

Eckartshausen, Karl Hofrath von. *Was trägt am meisten zu den Revolutionen jetziger Zeiten bei? Und welches wäre das sicherste Mittel, ihnen künftig vorzubeugen? Eine Schrift zur Beherzigung für Fürsten und Völker* [1791]. Nachgedr. in Z. Batscha (Hg.), *Aufklärung und Gedankenfreiheit*, 161–192.

Fichte, Johann Gottlieb. *Zurückforderung der Denkfreiheit von den Fürsten Europas, die sie bisher unterdrückten. Eine Rede* [1793]. Nachgedr. in Z. Batscha (Hg.), *Aufklärung und Gedankenfreiheit*, 305–334.

Friedrich II. (König von Preußen). *Antimachiavell* [1740]. In *Œuvres de Frédéric le Grand*. tom. 8. Éd. Johann D. E. Preuß, Berlin 1848.

——— *Der Antimachiavell*. In *Die Werke Friedrichs des Großen in deutsche Übersetzung*. Bd. 7. Hg. Gustav B. Volz und Adolph v. Menzel, Berlin 1913.

Garve, Christian. „Abhandlung über die Verbindung der Moral mit der Politik.“ In *Philosophische Anmerkungen und Abhandlungen zu Cicero's Büchern von den Pflichten*. Bd. 3. verbess. Aufl., Breslau 1788.

——— „Einige Betrachtungen veranlaßt durch das Dekret der Nationalversammlung in Frankreich über die Güter der Geistlichkeit.“ *BM* 16, 1790, 388–414. *BM* 17, 1791, 429–59, 507–36.

Gentz, Friedrich von. „Ueber den Ursprung und die obersten Prinzipien des Rechts.“ *BM* 17, 1791, 370–96.

——— „Einleitung.“ In Burke, *Betrachtungen über die französische Revolution*, 1. Teil, VII–XLII.

——— „Ueber politische Freyheit und das Verhältniss derselben zur Regierung.“ In Burke, *Betrachtungen über die französische Revolution*, 2. Teil, 113–143.

——— „Ueber die Deklaration der Rechte.“ In Burke, *Betrachtungen über die französische Revolution*, 2. Teil, 175–225.

——— „Nachtrag zu dem Räsonnement des Herrn Professor Kant über das Verhältniß zwischen Theorie und Praxis.“ *BM* 22, 1793, 518–554. Nachgedr. in D. Henrich (Hg.), *Kant. Gentz. Rehberg*, 91–111.

Grosses vollständiges Universal-Lexicon aller Wissenschaften und Künste. Hg. Johann Heinrich Zedler, Halle u. Leipzig 1735–54.

Heine, Heinrich. *Zur Geschichte der Religion und Philosophie in Deutschland* [1834]. In *Historisch-kritische Gesamtausgabe der Werke*. Bd. 8/1. Hg. Manfred Windfuhr, Hamburg 1979, 9–119.

Hobbes, Thomas. *The Elements of Law Natural and Politic* [1640]. In *Human Nature and De Corpore Politico*. Ed. John C. A. Gaskin, Oxford 1994.

——— *De cive* [1642]. The Latin version entitled in the first edition ‘Elementorum philosophiæ sectio tertia de cive,’ and in later editions ‘Elementa philosophica de cive.’ A critical edition by Howard Warrender, Oxford 1983（本田裕志訳『市民論』京都大

学出版会、2008年).
——— *Leviathan* [1651]. Ed. John C. A. Gaskin, Oxford 1996 (水田洋訳『リヴァイアサン』全4巻、岩波書店、改訳版、1992年).
Hufeland, Gottlieb. *Lehrsätze des Naturrechts und der damit verbundenen Wissenschaften.* Jena 1790.
Humboldt, Wilhelm von. „Ideen über Staatsverfassung, durch die neue Französische Konstituzion veranlaßt.“ *BM* 19, 1792, 84–98.
Institutiones. Hg. Paul Krueger. In *Corpus Iuris Civilis*. vol. 1. Hg. Theodor Mommsen und Paul Krueger, Berlin 1872.
Justi, Johann Heinrich Gottlob von. *Die Grundfeste zu der Macht und Glückseligkeit der Staaten*. 2 Bände. Königsberg und Leipzig 1760f.
Kant, Immanuel. *Kants Gesammelte Schriften*. Hg. Königlich Preußische Akademie der Wissenschaften, Berlin 1900– (『カント全集』岩波書店、1999–2006年).
——— *Toward Perpetual Peace*. Trans. Mary J. Gregor, In *Practical Philosophy: The Cambridge Edition of the Works of Immanuel Kant*. Ed. M. J. Gregor, Cambridge 1996.
——— 中山元訳『永遠平和のために・啓蒙とは何か他三編』光文社、2006年。
Klein, Ernst Ferdinand. [Anonym]. „Ueber Denk- und Drukfreiheit. An Fürsten, Minister, und Schriftsteller.“ *BM* 3, 1784, 312–29.
——— *Freyheit und Eigenthum, abgehandelt in acht Gesprächen über die Beschlüsse der Französischen Nationalversammlung*. Berlin u. Stettin 1790.
——— „Über das Verhältniß der gesetzgebenden und richterlichen Gewalt.“ *Deutschland* 6, 1796, 323–8.
Locke, John. *Two Treatises of Government* [1689]. In *The Works of John Locke in 9 volumes*. vol. 4. 12th ed. London 1824 (加藤節訳『完訳・統治二論』岩波書店、2010年).
Mallet du Pan, Jaques. *Considérations sur la nature de la révolution de France, et sur les causes qui en prolongent la durée*. Brussels 1793 (*Über die französische Revolution und die Ursachen ihrer Dauer*. Übers. Friedrich von Gentz, Berlin 1794)
Marx, Karl und Friedrich Engels. *Die deutsche Ideologie* [1845f.]. In *Karl Marx Friedrich Engels Werke*. Bd. 3. Hg. Institut für Marxismus-Leninismus beim ZK der SED, Berlin 1958.
Mill, John Stuart. *Considerations on Representative Government* [1861]. In *On Liberty and Other Essays*. Ed. John Gray, Oxford 2008.
Möser, Justus. „Der jetzige Hang zu allgemeinen Gesetzen und Verordnungen, ist der gemeinen Freyheit gefährlich [1772].“ In *Patriotische Phantasien*. Bd. 2. Berlin 1776, 15–21 (原田哲史訳「普遍的な法律や法令を求める現今の傾向は民衆の自由にとって危険である」肥前榮一他編訳『郷土愛の夢』京都大学出版会、2009年、89–98頁).
——— „Der Bauerhof, als eine Actie betrachtet.“ In *Patriotische Phantasien*. Bd. 3. 2. Aufl., Berlin 1778, 298–316 (肥前榮一・山崎彰訳「農民農場を株式として考察する」『郷土愛の夢』、157–176頁).

——— „Ueber das Recht der Menschheit, als den Grund der neuen Französischen Konstitution.“ *BM* 15, 1790, 499–505.

——— „Ueber das Recht der Menschheit, in sofern es zur Grundlage eines Staates dienen kann.“ *BM* 17, 1791, 496–506.

——— „Wann und wie mag eine Nazion ihre Konstitution verändern?“ *BM* 18, 1791, 396–401.

Paine, Thomas. “Lettre de M. Thomas Paine à M. Emmanuel Sieyès” (*Gazette Nationale ou Le Moniteur Universel*, Nr. 197, 16. 7. 1791). In Sieyès, *Œuvres de Sieyès*, tom. 2 (o. S.).

Paine, Thomas und Emmanuel-Joseph Sieyès. „Einige Briefe von Herrn Em. Sieyes [sic] und Thomas Paine über die Frage: Ob die republikanische Staatsverfassung den Vorzug vor der monarchischen habe?“ *Deutsches Magazin* 2, 1791, 193–216.

Pufendorf, Samuel von. *De jure naturae et gentium libri octo*. Trans. and ed. of 1688 by Charles H. Oldfather and William A. Oldfather, Oxford 1934. Reprinted in London 1964.

Pütter, Johann Stephan und Gottfried Achenwall. *Elementa juris naturae*. Göttingen 1750. Nachgedr., *Anfangsgründe des Naturrechts*. Übers. Jan Schröder, Frankfurt am Main 1995.

Rehberg, August Wilhelm. *Untersuchungen über die Französische Revolution nebst kritischen Nachrichten von den merkwürdigsten Schriften, welche darüber in Frankreich erschienen sind*. 2. Teile. Hannover 1793.

——— „Über das Verhältniß der Theorie zur Praxis.“ *BM* 23, 1794, 114–142. Nachgedr. in D. Henrich (Hg.), *Kant. Gentz. Rehberg*, 115–30.

Rousseau, Jean Jacques. *Du Contrat social* [1762]. In *Œuvres Complètes*. tom. 3. Éd. François Bouchardy, Bernard Gagnebin et Marcel Raymond, Paris 1964 (桑原武夫・前川貞次郎訳『社会契約論』岩波書店、1954年).

Schlegel, Friedrich von. „Versuch über den Begriff des Republikanismus.“ *Deutschland* 7, 1796, 10–41. Nachgedr. *Kritische Friedrich-Schlegel-Ausgabe*. Bd. 7. Hg. Ernst Behler, München 1966, 11–25.

Schmalz, Theodor. *Das reine Naturrecht*. Königsberg 1792.

——— *Das natürliche Staatsrecht*. Königsberg 1794.

Seckendorff, Veit Ludwig von. *Teutscher Fürsten Stat*. Frankfurt am Main 1656.

Sieyès, Emmanuel-Joseph. “Variétés” (*Gazette Nationale ou Le Moniteur Universel*, Nr. 187, 6. 7. 1791). In *Œuvres de Sieyès*. tom. 2. Éd. Marcel Dorigny, Paris 1989 (o. S.).

——— “Note explicative, en réponse à la lettre précédente et à quelques autres provocations du même genre” (*Gazette Nationale ou Le Moniteur Universel*, Nr. 197, 16. 7. 1791), in *Œuvres de Sieyès*. tom. 2 (o. S.).

——— „Über den wahren Begriff einer Monarchie.“ *Neues Göttingisches Historisches Magazin* 1, 1792, 341–49.

——— *Qu'est-ce que le tiers état?* Éd. Edme Champion, Paris 1888 (稲本洋之助・伊藤洋一・川出良枝・松本英実訳『第三身分とは何か』岩波書店、2011年).

Thomasius, Christian. *Institutes of Divine Jurisprudence with Selections from Foundations of the Law of Nature and Nations*. Ed., trans. and with an introduction by Thomas Ahnert, Indianapolis 2011.

Tieftrunk, Johann Heinrich. [Anonym] „Über den Einfluß der Aufklärung auf Revolutionen [1794]." Nachgedr. in Z. Batscha (Hg.), *Aufklärung und Gedankenfreiheit*, 195–205.

Virgil. *Aeneid*. In *P. Vergili Maronis Opera*. Ed. Roger A. B. Mynors, Oxford 1969（岡道男・高橋宏幸訳『アエネーイス』京都大学出版会、2001年）.

Wolff, Christian. *Jus naturae methodo scientifica pertractatum*. Pars 1. Frankfurt, Leipzig 1740.

——— *Institutiones juris naturae et gentium, in quibus ex ipsa hominis natura continuo nexu omnes obligationes et jura omnia deducuntur*. Halle 1750.（*Grundsätze des Natur- und Völkerrechts, worin alle Verbindlichkeiten und alle Rechte aus der Natur des Menschen in einem beständigen Zusammenhange hergeleitet werden*. 2. Aufl. Übers. Gottlob S. Nicolai, Halle 1769）.

Zimmermann, Johann Georg. *Fragmente über Friedrich den Grossen zur Geschichte seines Lebens, seiner Regierung, und seines Charakters*. 3 Bände. Leipzig 1790.

アリストテレス、高田三郎訳『ニコマコス倫理学』上下巻、岩波書店、1971–3年。

二次文献

Adler, Hans. „Volksaufklärung als Herausforderung der Aufklärung, oder: Nützt es dem Volke, betrogen zu werden? Die Preisfrage der Preußischen Akademie für 1780." In *Volksaufklärung. Eine praktische Reformbewegung des 18. und 19. Jahrhunderts*. Hg. Holger Böning, Hanno Schmitt und Reinhart Siegert, Bremen 2007, 51–72.

Allison, Henry. *Kant's Theory of Taste. A Reading of the Critique of Aesthetic Judgment*. Cambridge 2001.

Andrew, Edward G. *Imperial Republics. Revolution, War, and Territorial Expansion from the English Civil War to the French Revolution*. Toronto 2011.

Arendt, Hannah. *Lectures on Kant*'s Political Philosophy. Ed. Ronald Beiner, Chicago 1992.

Aubenque, Pierre. *Der Begriff der Klugheit bei Aristoteles*. Übers. Nicolai Sinai und Ulrich J. Schneider, Hamburg 2007.

Austin, John L. *How to Do Things with Words*. Oxford 1962（坂本百大訳『言語と行為』大修館書店、1978年）.

Batscha, Zwi.（Hg.）*Materialien zu Kants Rechtsphilosophie*. Frankfurt am Main 1976.

——— „Einleitung." In Z. Batscha（Hg.）, *Materialien zu Kants Rechtsphilosophie*, 7–35.

———（Hg.）*Aufklärung und Gedankenfreiheit. 15 Anregungen aus der Geschichte zu lernen*. Frankfurt am Main 1977.

——— „Bürgerliche Republik und bürgerliche Revolution bei Immanuel Kant." In *Studien zur politischen Theorie des deutschen Frühliberalismus*. Frankfurt am Main 1981,

43–65.

——— „Christian Garves Reflexionen über die Französische Revolution.“ *Tel Aviver Jahrbuch für deutsche Geschichte* 18, 1989, 249–70.

Beales, Derek. „Joseph II. und der Josephinismus.“ In *Der aufgeklärte Absolutismus im europäischen Vergleich*. Hg. Helmut Reinalter und Harm Klueting, Wien 2002, 35–54.

Beck, Jacob Sigismund. *Commentar über Kants Metaphysik der Sitten. Erster Theil welcher die metaphysischen Principien des Naturrechts enthält*. Halle 1798.

Beiser, Frederick C. *The Fate of Reason. German Philosophy from Kant to Fichte*. Cambridge, MA 1987.

——— *Enlightenment, Revolution and Romanticism: the Genesis of Modern German Political Thought, 1790–1800*. Cambridge, MA 1992（杉田孝夫訳『啓蒙・革命・ロマン主義：近代ドイツ政治思想の起源 1790–1800年』法政大学出版局、2010年）.

Birtsch, Günter. „Die Berliner Mittwochsgesellschaft（1783–1798）.“ In *Über den Prozess der Aufklärung in Deutschland im 18. Jahrhundert. Personen, Institutionen und Medien*. Hg. Hans Erich Bödeker und Ulrich Herrmann, Göttingen 1987, 94–112.

Bödecker, Hans E. „Zur Rezeption der französischen Menschen- und Bürgerrechte von 1789/1791 in der deutschen Aufklärungsgesellschaft.“ In *Grund- und Freiheitsrechte im Wandel von Gesellschaft und Geschichte*. Hg. Günter Birtsch, Göttingen 1981, 258–86.

——— “Journals and Public Opinion. The Politicization of the German Enlightenment in the Second Half of the Eighteenth Century.” In *The Transformation of Political Culture. England and Germany in the Late Eighteenth Century*. Ed. Eckhart Hellmuth, Oxford 1990, 423–46.

Bohlender, Matthias. „Metamorphosen des Gemeinwohls: von der Herrschaft guter polizey zur Regierung durch Freiheit und Sicherheit.“ In *Gemeinwohl und Gemeinsinn*. Bd. 1. Hg. Herfried Münkler und Harald Bluhm, Berlin 2001, 247–274.

Brandt, Reinhard. „Das Erlaubnisgesetz, oder: Vernunft und Geschichte in Kants Rechtslehre.“ In *Rechtsphilosophie der Aufklärung: Symposium Wolfenbüttel 1981*. Hg. R. Brandt, Berlin 1982, 233–85.

——— „Freiheit, Gleichheit, Selbstständigkeit bei Kant.“ In *Die Ideen von 1789 in der deutschen Rezeption*. Hg. Forum für Philosophie Bad Homburg, Frankfurt am Main 1989, 90–127.

——— „Klugheit bei Kant.“ In *Klugheit*. Hg. Wolfgang Kersting, Weilerswist 2005, 98–132.

Brecht, Bertolt. *An die Nachgeborenen*. In *Poetry and Prose*. Ed. Reinhold Grimm, New York 2003, 70–75.

Büchmann, Georg. *Geflügelte Worte. Der Zitatenschatz des deutschen Volkes*. Fortges. von Walter Robert-Tornow, u. a., neu bearb. von Bogdan Krieger, Berlin 1920.

Burg, Peter. *Kant und die Französische Revolution*. Berlin 1974.

Byrd, B. Sharon and Joachim Hruschka. *Kant's Doctrine of Right: A Commentary*. Cambridge 2010.

Castillo, Monique. „Moral und Politik: Mißhelligkeit und Einhelligkeit.“ In O. Höffe (Hg.), *Zum ewigen Frieden*, 139–153.

Conrad, Hermann. „Das Allgemeine Landrecht von 1794 als Grundgesetz des friderizianischen Staates.“ In *Moderne preußische Geschichte 1648–1947. Eine Anthologie*. Bd. 2. Hg. Otto Büsch und Wolfgang Neugebauer, Berlin 1981, 598–621.

Dann, Otto. “Kant’s Republicanism and Its Echoes.” Trans. Sally E. Robertson. In *Republicanism and Liberalism in America and the German States, 1750–1850*. Ed. Jürgen Heideking and James A. Henretta, Cambridge 2002, 53–72.

Denis, Lara. (ed.) *Kant’s Metaphysics of Morals. A Critical Guide*. Cambridge 2010.

Dietrich, Therese. „Kants Polemik mit dem absprechenden Ehrenmann Friedrich Gentz.“ *Dialektik* 17, 1989, 128–36.

Dreitzel, Horst. *Protestantischer Aristotelismus und absoluter Staat. Die “Politica” des Henning Arnisaeus*. Wiesbaden 1970.

Ellis, Elisabeth. *Kant’s Politics: Provisional Theory for an Uncertain World*. New Haven 2005.

Epstein, Klaus. *The Genesis of German Conservatism*. Princeton, New Jersy 1966.

Fauré, Christine. “Representative Government or Republic? Sieyès on Good Government.” In *Ashgate Research Companion to the Politics of Democratization in Europe: Concepts and Histories*. Ed. Kari Palonen, Tuija Pulkkinen, and José M. Rosales, Farnham 2008, 75–88.

Finkenauer, Thomas. „Vom Allgemeinen Gesetzbuch zum Allgemeinen Landrecht - preußische Gesetzgebung in der Krise.“ *Zeitschrift der Savigny-Stiftung für Rechtsgeschichte. Germanistische Abteilung* 113, 1996, 40–216.

Flikschuh, Katrin. *Kant and Modern Political Philosophy*. Cambridge 2000.

———— “Human Rights in Kantian Mode: A Sketch.” In *Philosophical Foundations of Human Rights*. Ed. Rowan Cruft, S. Matthew Liao, and Massimo Renzo, Oxford 2015, 653–70.

Forst, Rainer. “The Point and Ground of Human Rights: A Kantian Constructivist View.” In *Global Political Theory*. Ed. David Held and Pietro Maffettone, Malden, Mass. 2016, 22–39.

Fuhrmann, Martin und Diethelm Klippel. „Der Staat und die Staatstheorie des Aufgeklärten Absolutismus.“ In *Der Aufgeklärte Absolutismus im europäischen Vergleich*. Hg. Helmut Reinalter und Harm Klueting, Wien und Köln 2002, 223–43.

Gerhardt, Volker. *Immanuel Kants Entwurf „Zum ewigen Frieden“. Eine Theorie der Politik*. Darmstadt 1995.

———— „Kants Begriff der Politik.“ In *Kant in der Diskussion der Moderne*. Hg. Yasushi Kato und Gerhard Schönrich, Frankfurt am Main 1996, 464–88.

Geuss, Raymond. *Philosophy and Real Politics*. Princeton 2008.

Gooch, George P. *Germany and the French Revolution*. London 1920.

Grab, Walter. „Zur Geschichte der deutschen Jakobiner.“ In *Die Ideen von 1789 in der deutschen Rezeption*. Hg. Forum für Philosophie Bad Homburg, Frankfurt am Main 1989,

68–89.

Green, Jonathan, A. "Friedrich Gentz's Translation of Burke's Reflections." *The Historical Journal* 57, no. 3, 2014, 639–59.

Grimm, Jacob und Wilhelm. „Art. Vorstellung." In *Deutsches Wörterbuch*. 16 Bd. in 32 Teilbänden. Leipzig 1854–1961. Quellenverzeichnis Leipzig 1971. Online-Version vom 25.12.2017.

Guyer, Paul. *Kant on Freedom, Law, and Happiness*. Cambridge 2000.

——— "The Crooked Timber of Mankind." In *Kant's Idea for a Universal History with a Cosmopolitan Aim: A Critical Guide*. Ed. Amélie O. Rorty and James Schmidt, Cambridge 2009, 129–49.

Haakonssen, Knud. "German Natural Law." In *The Cambridge History of Eighteenth-Century Political Thought*. Ed. Mark Goldie and Robert Wokler, Cambridge 2006, 251–90.

Haasis, Hellmut G. „Carl Gottlieb Daniel Clauer. Auf dem Friedhof der Namenlosen." In *Gebt Der Freiheit Flügel. Die Zeit Der Deutschen Jakobiner 1789–1805*. Reinbek bei Hamburg 1988, 854–79.

Habermas, Jürgen. *Strukturwandel der Öffentlichkeit. Untersuchungen zu einer Kategorie der bürgerlichen Gesellschaft*. Neuaufl., Frankfurt am Main 1990.

Hagelweide, Gert. „Publizistischer Alltag in der preußischen Provinz zur Zeit der französischen Revolution." In *Französische Revolution und deutsche Öffentlichkeit. Wandlungen in Presse und Alltagskultur am Ende des achtzehnten Jahrhunderts*. Hg. Holger Böning, München 1992, 251–66.

Hattenhauer, Hans. „Einführung in die Geschichte des Preußischen Allgemeinen Landrechts." In *Allgemeines Landrecht für die Preußischen Staaten von 1794*. Hg. H. Hattenhauer, 1–29.

Hellmuth, Eckhart. „Ernst Ferdinand Klein: Politische Reflexionen im Preußen der Spätaufklärung." In *Aufklärung als Politisierung? Politisierung der Aufklärung*. Hg. Hans E. Bödeker und Ulrich Herrmann, Hamburg 1987, 222–36.

——— „Zur Diskussion um Presse- und Meinungsfreiheit in England, Frankreich und Preußen im Zeitalter der Französischen Revolution." In *Grund- und Freiheitsrechte im Wandel von Gesellschaft und Geschichte*. Hg. Günter Birtsch, Göttingen 1981, 205–26.

Hellmuth, Eckhart and Wofgang Piereth. "Germany 1760–1815." In *Press, Politics and the Public Sphere in Europe and North America, 1760–1820*. Ed. Hannah Barker and Simon Burrows, Cambridge 2002, 69–92.

Henrich, Dieter. (Hg.) *Kant, Gentz, Rehberg: Über Theorie und Praxis*. Frankfurt am Main 1967.

——— „Über den Sinn vernünftigen Handelns im Staat." In D. Henrich (Hg.), *Kant. Gentz. Rehberg*, 9–36.

Herb, Karlfriedrich und Bernd Ludwig. „Kants kritisches Staatsrecht." *Jahrbuch für Recht und Ethik* 2, 1994, 431–78.

Hinske, Norbert. „Einleiting." In *Was ist Aufklärung? Beiträge aus der Berlinischen Monatsschrift*. 3. Aufl., Hg. N. Hinske, Darmstadt 1981, XIII–LXIX.

——— „Kants Beziehungen zu den Schaltstellen der Berliner Aufklärung.“ In *Immanuel Kant und die Berliner Aufklärung*. Hg. Dina Emundts, Wiesbaden 2000, 50–59.

Hochstrasser, Tim. *Natural Law Theories in the Early Enlightenment*. Cambridge 2000.

Höffe, Otfried. (Hg.) *Metaphysische Anfangsgründe der Rechtslehre*. Berlin 1999.

——— (Hg.) *Zum ewigen Frieden*. 3. bea. Aufl., Berlin 2011.

Hofmann, Hasso. *Repräsentation. Studien zur Wort- und Begriffsgeschichte von der Antike bis ins 19. Jahrhundert*. 4. Aufl., Berlin 2003.

Hölzing, Philipp. *Republikanismus und Kosmopolitismus. Eine ideengeschichtliche Studie*. Frankfurt am Main 2011.

Horn, Christoph. *Nichtideale Normativität: Ein neuer Blick auf Kants politische Philosophie*. Berlin 2014.

Hunter, Ian. *Rival Enlightenment: Civil and Metaphysical Philosophy in Early Modern Germany*. Cambridge 2001.

——— “The Law of Nature and Nations.” In *The Routledge Companion to Eighteenth Century Philosophy*. Ed. Aaron Garett, London and New York 2014, 559–92.

Joerden, Jan C. „Kants Lehre von der „Rechtspflicht gegen sich selbst“ und ihre möglichen Konsequenzen für das Strafrecht.“ In *Kant und die Zukunft der europäischen Aufklärung*. Hg. Heiner F. Klemme, Berlin 2009, 448–68.

Keienburg, Johannes. *Immanuel Kant und die Öffentlichkeit der Vernunft*. Berlin 2011.

Kersting, Wolfgang. *Wohlgeordnete Freiheit: Immanuel Kants Rechts- und Staatsphilosophie* [1984]. Taschenbuchausgabe, Frankfurt am Main 1993 ([2007, 3. erw. Ausg.] 舟場保之・寺田俊郎監訳『自由の秩序：カントの法および国家の哲学』ミネルヴァ書房、2013年).

——— *Die politische Philosophie des Gesellschaftsvertrags*. Darmstadt 1994.

——— *Kant über Recht*. Paderborn 2004.

——— „Die bürgerliche Verfassung in jedem Staate soll republikanisch sein.“ In O. Höffe (Hg.), *Zum ewigen Frieden*, 61–77.

Klippel, Diethelm. *Politische Freiheit und Freiheitsrechte im deutschen Naturrecht des 18. Jahrhunderts*. Paderborn 1976.

Köhler, Michael. „Die Rechtspflicht gegen sich selbst.“ *Jahrbuch für Recht und Ethik* 14, 2006, 425–46.

Kraus, Hans-Christof. *Englische Verfassung und politisches Denken im Ancien Régime. 1689 bis 1789*. München 2006.

Kuehn, Manfred. *Kant: A Biography*. Cambridge 2001.

Langer, Claudia. *Reform nach Prinzipien: Untersuchungen zur politischen Theorie Immanuel Kants*. Stuttgart 1986.

Laslett, Peter. “Introduction.” In *Philosophy, Politics and Society*. 1st Series. Ed. P. Laslett, Oxford 1956, vii–xv.

Ludwig, Bernd. „Einleitung.“ In *Metaphysische Anfangsgründe der Rechtslehre. Metaphysik der Sitten, Erster Teil*, von Immanuel Kant, hg. B. Ludwig, Hamburg 1986, XIII–XL.

——— *Kants Rechtslehre*. Mit einer Untersuchung zur Drucklegung Kantischer Schriften von Werner Stark, Hamburg 1988.

——— „Kommentar zum Staatsrecht (II)." In O. Höffe (Hg.), *Metaphysische Anfangsgründe der Rechtslehre*, 173–94.

——— „Politik als „ausübende Rechtslehre": Zum Politikverständnis Immanuel Kants." In *Klassische Politik: Politikverständnisse von der Antike bis ins 19. Jahrhundert*. Hg. Hans. J. Lietzmann und Peter. Nitschke, Opladen 2000, 175–99.

Mager, Wolfgang. „Art. Republik." In *Geschichtliche Grundbegriffe. Historisches Lexikon zur politisch-sozialen Sprache in Deutschland*. Bd. 5. Hg. Otto Brunner, Werner Conze und Reinhart Koselleck, Stuttgart 1984, 608–12.

——— „Respublica und Bürger. Überlegungen zur Begründung frühneuzeitlicher Verfassungsordnungen." *Der Staat*. Beiheft 8, 1988, 67–84.

Maier, Hans. *Die ältere deutsche Staats- und Verwaltungslehre. Gesammelte Schriften*. Bd. 4. München 2009.

——— „Die Lehre der Politik an den deutschen Universitäten vornehmlich vom 16. bis 18. Jahrhundert." In *die Deutschen und ihre Geschichte. Gesammelte Schriften*. Bd. 5, München 2010, 111–67

Maliks, Reidar. *Kant's Politics in Context*. Oxford 2014.

Maus, Ingeborg. *Zur Aufklärung der Demokratietheorie. Rechts- und demokratietheoretische Überlegungen im Anschluß an Kant*. Frankfurt am Main 1992（浜田義文・牧野英二監訳『啓蒙の民主制理論：カントとのつながりで』法政大学出版局、1999年).

Münkler, Herfried. „Staatsraison und politische Klugheitslehre." In *Pipers Handbuch der politischen Ideen*. Bd. 3. Hg. H. Münkler und Iring Fetscher, München 1985, 23–72.

Niesen, Peter. *Kants Theorie der Redefreiheit*. Baden-Baden 2005.

Oki, Masataka. *Kants Stimme: Eine Untersuchung des Politischen bei Immanuel Kant*. Berlin 2017.

Pasquino, Pasquale. „Politisches und historisches Interesse: Statistik und historische Staatslehre bei Gottfried Achenwall." In *Aufklärung und Geschichte: Studien zur deutschen Geschichtswissenschaft im 18. Jahrhundert*. Hg. Hans E. Bödeker und Georg Iggers, Göttingen 1992, 144–68.

Pettit, Philip. "Two Republican Traditions." In *Republican Democracy: Liberty, Law and Politics*. Ed. Andreas Niederberger and Philipp Schink, Edinburgh 2013, 169–204.

Pinzani, Alessandro. „Der systematische Stellenwert der pseudo-ulpianischen Regeln in Kants Rechtslehre." *Zeitschrift für philosophische Forschung* 59, h. 1, 2005, 71–94.

——— "Representation in Kant's Political Theory." *Jahrbuch für Recht und Ethik* 16, 2008, 203–26.

Pippin, Robert. "Dividing and Deriving in Kant's Rechtslehre." In O. Höffe (Hg.), *Metaphysische Anfangsgründe der Rechtslehre*, 63–85.

Pocock, John G. A. *The Machiavellian Moment: Florentine Political Thought and the Atlantic Republican Tradition*. Princeton 1975.

———— *Virtue, Commerce, and History: Essays on Political Thought and History, Chiefly in the Eighteenth Century*. Cambridge 1985.

———— "Burke and the Ancient Constitution." In *Politics, Language, and Time. Essays on Political Thought and History*. Chicago 1989, 202–32.

———— "Verbalizing a Political Act: Towards a Politics of Speech." In *Political Thought and History. Essays on Theory and Method*. Cambridge 2009, 33–50.

Pogge, Thomas W. "Kant's Theory of Justice." *Kant-Studien* 79, 1988, 407–33.

———— "Is Kant's Rechtslehre a 'Comprehensive Liberalism'?" In M. Timmons (ed.), *Kant's Metaphysics of Morals. Interpretative Essays*, 133–58.

Rawls, John. *A Theory of Justice*. rev. ed., Cambridge, MA 1999（川本隆史・福間聡・神島裕子訳『正義論〔改訳版〕』紀伊國屋書店、2010年）.

Reath, Andrews. "Self-Legislation and Duties to Oneself." In M. Timmons (ed.), *Kant's Metaphysics of Morals. Interpretative Essays*, 349–70.

Riedel, Manfred. „Herrschaft und Gesellschaft. Zum Legitimationsproblem des Politischen in der Philosophie." In Z. Batscha (Hg.), *Materialien zu Kants Rechtsphilosophie*, 125–48.

Ripstein, Arthur. *Force and Freedom: Kant's Legal and Political Philosophy*. Cambridge, MA 2009.

Ruiz, Alan. „Neues über Kant und Sieyès." *Kant-Studien* 68, 1977, 446–53.

Runciman, David. "Hobbes's Theory of Representation: Anti-Democratic or Proto-Democratic?" In *Political Representation*. Ed. Ian Shapiro et al., Cambridge 2009, 15–34.

Saage, Richard. *Eigentum, Staat und Gesellschaft bei Immanuel Kant*. Stuttgart 1973.

Sauter, Michael J. *Visions of the Enlightenment. The Edict on Religion of 1788 and the Politics of the Public Sphere in Eighteenth-Century Prussia*. Leiden 2009.

Schlichtegroll, Friedrich. (Hg.) *Nekrolog der Teutschen für das neunzehnte Jahrhundert*. Bd. 2, Gotha 1803.

Schneider, Franz. *Pressefreiheit und politische Öffentlichkeit. Studien zur politischen Geschichte Deutschlands bis 1848*. Neuwied 1966.

Schneiders, Werner. *Die Wahre Aufklärung. Zum Selbstverständnis der deutschen Aufklärung*. Freiburg u. München 1974.

Schopenhauer, Arthur. *Die Welt als Wille und Vorstellung*. Leipzig 1819.

Sellin, Volker. „Art. Politik." In *Geschichtliche Grundbegriffe*. Bd. 4. Hg. O. Brunner, W. Conze u. R. Koselleck, Stuttgart 1978, 789–874.

Sensen, Oliver. *Kant on Human Dignity*. Berlin 2011.

Simon, Thomas. *"Gute Policey": Ordnungsleitbilder und Zielvorstellungen politischen Handelns in der Frühen Neuzeit*. Frankfurt am Main 2004.

Skinner, Quentin. *Liberty before Liberalism*. Cambridge 1998.

———— "Interpretation and the Understanding of Speech Acts." In *Visions of Politics. Vol.1: Regarding Method*. Cambridge 2002, 103–27.

Stolleis, Michael. *Geschichte des öffentlichen Rechts in Deutschland*. Bd. 1. München 1988.

———— „Machiavellismus und Staatsräson. Ein Beitrag zu Conrings politischem Den-

ken.“ In *Staat und Staatsräson in der frühen Neuzeit. Studien zur Geschichte des öffentlichen Rechts*. Frankfurt am Main 1990, 73–105.

Streidl, Paul. *Naturrecht, Staatswissenschaften und Politisierung bei Gottfried Achenwall (1719–1772). Studien zur Gelehrtengeschichte Göttingens in der Aufklärung*. München 2000.

Thiele, Ulrich. *Repräsentation und Autonomieprinzip: Kants Demokratiekritik und ihre Hintergründe*. Berlin 2003.

Timmons, Mark. (ed.) *Kant's Metaphysics of Morals. Interpretative Essays*. Oxford 2002.

Tuck, Richard. *The Rights of War and Peace. Political Thought and the International Order from Grotius to Kant*. New York 1999（萩原能久監訳『戦争と平和の権利』風行社、2015年）.

——— *The Sleeping Sovereign. The Invention of Modern Democracy*. Cambridge 2006.

Tully, James. *A Discourse on Property. John Locke and His Adversaries*. Cambridge 1980.

Valentini, Laura. “Ideal vs. Non-ideal Theory: A Conceptual Map.” *Philosophy Compass* 7 (9), 2012, 654–664.

Valjavec, Fritz. *Die Entstehung der politischen Strömungen in Deutschland, 1770–1815* [1951]. Mit einem Nachwort von Jörn Garber, Kronberg/Ts. und Düsseldorf 1978.

Venturi, Franco. *Utopia and Reform in the Enlightenment*. Cambridge 1971.

Vierhaus, Rudolf. „»Sie und nicht wir«. Deutsche Urteile über den Ausbruch der französischen Revolution.“ In *Deutschland im 18. Jahrhundert. Politische Verfassung, soziales Gefüge, geistige Bewegungen*. Göttingen 1987, 202–15.

——— „Montesquieu in Deutschland. Zur Geschichte seiner Wirkung als politischer Schriftsteller im 18. Jahrhundert.“ In *Deutschland im 18. Jahrhundert*, 9–32.

Warda, Arthur. *Immanuel Kants Bücher*. Berlin 1922.

Watson, John Steven. *The Reign of George III, 1760–1815*. Oxford 1960.

Wilke, Jürgen. „Die Entdeckung von Meinungs- und Pressefreiheit als Menschenrechte im Deutschland des späten 18. Jahrhunderts.“ In *Naturrecht - Spätaufklärung - Revolution*. Hg. Otto Dann und Diethelm Klippel, Hamburg 1995, 121–39.

Williams, Howard. *Kant's Political Philosophy*. Oxford 1983.

Wilson, Bee. “Counter-Revolutionary Thought.” In *The Cambridge History of Nineteenth-Century Political Thought*. Ed. Gareth S. Jones and Gregory Claeys, Cambridge 2011, 9–38.

Wittichen, Paul. „Kant und Burke.“ *Historische Zeitschrift* 93, 1904, 253–5.

青木康「伝統と革新の相克」川北稔編『イギリス史』山川出版社、1998年、256–94頁。

網谷壮介「歴史と自然：カントの歴史論における政治的啓蒙の契機」『相関社会科学』第23号、2013年、3–17頁。

———「カント歴史論における統治批判と自然概念：ヒューム・スミスとの比較を通して」『社会思想史研究』第38号、2014年、66–85頁。

———「カントと許容法則の挑戦：どうでもよいこと・例外・暫定性」『法と哲

学』第1号、2015年、133–65頁。

――――「カントの共和制の諸構想と代表の概念」『社会思想史研究』第40号、2016年、60–79頁。

筏津安恕『私法理論のパラダイム転換と契約理論の再編：ヴォルフ・カント・サヴィニー』昭和堂、2002年。

石田京子「カント法哲学における許容法則の位置づけ」日本カント協会編『日本カント研究8：カントと心の哲学』理想社、2007年、161–176頁。

――――「カントにおける外的対象の占有の正当化と自由について」『哲学』第131号、2013年、129–52頁。

――――「カント法哲学に関する近年の研究状況について」『エティカ』第6号、2013年、39–71頁。

――――「カント法哲学における立法と自由」『哲学』第134号、2015年、149–170頁。

石部雅亮『啓蒙的絶対主義の法構造：プロイセン一般ラント法の成立』有斐閣、1969年。

上野修『デカルト、ホッブズ、スピノザ：哲学する十七世紀』講談社、2011年。

エーストライヒ、ゲルハルト、石部雅亮訳「帝国国制とヨーロッパ諸国家体系（一六四八年――一七八九年）」、成瀬治編『伝統社会と近代国家』岩波書店、1982年、203–31頁。

大塚雄太「ユストゥス・メーザーにおける理論と実践：あるいは、歴史と伝統」『経済科学』第62巻4号、2015年、61–75頁。

片木清『カントにおける倫理・法・国家の問題』法律文化社、1980年。

勝田有恒「パンデクテンの現代的慣用」勝田有恒・森征一・山内進編『概説・西洋法制史』ミネルヴァ書房、2004年、232–44頁。

加藤泰史「「定言命法」・普遍化・他者：カント倫理学における「自己自身に対する義務」の意味について」カント研究会編『現代カント研究3：実践哲学とその射程』晃洋書房、1992年、59–89頁。

河村克俊「充足理由の原理と自由：ライプニッツならびにヴォルフの自由概念」『言語と文化』第14号、2011年、91–109頁。

木原淳『境界と自由：カント理性法論における主権の成立と政治的なるもの』成文堂、2012年。

金慧『カントの政治哲学：自律・言論・移行』勁草書房、2017年。

木村周市朗『ドイツ福祉国家思想史』未來社、2000年。

清末尊大『ジャン・ボダンと危機の時代のフランス』木鐸社、1990年。

小谷英生「隠された友情：『ゲッティンゲン書評』をめぐるカント－ガルヴェ往復書簡について」『群馬大学教育学部紀要：人文・社会科学編』第63号、2014年、55–68頁。

――――「哲学的プロジェクトとしてのドイツ通俗哲学：エルネスティ「通俗的な哲学についての序説」」『一橋社会科学古典資料センター年報』第35号、2015年、3–16頁。

小牧治『国家の近代化と哲学：ドイツ・日本におけるカント哲学の意義と限界』御茶の水書房、1978年。

斉藤渉「「フリードリヒの世紀」と自由：カント『啓蒙とは何か』とプロイセン一般ラント法（前編）」『ドイツ啓蒙主義研究』第2号、2002年、1–10頁。

――――「「フリードリヒの世紀」と自由：カント『啓蒙とは何か』とプロイセン一般ラント法（後編）」『ドイツ啓蒙主義研究』第3号、2003年、31–36頁。

斎藤拓也「カントにおける「統治」の問題：祖国的な「思考様式」の獲得と実践」『社会思想史研究』第36号、2012年、50–67頁。

――――「カントにおける自然状態の概念：批判期にみられる概念の起源について」『ヨーロッパ研究』第13号、2014年、15–27頁。

――――「民主政のパラドクスとカントの共和制概念」『社会思想史研究』第39号、2015年、92–110頁。

――――「カント政治思想における「知恵」の概念：公的意志の形成をめぐって」『政治思想研究』第16号、2016年、144–175頁
阪口修平「プロイセン絶対主義」成瀬修・山田欣吾・木村靖二編『世界歴史大系ドイツ史2』山川出版社、1996年、45–104頁。

桜井徹「私的所有の道徳的根拠：労働所有論とコンヴェンショナリズム」『一橋研究』第15号第2巻、21–48頁。

佐々木武「「近世共和主義」：「君主のいる共和国」について」『主権国家と啓蒙：16–18世紀（岩波講座世界歴史16巻）』岩波書店、1999年、223–246頁。

菅沢龍文「カント『法論』における内的完全義務：ヴォルフ、クルージウスとの対比」浜田義文・牧野英二編『近世ドイツ哲学論考：カントとヘーゲル』法政大学出版局、1993年、227–244頁。

――――「意志の自律と外的強制：カントの人権思想における自由概念」カント研究会編『現代カント研究6：自由と行為』晃洋書房、1997年、134–159頁。

盛山和夫「政治理論の応答性とその危機：脱政治への志向がもたらしたもの」井上彰・田村哲樹編『政治理論とは何か』風行社、2014年、281–309頁。

関口正司「コンテクストを閉じるということ：クェンティン・スキナーと政治思想史」『法政研究』第61巻第3・4号、1995年、204–73頁。

――――「クェンティン・スキナーの政治思想史論をふりかえる」『法政研究』第81巻第4号、2015年、225–43頁。

樽井正義「私法における権利と義務：カントの私法論における可想的権原」カント研究会編『現代カント研究5：社会哲学の領野』晃洋書房、1994年、29–52頁。

知念英行『カントの社会思想：所有・国家・社会』新評論、1981年。

辻村みよ子『フランス革命の憲法原理：近代憲法とジャコバン主義』日本評論社、1989年。

――――『人権の普遍性と歴史性：フランス人権宣言と現代憲法』創文社、1992年。

ディルタイ、ヴィルヘルム、牧野英二・山本英輔訳「フリードリヒ大王とドイツ啓蒙主義」久野昭・水野達雄編『ディルタイ全集8：近代ドイツ精神史研究』法政大学出版局、2010年、106–252頁。

成瀬治「反宗教改革から三十年戦争へ」成瀬修・山田欣吾・木村靖二編『世界歴史大系ドイツ史1』山川出版社、1997年、469–507頁。

南原繁『政治理論史』東京大学出版会、1962年。

新村聡『経済学の成立：アダム・スミスと近代自然法学』御茶の水書房、1994年。

西村稔「カントにおける「クルークハイト」について」『岡山大學法學會雜誌』第45号、1995年、287–337頁。

――――『文士と官僚：ドイツ教養官僚の淵源』木鐸社、1998年。

浜本隆志『ドイツ・ジャコバン派：消された革命史』平凡社、1991年。

原田哲史「メーザーの社会思想の諸相」、ユストゥス・メーザー、肥前他訳『郷土愛の夢』京都大学出版会、2009年、348–51頁。

肥前榮一「ユストゥス・メーザーの国家株式論について：北西ドイツ農村定住史の理論化」、メーザー、同他訳『郷土愛の夢』、275–305頁。

福田歓一『近代政治原理成立史序説』岩波書店、1971年。

フーコー、ミシェル、高桑和己訳『安全・領土・人口：コレージュ・ド・フランス講義1977–1978年度』筑摩書房、2007年。

ブルンナー、オットー、石井紫郎訳『ヨーロッパ：その歴史と精神』岩波書店、1974年。

松元雅和『応用政治哲学：方法論の探求』風行社、2015年。

御子柴善之「誠実さという問題：カント倫理学形成史への一視点」『文学研究科紀要』第48輯、2003年、31–44頁。

――――「倫理的強制という問題：環境倫理と「自己自身に対する義務」」『情況第三期』第7巻第6号、2006年、88–97頁。

――――「人権と人間愛」日本カント協会編『日本カント研究10：カントと人権の問題』理想社、2009年、25–40頁。

三島淑臣『理性法思想の成立：カント法哲学とその周辺』成文堂、1998年。

村上淳一『近代法の形成』東京大学出版会、1979年。

――――『ドイツ市民法史』東京大学出版会、1985年。

森政稔「民主主義を論じる文法について」『現代思想』第23号第12巻、1995年、154–79頁。

――――『〈政治的なもの〉の遍歴と帰結：新自由主義以後の「政治理論」のために』青土社、2014年。

森村進「ヒュームとカントのロック所有論批判」『一橋論叢』第115号第1巻、1996年、41–61頁。

山内進『新ストア主義の国家哲学：ユストゥス・リプシウスと初期近代ヨーロッパ』千倉書房、1985年。

山根雄一郎『カント哲学の射程：啓蒙・平和・共生』風行社、2011年。

網谷壮介（あみたに・そうすけ）
1987年大阪府生まれ。京都大学経済学部卒、東京大学大学院総合文化研究科博士後期課程修了。博士（学術）。立教大学法学部助教。著書に『カントの政治哲学入門：政治における理念とは何か』（白澤社、2018年）、共著に『権利の哲学入門』（田上孝一編、社会評論社、2017年）がある。

共和制の理念

イマヌエル・カントと一八世紀末プロイセンの「理論と実践」論争

2018年8月25日　初版第1刷発行
著　者　網谷壮介
発行所　一般財団法人　法政大学出版局
〒102-0071 東京都千代田区富士見2-17-1
電話03（5214）5540　振替00160-6-95814
組版：HUP　印刷：日経印刷　製本：誠製本

Printed in Japan
ISBN 978-4-588-15094-4